I0763598

Valeria Sobol

•

Febris Erotica

Lovesickness in the Russian Literary Imagination

University of Washington Press

Seattle

2009

Валерия Соболь

•

Febris erotica

Любовный недуг в русской литературе

Academic Studies Press
Библиороссика
Бостон / Санкт-Петербург
2023

УДК 82.161.1.09+177.6
ББК 83.3(2Рос=Рус)+88.1(2)5
С54

Перевод с английского Елены Куприяновой

Серийное оформление и оформление обложки Ивана Граве

Соболь, Валерия

С54 Febris erotica. Любовный недуг в русской литературе / Валерия Соболь ; [пер. с англ. Е. Куприяновой]. — СПб.: Academic Studies Press / Библиороссика, 2023. — 382 с. — (Серия «Современная западная русистика» = «Contemporary Western Rusistika»).

ISBN 979-8-887192-49-9 (Academic Studies Press)
ISBN 978-5-907532-74-8 (Библиороссика)

Валерия Соболь исследует топос любви как болезни в русской литературе конца XVIII–XIX века с акцентом на эпистемологическом потенциале этого на первый взгляд банального культурного клише. На материале литературных произведений, а также медицинских публикаций и публицистических текстов автор показывает, что традиционный мотив любовного недуга был на самом деле важным литературным приемом, благодаря которому писатели затрагивали наиболее насущные вопросы своего времени, такие как взаимоотношения души и тела, эмансипация женщин и роль позитивистской науки в обществе.

УДК 82.161.1.09+177.6
ББК 83.3(2Рос=Рус)+88.1(2)5

ISBN 979-8-887192-49-9
ISBN 978-5-907532-74-8

Посвящается моим родителям,
Татьяне и Юрию Соболь

The Lovesick Maid, or the Doctor Puzzled. Меццо-тинто У. Уорда по рисунку Д. Опи, 1802

Предисловие

В романе Н. Г. Чернышевского «Что делать?» (1863) молодой, но уже прославленный физиолог Кирсанов сообщает миллионеру Полозову, что причиной загадочной изнуряющей болезни его дочери является ее тайная любовь к человеку, которого отец считает недостойным ее. Старик Полозов принимает эту новость с изумлением и недоверием: «Как же она умирает от любви к нему? Да и, вообще, можно ли умирать от любви?» [Чернышевский 1939–1953, 11: 298]. Исполненный скептицизма герой Чернышевского ставит под сомнение вековую традицию, предполагавшую способность неразделенной любви нести губительные последствия для здоровья человека. Книга, которую вы держите, возникла отчасти как результат моего собственного нежелания принимать связь между любовью и физическим недугом как должное. Вопрос, который я себе задала, конечно, не полозовский «*Можно* ли умирать от любви?» — он, скорее, о том, какие идеи о природе человека обеспечили жизнеспособность этого топоса, позволив ему воспроизводиться на протяжении нескольких веков. И, в качестве более узкой задачи, — как мы можем объяснить повсеместное присутствие этого топоса в русской литературе? Вспомним, что болезнь любви мучает многих литературных героев и героинь: от Саввы Грудцына из одноименной позднесредневековой повести до Кити Щербацкой в знаменитой «Анне Карениной» Л. Н. Толстого. Стереотипное представление о том, что русская литература всегда повествует о «любви и смерти», отраженное в названии знаменитого фильма Вуди Аллена (1975), может помешать глубже разобраться в том, что на самом деле лежит в основе клише о разрушительной силе романтической любви и почему русские писатели так охотно его использовали, несмотря на то что сами часто признавали его избитость.

Мой «остраненный» подход к топосу любви-болезни побудил меня исследовать медицинские и культурные традиции, породившие этот мотив, и открыл серьезный философский смысл этого на первый взгляд банального литературного клише. Идея о том, что нереализованная или безответная страсть может вызвать физическое расстройство и, в более широком смысле, что по физическим симптомам можно судить о состоянии психики, предусматривает определенные медицинские и философские взгляды на человеческую природу. Она предполагает взаимосвязь между душой и телом, между сильными эмоциями и соматическими заболеваниями, а также — на другом уровне — между внешним и внутренним, явным и скрытым. В этой книге утверждается, что в силу разных причин природа такой взаимосвязи глубоко волновала русских писателей, поэтому постоянное использование ими топоса любви как болезни было не автоматическим воспроизведением традиционного мотива, а способом решения серьезных философских, этических и, в некоторых случаях, идеологических проблем при помощи узнаваемого литературного тропа.

На картине английского романтика Джона Опи (1761–1807) «Влюбленная дева, или Озадаченный доктор» («The Lovesick Maid, or the Doctor Puzzled», см. на с. 6) изображена диагностическая сценка, которая с различными модификациями разыгрывалась в русской художественной литературе на протяжении всего XIX века. На холсте запечатлен врач средних лет, который измеряет пульс меланхоличной девушки в присутствии двух других персонажей — пожилой женщины (вероятно, матери пациентки) и Купидона, притаившегося на заднем плане. Присутствие Купидона не оставляет сомнений в природе «медицинского» расстройства девушки, о котором идет речь. Однако картина Опи — это не просто иллюстрация единичного случая любовного недуга, это каноническое изображение любовных страданий как медико-культурной парадигмы, которая, как показывает это произведение искусства, к началу XIX века уже была устоявшейся и обладала своими неотъемлемыми, легко идентифицируемыми атрибутами[1].

Прежде всего, картина указывает на слияние литературной и медицинской традиций, сформировавших концепцию любви как болезни в западной культуре (представленную фигурами Купидона и врача соответственно), а также на два риторических аспекта этого топоса: метафорический, или поэтический, и «буквальный», или научный. Однако для моего исследования гораздо важнее то, что работа Опи наглядно представляет наиболее значимые противоречия, лежащие в основе традиционной диагностики любовного недуга: гендерное распределение ролей врача и пациента; противостояние между профессиональным и семейным авторитетами; наконец, проблема интерпретации этого состояния. Картина противопоставляет постороннего диагноста — врача — и двух «посвященных» персонажей, которые четко осознают несоматическую природу недуга — саму пациентку и бога любви. Отсутствующий, отчужденный взгляд пациентки и присутствие Купидона в этой жанровой картине разоблачают метод врачебного осмотра как неадекватную состоянию девушки интерпретацию. Даже не столько присутствие Купидона в этой композиции, сколько его положение на картине подчеркивает эпистемологическую проблему болезни. Юный бог любви изображен лицом к зрителям и указывает на свою стрелу, как бы намекая им, что истинный диагноз следует искать не в сфере медицинской науки, а в области *его* компетенции — страстной любви. Недаром описание произведения в каталоге коллекции, которой оно принадлежит, а также названия гравюр, сделанных с картины, выделяют в качестве центральной темы произведения непони-

[1] Используемая мной версия картины в технике меццо-тинто датируется 1802 годом. Сам факт создания гравюры с этой работы свидетельствует о ее популярности в то время.

мание «озадаченным» или «недоумевающим» врачом состояния девушки[2].

Картина Опи демонстрирует, что медикализация любовных страданий часто создает эпистемологически заряженную ситуацию, в которой проблематична доступность (и излечимость) скрытого душевного расстройства научным методам или медицинским процедурам. Из-за психогенной природы рассматриваемого заболевания такая ситуация усиливает напряженность между видимым и невидимым, взглядом и языком в медицинском восприятии, о чем, как известно, писал Мишель Фуко [Фуко 2010]. Эти эпистемологические и семиотические валентности топоса любви как болезни сделали его успешным литературным приемом, который позволил русским писателям затронуть некоторые из наиболее актуальных проблем своего времени. Как показано в этой книге, изображения страстной любви и любовных страданий конца XVIII — начала XIX века часто отражали актуальные для эпохи споры (а в некоторых случаях были напрямую с ними связаны) о месте души и природе чувствительности как в науке, так и в литературе. Затем литературные сцены диагностики любви как болезни символизировали философские и научные споры между идеалистами и эмпириками в 1840-х годах и между «спиритуалистами» и материалистами в 1860–1870-х. В русских романах XIX века идеологические и философские аргументы представителей каждого лагеря часто проверялись у постели пораженных любовью пациентов.

«Febris erotica» вносит свой вклад в изучение взаимодействия литературы и медицины в русском культурном контексте — в об-

---

2 В каталоге библиотеки «Wellcome Library» работа описана следующим образом: «Недоумевающий врач проверяет пульс влюбленной девушки, обеспокоенная мать утешает ее, на заднем плане ухмыляется Купидон и указывает на одну из своих стрел». Подпись на меццо-тинто гласит: «Больная любовью девица, или врач в недоумении. “Она не призналась в любви”. La fille malade d’amour, ou le médecin embarrassé. “Elle ne parloit jamais de son amour”» (Цветная меццо-тинто У. Уорда, 1802 год, с картины Дж. Опи, Библиотека Wellcome Library, Лондон). На другой гравюре из той же коллекции есть надпись «Озадаченный врач» (гравюра С. Фримена с картины Дж. Опи, дата неизвестна).

ласть, которая появилась относительно недавно и с заметным запозданием[3]. Отличие моего исследования от прочих других в том, что оно фокусируется на конкретном литературном топосе как точке пересечения различных культурных проблем и, прослеживая историческую трансформацию этого топоса с помощью междисциплинарной оптики, пересматривает динамику культурного процесса России в конце XVIII–XIX веках.

Книга организована как по хронологическому, так и по тематическому принципу. Введение предлагает краткий экскурс в историю зарождения концепции любви как болезни в западной литературе и медицине, а также усвоения этой традиции в России XVII — начала XVIII века. Остальная часть книги разделена на три части: анатомия, диагностика и терапия — доминирующие темы топоса, последовательно сменяющие друг друга в разные периоды русской истории его бытования.

Часть I («Анатомия») помещает парадигму любви как болезни в контекст более широкой проблемы взаимодействия души и тела. Здесь я рассматриваю сентименталистский дискурс об эмоциях на фоне научных и философских дебатов эпохи об анатомическом расположении души и физиологическом механизме чувствительности. Эта часть книги демонстрирует повышенный интерес обозначенного периода не только к чувствам, но и к их локализации в определенных органах человеческого тела. Я утверждаю, что тенденция сентименталистов укоренять эмоции в конкретных органах проистекает из озабоченности XVIII века природой взаимодействия души и тела — наследия картезианского дуализма XVII века. Феномен любви как болезни (то есть реакции тела на эмоциональное потрясение) был столь широко распространен в художественной и медицинской литературе этого периода именно потому, что его можно было ис-

---

[3] Среди других примеров, посвященных истории культуры аналогичного периода, можно назвать [Merten 2003; Finke 2005; Сироткина 2009]. Работа И. Паперно [Паперно 1999], в которой феномен самоубийства рассматривается как объект литературных, журналистских, юридических, религиозных и, что важно, научных исследований и дискурсивных практик, стала для меня образцом междисциплинарного изучения русской культуры XIX века.

пользовать для демонстрации тесной взаимосвязи между физической и психической сферами человека и, как следствие, для преодоления трагического раскола, обозначенного Рене Декартом.

Часть II («Диагностика») рассматривает проблему интерпретации, традиционно поднимаемую любовным недугом, когда диагносту приходится полагаться на внешние симптомы, чтобы обнаружить внутреннее эмоциональное потрясение больного. Вторая глава выделяет две модели диагностики любви как болезни — «медицинскую» и «психологическую» — представленные соответственно историями любви в двух древних текстах, «Деметрии» Плутарха и «Эфиопике» Гелиодора. Если в диагностических сценах романтизма предпочтение предсказуемо отдавалось психологической модели — взгляду на болезнь любви как на «недуг души», который отрицает как медицинскую, так и буквальную интерпретации, — то в русском романе 1840-х годов, в период, когда романтический идеализм уступает место материалистическому и эмпирическому подходу к реальности, ситуация усложняется. Взаимодействие между медицинской и психологической моделями в романах А. И. Герцена «Кто виноват?» (третья глава) и «Обыкновенная история» И. А. Гончарова (четвертая глава) выявляет специфику переходного периода, в который были созданы эти произведения. Несмотря на открытую антиромантическую ориентацию, в обоих романах «духовная» и психологическая трактовка любви как болезни торжествует над медикализирующим и материалистическим взглядом на страсть.

В части III («Терапия»), продолжая анализировать диагностические методы, я фокусируюсь на альтернативных способах лечения любовной болезни, предложенных в романах 1860–1870-х годов («Что делать?» Чернышевского и «Анна Каренина» Толстого), и их стратегических последствиях. Пятая глава рассматривает эти произведения в контексте актуальных для того времени дебатов о природе психической жизни человека, в частности контекста соперничества между медициной/физиологией и психологией за первенство соответствующих методов и дискурсов. В шестой главе анализируется использование темы любви как болезни Чернышевским в его революционном романе «Что делать?» и демонстрируется, как автор включает этот древний топос в свою социальную программу равенства полов и освобождения женщин. Терапевтический метод, предложенный в романе, — психологический эксперимент, поставленный и контролируемый политически радикальным ученым-позитивистом, — позже будет оспорен Толстым. В седьмой главе моего исследования я интерпретирую болезнь любви Кити Щербацкой в «Анне Карениной» как полемический выпад Толстого против решения, ранее предложенного Чернышевским. В романе Толстого этот «недуг души» исцеляется самой жизнью и процессом интенсивного самоанализа, а не с помощью медицины или психологических манипуляций. Я показываю, что с помощью этого полемического жеста писатель выступает не только против трактовки Чернышевским топоса любовной тоски, но и против самой этой традиции. Толстой разрушает концепцию любви как болезни, делая причиной недомогания своей героини нравственный стыд, а не любовь, — это позволяет лишить топос его романтического содержания и тем самым бросить вызов западной романтической культуре и ее ценностям. В краткой заключительной главе рассматривается фрагментация топоса на несколько различных тем в русской культуре конца XIX века и намечаются основные траектории его развития в XX столетии.

Мое исследование учитывает две группы сил, «внутренних» и «внешних», которые определяют историческую динамику топоса любви как болезни в русской культуре. С одной стороны, мы имеем дело с устойчивым набором персонажей, мотивов и моделей; история их комбинаций обладает собственной инерцией. Новые варианты топоса развиваются, сохраняя свою узнаваемость через принадлежность к традиции. С другой стороны, в этой книге более открыто рассматриваются внешние социокультурные контексты, которые освежают тему, создают потенциально новые смыслы и обновляют ее актуальность в различные моменты истории культуры. «Febris erotica» не претендует на звание всеобъемлющей истории топоса любви как болезни в русской литературе конца XVIII–XIX веков, а фокусируется лишь на отдельных переходных этапах, представляющихся мне наиболее важными для понимания этого периода. Это эпоха сентиментализма, когда «чувствительность» в целом и эмоции в частности вышли на передний план литературной практики. Это 1840-е годы, когда в попытке преодолеть романтическое мировоззрение и эстетику русская литература обратилась за эпистемологическими и художественными моделями к физиологии и медицине. Наконец, это 1860–1870-е годы, когда шла борьба, с одной стороны, между радикально материалистическими и детерминистскими моделями человека, а с другой — между моральными и духовными взглядами на человеческое существо; эта борьба развернулась и в литературе. Иными словами, я подробно рассматриваю те периоды, которые благоприятствуют медикализации любовного недуга и стремятся более полно исследовать философские аспекты топоса любви как болезни (прежде всего его соотносимость с проблемой взаимодействия тела и души). Именно поэтому меня больше интересуют такие движения, как сентиментализм или реализм, а не романтизм, — то есть художественные направления, которые в силу своей монистической ориентации подчеркивают связь между физической и духовной сферами, а не раскол между ними. Хотя топос любви как болезни в том или ином проявлении можно найти почти в каждом русском романе XIX века, я выбрала для анализа те произведения, которые наиболее характерно отражают полемический и философский потенциал этого топоса и потому наиболее «осознанно» поддерживают устоявшуюся традицию.

Несколько оговорок касаются терминологии и объема моего материала. В этом исследовании термин «любовь как болезнь»[4] относится не к психиатрическому заболеванию, а к физическому расстройству (насколько вообще возможно провести четкую грань между этими двумя понятиями, учитывая акцент топоса

---

[4] Автор использует английский термин «lovesickness», который мы переводим как «любовь как болезнь», особенно когда речь идет о топосе; как «любовная болезнь», с целью сохранить «медикализацию» термина; или как «любовная тоска». — *Прим. пер.*

на взаимодействии души и тела), которое предположительно является следствием выражения эмоций, связанных с несчастной любовью. Более того, любовь как болезнь — это не изобретенный мною ярлык или метафора, с помощью которых я характеризую реакцию определенных персонажей или их эмоции, порожденные нереализованной страстью, а самостоятельно возникшая текстуальная «реальность». Таким образом, «Febris erotica» рассматривает конкретные примеры из литературы, в которых переживание страстной любви, особенно безответной или нереализованной, оказывает разрушительное физическое воздействие. Такая «физиологическая» перспектива обособляет мое исследование от другой очень важной, но совершенно отдельной темы, а именно безумия и любви, а также от различных метафорических конструкций любви-как-болезни.

Необходимо также прокомментировать терминологию, которая применялась в русских дискуссиях XIX века о взаимодействии души и тела и которая имеет решающее значение для моего анализа. В русском языке для обозначения сферы, противопоставленной телу, используется слово «душа» (в отличие от английского «mind» — «разум»). Кроме того, прилагательные, описывающие эту сферу, ассоциируются с понятием души, а не с более интеллектуальной или рациональной сферой ума: слова «душевный» (относящийся к душе), «духовный» (относящийся к духу) или «психический» (с оттенком научности) употребляются там, где в английском языке использовалось бы «mental» — «ментальный»[5]. Еще один термин, повторяющийся при описаниях любовного недуга, — «нравственный». Это слово в русском языке XIX века относилось не только к этической сфере, но и понималось более широко: как «противоположный плотскому; духовный, относящийся к душе» [Даль 1880–1882, 2: 575].

---

5 Так, например, стандартным термином для обозначения психических заболеваний служит выражение «душевные болезни». См. определение слова «душевный» в [Ушаков 1935: 818]. Этот термин использовался в XIX веке, о чем свидетельствуют, например, «Преступление и наказание» Ф. М. Достоевского (1866), «Красный цветок» В. М. Гаршина (1883) и «Палата номер шесть» А. П. Чехова (1892).

На протяжении всей книги я использую термин «топос» для описания любви как болезни как повторяющейся и унифицированной ассоциации. Выбор текстов для анализа обусловлен моей ориентацией на медицинский и физиологический аспект этого топоса. Хочу подчеркнуть, что мое исследование не посвящено рассмотрению темы любви как болезни в народной культуре, что само по себе было бы увлекательным проектом. Наряду с литературными произведениями я рассматриваю актуальные медицинские тексты, а также философские и научные работы, в которых обсуждается проблема взаимосвязи души и тела, физиология эмоций и механизмы переживания любви как болезни. При отборе литературных текстов я отдавала предпочтение повествовательным жанрам, поскольку они, как правило, предлагают больше материала о физиологических механизмах, диагностике и эпистемологической оценке любви как болезни (и просто дают больше пространства текста для подробного «развития» недуга). Эта книга не претендует на исчерпывающий анализ рассматриваемых литературных произведений: она исследует представленные в них различные взгляды на традицию любви как болезни, связанные как с отдельными текстами в целом, так и с историей развития топоса. Слово «различные» здесь ключевое: отнюдь не пытаясь представить полный каталог всех случаев любви как болезни в русской литературе того или иного периода, мое исследование показывает, как каждый новый автор и новый культурный период по-своему трактуют один и тот же топос в зависимости от вопросов, поднимаемых в соответствующую эпоху, или индивидуальных интересов автора.

Надеюсь, что для специалиста по литературе это исследование не только воссоздаст *historia morbi* любви как болезни, но и предложит свежий взгляд на динамику перехода между канонически установленными периодами развития русской литературы, такими как сентиментализм и романтизм, а также новые способы прочтения классических литературных произведений. Историк культуры или читатель, интересующийся историей медицины, найдет в этой книге полезный анализ того, как некоторые ключевые события западной культуры и науки в конце XVIII–XIX веках нашли отражение и отклик в России с ее уникальной исторической ситуацией и культурной традицией. Наконец, я надеюсь, что более широкий круг читателей, привыкших ассоциировать русскую литературу и культуру в основном с абстрактными философскими и этическими проблемами, откроет для себя интенсивную озабоченность этой культуры телом как средоточием и проводником духовности и эмоциональности, а также местом для эпистемологического исследования. Однако читателям, ищущим практических советов относительно излечения любовной тоски, эта книга поможет лишь отвлечься от их бед.

Благодарности

Я хотела бы поблагодарить всех людей, которые разными способами обогащали и поддерживали этот проект на разных его этапах. Интереснейшие работы Ильи Виницкого о меланхолии вдохновили меня на исследование родственной медико-культурной категории. Я благодарна моим научным руководителям из Колумбийского университета Ирине Рейфман, Кэти Попкин и Роберту Бэлнепу за помощь в работе над ранней версией этой публикации. Мои коллеги в Иллинойском университете в Урбане-Шампейне — Гарриет Мурав, Лиля Кагановская, Майкл Финк, Марк Стейнберг, Джон Рэндольф и многие другие — создали замечательную атмосферу товарищеской поддержки и живого интеллектуального обмена. Я также хотела бы поблагодарить моих аспирантов, Маргарет Аксельрод и Соню Вандельт, за их добросовестную работу. Моя подруга и коллега Людмила Парц неизменно сохраняла позитивный настрой и поддерживала меня в моменты сомнений и саморазрушительной критики.

Я хочу выразить свою признательность Жаклин Эттингер, редактору издательства «University of Washington Press», которая с первого же дня с энтузиазмом отнеслась к этому проекту и чья пунктуальность, дружелюбие и профессионализм сделали весь процесс подготовки книги к печати гораздо более приятным, чем он мог бы быть. Я также благодарю Ричарда Грея, редактора серии «Literary Conjugations», за его неизменную поддержку моей работы. Оба редактора сделали полезные комментарии к рукописи, как и два анонимных рецензента издательства. Их предложения, безусловно, улучшили книгу. Я также хотела бы поблагодарить Мэри Рибески, помощника главного редактора, и корректора Джейн Лихти.

Я благодарна Институту имени Гарримана Колумбийского университета за решение включить эту книгу в серию «Studies of the Harriman Institute» и, в частности, Рональду Мейеру за его помощь на протяжении всего процесса. Проницательный и подробный отчет Айрин Делич о рукописи для этой серии помог мне подчеркнуть сильные стороны книги и устранить ее недостатки.

Мои исследования и написание книги были осуществлены благодаря щедрой институциональной поддержке. Институт имени Гарримана финансировал раннюю стадию моей научной работы. Исследовательский совет кампуса и Центр перспективных исследований Иллинойского университета в Урбане-Шампейне позволили завершить этот проект, предоставив мне как исследовательскую поддержку, так и критически важное освобождение от преподавательской работы на два семестра. Исследовательский совет также оказал поддержку в публикации.

Часть первой главы была опубликована под названием «Нервы, мозг или сердце? Физиология эмоций и проблема взаимодействия души и тела в русском сентиментализме» в журнале «Russian Review» (2006. Vol. 65. Iss. 1. P. 1–14). Сокращенная версия третьей главы вышла под названием «*Febris erotica*: постромантическая физиология Александра Герцена» в журнале «Slavic Review» (2006. Vol. 65. Iss. 3. P. 502–522) и перепечатывается здесь с разрешения издателя, Американской ассоциации содействия славянским исследованиям[1].

И наконец — но не в последнюю очередь — я хотела бы поблагодарить свою семью: моих дочерей Нику и Лану за их помощь мне в сохранении перспективы; моего мужа и коллегу Дэвида Купера, который не только скрупулезно редактировал и вычитывал многочисленные версии рукописи с несвойственным ему терпением, но и оказывал постоянную интеллектуальную и эмоциональную поддержку на протяжении всей моей научной карьеры. Эта книга посвящается моим родителям в знак моей признательности за их любовь, поддержку и самопожертвование.

Я также благодарна своим преподавателям Киевского университета им. Т. Г. Шевченко — Л. А. Киселевой, Н. В. Беляевой, К. М. Пахаревой, С. К. Росовецкому и многим другим —за интересные курсы и вдохновляющие интерпретации.

---

[1] Ныне — Ассоциации славянских, восточноевропейских и евразийских исследований, ASEEES. — *Прим. ред.*

Введение
История болезни

Западная традиция

Связь между страстной любовью и болезнью имеет долгую историю как в медицине, так и в литературе и не уникальна для западной цивилизации[1]. Однако в результате длительного процесса взаимодействия и взаимного обогащения западная литература и медицина выработали уникальную традицию теоретизирования и изображения любви как болезни. Ученые нашли научные истоки этой концепции в греческой медицинской и философской мысли конца V–IV веков до нашей эры: гиппократовской теории гуморов; платоновской философии Эроса, а также его учении о трехчастной структуре души; аристотелевской психологии и физиологии страсти[2].

Труды гиппократовского корпуса не содержат конкретного медицинского учения о любви как болезни, но они закладывают научную основу для его будущего развития. Известная гуморальная теория объясняет работу человеческого организма с точки

---

1 Питер Дронке в своей книге «Средневековая латынь и становление европейской любовной лирики» цитирует древнеегипетские поэтические тексты, найденные на папирусах 1300 года до нашей эры и вводящие концепции любви-как-болезни и возлюбленного-как-целителя [Dronke 1965–1966, 1: 9–10]. Массимо Чьяволелла также предполагает, что любовь как болезнь может быть универсальным топосом, и приводит в пример историю Амнона и Фамари в Ветхом Завете (2Цар. 13) [Ciavolella 1976: 40].

2 См. [Ciavolella 1976]. Мой анализ раннего развития доктрины любви как болезни на Западе во многом опирается на это исследование.

зрения взаимодействия четырех жидкостей, или «гуморов»: крови, флегмы, желтой желчи и черной желчи. Баланс между четырьмя гуморами служит залогом здоровья, как физического, так и психического, в то время как преобладание одного из них может привести к серьезному заболеванию[3]. Любой из гуморов, вырабатываемый в избытке, может нанести вред человеческому организму, но только два из них имеют отношение к будущему учению о любовной болезни. Так, кровь, которая, как считалось, особенно активна весной и обладает свойствами тепла и влажности, позже будет интерпретироваться как гумор, ответственный за эротическое желание[4]. Для сравнения, переполнение черной желчью, ассоциируемое в трудах Гиппократа с осенью и свойствами сухости и холода, вызывает симптомы, характерные для любовных страданий. Меланхолия — психическое заболевание, возникающее в результате избытка этого гумора, — в поздней традиции характеризовалась иссушением тела, всепоглощающей печалью, истощением и в конечном итоге безумием. Авторы Средневековья и Возрождения воспринимали болезнь любви либо как разновидность меланхолии (так называемую «любовную меланхолию»), либо как родственное ей, но отдельное заболевание[5].

В IV веке до нашей эры медицинская доктрина о гуморах взаимодействует с платоновской и аристотелевской философией. Например, в «Федре» Платона возвышенная любовь, возникаю-

---

[3] Наиболее подробно гуморальная теория представлена в трактате Гиппократа «О природе человека».

[4] В другом исследовании Чьяволелла описывает трактовку гиппократовской традиции средневековыми врачами: «Любовь — это желание, возникающее при избытке гуморов (особенно крови)... когда, иными словами, тело находится в горячем и влажном состоянии» [Ciavolella 1979: 225].

[5] В своей «Анатомии меланхолии» (1621) Роберт Бертон описывает полемику по поводу статуса любви как болезни и сам встает на сторону тех авторов, которые классифицировали ее как форму меланхолии [Burton 2001, 3: 57]. Очевидно, в классической и средневековой медицинской традиции не было единого мнения по этому вопросу. Однако обе точки зрения сходятся в том, что, будучи связанной с меланхолией, любовь как болезнь обладала своей отличительной симптоматикой. См. также [Heiple 1983: 55–64, esp. 58; Heffernan 1995: 48].

щая при созерцании идеальной красоты, сопровождается конкретной физической реакцией, легко переводимой на гиппократовский язык тепла и влажности[6]: «он смотрит на него с благоговением, как на бога, и, если бы не боялся прослыть совсем неистовым, он стал бы совершать жертвоприношения своему любимцу, словно кумиру или богу. А стоит тому на него взглянуть, как он сразу меняется, он как в лихорадке, его бросает в пот и в необычный жар» [Платон 1993–1994, 2: 160]. Эти симптомы, известные как «влечение», объясняет Сократ Федру, на самом деле означают рост крыльев души. Встреча с истинной красотой, в платоновском мифе об анамнезисе, напоминает душе о переживании абсолютной истины, которой она была наделена в своем предсуществующем крылатом состоянии. Однако отсутствие прекрасного объекта вызывает иссушение, бессонницу и даже безумие. Примечательно, что Платон описывает страдания души в терминах любви как болезни:

> Презрев все обычаи и приличия, соблюдением которых щеголяла прежде, она [душа] готова рабски служить своему желанному и валяться где попало, лишь бы поближе к нему — ведь помимо благоговения перед обладателем красоты она обрела в нем единственного исцелителя величайших страданий [там же: 161].

Однако решающую роль в развитии научной теории любви как болезни сыграл Аристотель [Ciavolella 1976: 19]. Согласно Аристотелю, любовная болезнь развивается, когда приятный объект сначала воздействует на органы чувств человека, прежде всего на зрение, а затем на воображение, где создается и сохраняется его зрительный образ. Этот образ в конечном итоге достигает разума, который воспринимает реальный объект как чрезвычайно желанный. Потребность обладать объектом вызывает перегрев крови в области сердца, что изменяет внутреннюю температуру

---

[6] У. Г. С. Джонс кратко перечисляет наиболее явные ссылки на Гиппократа в диалогах Платона. См. написанное им введение [Hippocrates 1939–1995, 1: xxxiii–xxxv, xliii–xliv].

всего тела и итоге нарушает физиологическое и психологическое равновесие человека[7]. Физиологический механизм любовного недуга, предложенный Аристотелем, оказался чрезвычайно влиятельным и долговечным. Его теория с некоторыми изменениями была развита Галеном во II веке до нашей эры и позже проникла в арабский мир[8]. Позднее благодаря средневековым латинским переводам арабских трактатов научные взгляды Гиппократа, Аристотеля и Галена, обогащенные Хали Аббасом, Авиценной и Разесом, вновь вошли в западный мир в конце Средневековья[9].

* * *

Упомянутые выше теории составляют целое философско-научное направление в развитии понятия любви как болезни. Но в то же время греческая литература исследовала разрушительный эффект страстной любви независимо от медицины. Знаменитый фрагмент II Сапфо (начало VI века до нашей эры), приведенный в трактате «О возвышенном», описывает физические симптомы любви, такие как учащенное сердцебиение, потливость, дрожь и бледность, задолго до формирования традиции Гиппократа:

Богу равным кажется мне по счастью
Человек, который так близко-близко
Пред тобой сидит, твой звучащий нежно
Слушает голос

И прелестный смех. У меня при этом
Перестало сразу бы сердце биться:
Лишь тебя увижу, уж я не в силах
Вымолвить слова.

---

[7] Более подробное изложение аристотелевской физиологии страстей см. в [Ciavolella 1976: 19–22].

[8] Основное различие между физиологиями Аристотеля и Галена заключалось в центральной роли, которую первый приписывал сердцу; согласно Галену, приоритет принадлежал мозгу. Более подробный анализ этого спора см. в главе 1.

[9] См. [Ciavolella 1976: 22; Heffernan 1995: 13–21].

Но немеет тотчас язык, под кожей
Быстро легкий жар пробегает, смотрят,
Ничего не видя, глаза, в ушах же —
Звон непрерывный.

Потом жарким я обливаюсь, дрожью
Члены все охвачены, зеленее
Становлюсь травы, и вот-вот как будто
С жизнью прощусь я...
(пер. В. Вересаева) [Античная лирика 1968: 56][10]

В более поздние периоды наблюдается расцвет литературы, затрагивающей тему любви как болезни. Трагедии Еврипида, эллинистическая лирика (Феокрит), эпос (Аполлоний Родосский) и, конечно, латинские элегические поэты, а также Вергилий (ср. историю Дидоны в его «Энеиде») и Овидий — все они развивают эту тему с упоминанием меньшего или большего количества конкретных патологических деталей. Ко времени Овидия набор симптомов любовной болезни, по-видимому, становится достаточно стандартным, чтобы рассказчик «Науки любви» мог рекомендовать своей аудитории стратегию «отыгрывания» этого состояния:

Бледность — тому, кто влюблен! Влюбленному бледность пристала:
В этом его красота — мало ценимая кем.
Бледный в Сидейских лесах Орион на охоте скитался,
Бледный Дафнис, томясь, млел о наяде своей.

---

[10] Автор трактата «О возвышенном» (Псевдо-Лонгин), комментируя поэму в своем трактате о возвышенном, особенно хвалит поэтессу за мастерское описание физиологических и психологических подробностей: «Разве не поразительно умение поэтессы обращаться одновременно к душе, телу, ушам, языку, глазам, коже, ко всему, словно ставшему ей чужим или покинувшим ее; затем, объединяя противоположности, она то холодеет и сгорает, то теряет рассудок и вновь его обретает, то почти прощается с жизнью и впадает в неистовство. Делается это, чтобы раскрыть не одно какое-нибудь чувство, овладевшее ею, но всю совокупность чувств. А это как раз и происходит в жизни с влюбленными. Удивительной силе этого стихотворения способствовали, как я уже отметил, выбор крайностей и соединение их воедино...» [О возвышенном 1966: 24].

Бледность и худоба обличают влюбленные души,
Так не стыдись под плащом кудри блестящие скрыть!
Юным телам придают худобу бессонные ночи,
Боль, забота, печаль — знаки великой любви.
Чтобы желанья сбылись, не жалей вызывать сожаленья.
Пусть, взглянув на тебя, всякий воскликнет: «Влюблен!»
[Овидий 1973: 166]

В этом отрывке примечательна опора Овидия на литературную традицию в описании типичных симптомов любви. Поэт обосновывает свое «предписание» этих симптомов не медицинскими наблюдениями, а литературным прецедентом. Другими словами, влюбленный должен быть бледным не потому, что в реальной жизни влюбленные обычно бледны, а потому что так принято в поэтической традиции (идущей от Сапфо, Феокрита), известной автору и его аудитории[11]. Чисто литературные симптомы тем не менее легко распознать «в реальности» любому постороннему наблюдателю. Такое стирание границ между вымыслом и реальностью, а также между литературой и медициной — не только свойство произведений Овидия, отсылающее как к жанру практического руководства, так и, в случае поэмы «Лекарство от любви», к медицинскому рецепту. Это симптом тесного взаимодействия между литературной и медицинской традициями в восприятии топоса любви как болезни — процесса, который, как установлено, начался как раз в I веке до нашей эры [Ciavolella 1976: 23–31][12].

Этот новый медикализированный подход к любви как болезни в литературе обнаруживается прежде всего в появлении фигуры врача (отличной от образа писателя-врача, созданного

11 Точные источники двух легенд, упоминаемых Овидием, неизвестны. Фигура Дафниса как несчастного любовника канонизирована в литературе Феокритом (III век до нашей эры), чьи идиллии часто затрагивают тему любви как болезни, а некоторые (особенно Идиллия II) предлагают подробные физиологические описания любовных страданий. См. комментарий А. С. Холлиса к «Науке любви» Овидия [Ovid 1977, 1: 143–145].

12 Чьяволелла также кратко упоминает этот отрывок из Овидия как пример слияния медицинской науки и литературы [Ciavolella 1976: 30].

Овидием), который пытается поставить диагноз и вылечить влюбленного пациента, как в сказании об Антиохе и Стратонике. Древняя легенда, известная с IV века до нашей эры, рассказывает историю любви в постaлександрийскую эпоху. Антиох, сын сирийского правителя Селевка, тайно влюбляется в свою молодую мачеху Стратонику и вследствие этой запретной потаенной страсти тяжело заболевает[13]. Врач, вызванный для диагностики и лечения больного юноши, начинает подозревать, что причина его недуга — неразделенная любовь. Чтобы определить виновника страданий Антиоха, он остается в покоях больного во время визитов придворных красавцев и красавиц и наблюдает за его реакцией. Когда в комнату заходит Стратоника, молодой человек проявляет ряд типичных симптомов страсти, включая учащенный пульс, что позволяет врачу определить объект любви и предложить лекарство — ее консумацию[14].

В версии, изложенной Плутархом в его «Деметрии», эта диагностическая процедура получает новый поворот. Здесь врач Эрасистрат, ставя диагноз Антиоху, наблюдал, как у него при появлении Стратоники

> тут же являлись все признаки, описанные Сапфо: прерывистая речь, огненный румянец, потухший взор, обильный пот, учащенный и неравномерный пульс, и, наконец, когда душа признавала полное свое поражение, — бессилие, оцепенение и мертвенная бледность [Плутарх 1961–1964, 3: 216].

---

[13] Более того, любовная болезнь Антиоха имеет и суицидальный элемент: в версии Плутарха юноша, осознав, что не может бороться с этой страстью и что его «недуг» «неисцелим», решил покончить с жизнью, поэтому «представился больным и постепенно изнурял свое тело, отказываясь от пищи и необходимого ухода» [Плутарх 1961–1964, 3: 215–216].

[14] Трактовка этой истории Валерием Максимом анализируется в работе Чьяволеллы [Ciavolella 1976: 23]. В более поздние времена появилось множество версий этой легенды, некоторые из которых изображают Галена проводящим подобную диагностическую операцию. См.: [Walzer 1962: 50]. Боккаччо в «Декамероне» (День 2, новелла 8) также использует этот мотив.

Подход Плутарха решительно отличает от его предшественников ссылка на оду Сапфо как на авторитетный источник — жест, символизирующий слияние медицинской и литературной традиций любви как болезни[15]. Важно отметить, что диагностическая процедура, описанная в истории об Антиохе и Стратонике, постепенно приобрела профессиональную значимость и стала использоваться в медицинской практике, о чем свидетельствует следующий отрывок из Авиценны:

> Определение предмета любви есть одно из средств лечения. Это делается так: называют много имен, повторяя их неоднократно, а [руку] держат на пульсе. Если пульс очень изменяется и становится как бы прерывистым, то, повторяя и проверяя это несколько раз, ты узнаешь имя возлюбленной [Ибн Сина 1979–1982, III (1): 139].

Смешение медицинских взглядов на любовь как болезнь с литературными тропами продолжается на протяжении всего Средневековья[16]. Хотя средневековая медицина во многом зависела от гиппократо-галеновой науки, унаследованной через арабское посредничество, она сформулировала отдельную док-

---

[15] Чьяволелла подчеркивает уникальный подход Плутарха к этой традиции: он «не только использует пульс (или сердцебиение) как средство диагностики болезни, но и, приписывая научную ценность симптомам любовной страсти, заимствованным из поэтической традиции, вводит медико-поэтическую симптоматологию, которая останется неизменной до конца эпохи Возрождения» [Ciavolella 1976: 25].

[16] Как я кратко указала выше, каналы, по которым античная медицинская традиция достигла европейской культуры Средневековья, были довольно извилистыми. Сначала идеи Гиппократа и Галена попали на Восток в результате арабского завоевания Александрии в 642 году через византийских компиляторов и комментаторов IV–VII веков нашей эры, таких как Орибасий из Пергама и Павел Эгинский. Арабские врачи IX–XI веков нашей эры (Разес, Хали Аббас и Авиценна) развивали эти идеи, которые затем переводились на латынь (начиная с переводов Константина Африканского в XI веке) и достигали медицинских центров средневековой Европы — Монпелье, Болоньи, Падуи и других — в XII–XIV веках. См. подробнее в [Ciavolella 1976: 51–67; Heffernan 1995: 13–21].

трину любовной болезни (отчасти под влиянием арабских медицинских трудов о любви). Эта болезнь, называемая в средневековых медицинских трактатах *amor hereos*, проявляется в патологической фиксации на объекте любви, образ которого, сохраненный в мозгу влюбленного, влияет на его аналитические способности. Более того, удовольствие, связанное с образом возлюбленного или возлюбленной, вызывает умножение и перегрев телесных гуморов и «духов», что нарушает психологическое и физиологическое равновесие человека[17]. Важно отметить, что это состояние не исчезает после удаления желанного объекта, поскольку пораженные участки мозга включают в себя воображение и память, где облик возлюбленной или возлюбленного остается запечатленным, как в теплом воске.

Это заболевание сопровождается такими симптомами, как изменение частоты пульса, бессонница, впалые глаза (либо слезящиеся, либо слишком сухие), бледность и анорексия. В особо тяжелых случаях переполнение черной желчью может повредить мозг и привести к безумию и в конечном итоге смерти[18]. Что касается методов лечения, предлагаемых для облегчения данного состояния, то они широко варьируются: от кровопускания, здорового питания и физических упражнений до психологических практик, таких как разлука с объектом любви, прослушивание музыки, прогулки в приятной успокаивающей обстановке и беседы с друзьями. В самых отчаянных случаях или, используя более позднюю формулировку Роберта Бертона, как «последнее прибежище и самое надежное средство» [Burton 2001, 3: 228],

---

17 Ключевыми фигурами в развитии этой доктрины стали Арнольд из Виллановы и Бернар де Гордон — врачи известной в то время медицинской школы Монпелье. К гуморам Гиппократа средневековая медицина добавила теорию о «духах», или *пневме*, образующейся из крови, смешанной с вдыхаемым воздухом. Более подробно о духах и их роли в физиологии любви как болезни см. в [Ciavolella 1979: 230–231].

18 «Медицинские авторы очень подробно объясняют все симптомы этой страшной болезни: почему влюбленные бледны, почему они вздыхают, почему пульс замедляется в моменты печали и становится сильным и учащенным в моменты радости» [Ciavolella 1979: 232].

рекомендуется консумация любви[19]. Хотя многие из этих симптомов и терапевтических методов уже были частью традиционного любовного дискурса, средневековая медицина пыталась с их помощью дать научное обоснование общеизвестным признакам любовных страданий.

Любовная поэзия эпохи, как правило, детально воспроизводила медицинскую доктрину[20]. Как показали многие медиевисты, Чосер, трубадуры и поэты *dolce stil nuovo* часто удивительно точно использовали научную терминологию любви как болезни, разработанную медицинской наукой их времени[21]. Но этот симбиоз медицины и литературы был относительно недолгим. Открытие Уильямом Гарвеем кровообращения, опубликованное в 1628 году, а также последующее развитие физиологии подорвали учение о гуморах и научную теорию любовной болезни, на которой оно основывалось[22]. Однако эти ранние попытки сфор-

[19] Бертон написал свою работу в XVII веке, но по-прежнему в значительной степени опирался на классические и средневековые медицинские и литературные источники.

[20] Многочисленные исследования средневековой медицины и литературы (Хеффернан, Чьяволелла, Хейпл и др.) убедительно показали, что в период позднего Средневековья и раннего Возрождения наблюдалось активное взаимодействие между любовной поэзией и доминирующими медицинскими теориями. Начало этим исследованиям положила фундаментальная статья Джона Лоуза, в которой он показал, что изображение Чосером недуга Арситы в «Рассказе рыцаря» очень близко соответствует описаниям болезни любви, встречающимся в средневековых медицинских трактатах [Lowes 1914: 491–546]. Лоуз также изучил этимологию слова *hereos*, используемого Чосером и средневековыми медицинскими писателями, и пришел к выводу, что оно представляет собой сочетание греческого *eros*, арабского *al-isq* и латинского *herus* и в то время было научным термином для обозначения любви как болезни.

[21] Как напоминает нам Хейпл, одна из наиболее выдающихся медицинских школ того времени, разработавшая доктрину *amor hereos*, находилась в Монпелье, который также был центром лирики трубадуров [Heiple 1983: 55]. Хеффернан предполагает, что куртуазная концепция любви «как вечно неутолимого, возрастающего желания» была литературным и культурным эквивалентом научного понятия *amor hereos* [Heffernan 1995: 66–94].

[22] См. краткий анализ Хеффернан роли этого открытия в отказе от гуморальной теории [там же: 30–31]. Гуморальный подход, однако, оказался чрезвычайно живучим: медицинская мысль частично поддерживала идею значения жидкостей для человеческого организма еще в течение нескольких столетий.

мулировать научную основу любовных страданий, очевидно, сыграли важную роль в обогащении и подтверждении психологического и физиологического инструментария любви как болезни в литературе. Греко-римская литература и медицина, а также их последующее развитие и активное взаимодействие в Средние века оставили в наследство западной литературной традиции сложный и богатый топос, который пережил медицинскую теорию, изначально положенную в его основу.

Восприятие топоса в России

Иначе обстояло дело в России, где светская традиция любви почти отсутствовала из-за строго дидактического и религиозного характера средневековой русской культуры[23]. Но в то же время у русской культуры было и кое-что общее с Западом, а именно негативная интерпретация страстной любви, характерная для ранней христианской мысли. Патристическая традиция унаследовала основные принципы греко-римской психологии и физиологии, а вместе с ними и веру в способность страстной любви к физическому и духовному разрушению[24]. Эти научные идеи слились с христианским неприятием телесности и представлением о страстях как о наследии первородного греха[25]. Однако, как отмечают исследователи сексуальности в России до XVIII века,

---

[23] Это не означает, что западная традиция была исключительно светской. Средневековая концепция любви в западной культуре развивалась в тесной связи с христианской доктриной и мистической традицией. Сложные отношения между культурой придворной любви и христианскими догматами, а также средневековым мистицизмом рассматриваются в многочисленных исследованиях. См., например, [Dronke 1965–1966, 1: 57–97; Rougemont 1983: 59–107].

[24] Чьяволелла отмечает, что раннее христианство обязано своим пониманием психологии и физиологии человека в основном платонизму, стоицизму и традиции Гиппократа, систематизированной к тому времени Галеном [Ciavolella 1976: 31–32].

[25] Чьяволелла цитирует переосмысление меланхолии святой Хильдегардой с точки зрения христианства — как болезни, унаследованной Адамом от дьявола [там же: 38].

отношение православной церкви к сексу и эротической любви было еще более негативным, чем в западном христианстве[26]. Богословы, ставшие особенно влиятельными в Восточной православной церкви, такие как Ориген и Иоанн Златоуст, развивали гностические идеи о том, что человеческая сексуальность заключает в себе смертность и зло[27]. Тенденция к эротизации религиозного и мистического опыта, характерная для средневековой западной культуры, оставалась чуждой русской традиции. Как объясняет А. М. Панченко,

> Древнерусская литература признавала только семейную, узаконенную любовь, отвергая и любовь-страсть, и идеальное обожание прекрасной дамы. Одну из причин этого... следует искать в том, что православная доктрина не выработала гипертрофированного культа богоматери, «мадонны» («моей дамы»), который на Западе развивается с конца XI века [Панченко 1973: 18][28].

В средневековой русской культуре любовь в ее положительном смысле стала понятием, несовместимым с идеей страсти или желания. В отличие от святого Августина, чья доктрина «супружеского долга» в определенной степени оправдывала супружеский секс, восточнохристианские авторы считали сексуальные отношения любого рода проявлением падшей природы человека, а «сексуальное желание и любовь рассматривались как противоположные эмоции даже в сфере христианского брака» [Levin 1989: 61][29].

---

[26] См. [Levin 1993: 42; Levin 1989: 36–78, esp. 69–70].

[27] См. [Brundage 1993a: 4].

[28] Кроме того, отмечает ученый, православная традиция не знала культа страдающего тела Спасителя, который развился на Западе и часто проявлялся в эротической страсти к Христу, которую испытывали католические монахини, верившие в свою беременность от него [Панченко 1973: 18].

[29] Святой Августин, в отличие от некоторых других Отцов Церкви, рассматривал сексуальность как нечто добродетельное в своей основе, но испорченное похотью. Вслед за святым Павлом (1Кор. 7:3) Августин одобрял супружеский секс как отдушину для сексуальных желаний, которую супруги «должны» были предоставить друг другу. См. [Brundage 1993a: 8; Brundage 1993b: 364].

Языковое выражение этого различия, однако, представляло определенные трудности. Русский язык не обладал столь хорошо разработанным и дифференцированным набором слов, обозначающих различные виды любви, в отличие от греческого, в котором выделялись *eros*, *agape* и *philia*: в русском все значения этого понятия содержало в себе одно слово[30]. Поэтому в контексте любви как сексуального желания, как отмечает Ив Левина, русские средневековые авторы старались вовсе избегать употребления слова «любовь», говоря вместо него о «блуде» или «любодеянии» [Levin 1993: 46].

Семантический диапазон слова «любовь» («любы»), зафиксированный в словарях средневекового русского языка, отражает эту тенденцию. В словарных примерах все случаи употребления слова «любовь» в положительном контексте соответствуют греческому слову *agape* и иногда *philia* или используются для их перевода[31]. Большинство примеров взяты из религиозных текстов и выражают христианское представление о любви. Любовь как страсть, напротив, постоянно характеризуется негативно, как «любовь скверная» и «слепая любовь». Такая «слепая» любовь может быть физически разрушительной: «Слепая любы ему же

---

[30] Английские авторы столкнулись с аналогичной проблемой. Бертон, рассуждая о разрушительных физических эффектах «героической любви», или *amor hereos*, в своей «Анатомии меланхолии», сетует на отсутствие семантической дифференциации в английском языке, где этот негативный тип любви не имеет специального, более уничижительного наименования: «Героическая любовь, которая свойственна мужчинам и женщинам, является частой причиной меланхолии и заслуживает скорее называться жгучей похотью, чем столь почетным титулом» [Burton 2001, 3: 52].

[31] См. также [Срезневский 1890–1912, 2: 87–90]. В одном примере из 1-го Коринфянам это русское слово используется для перевода греческого *eunoia* — буквально «добрая воля», «благожелательность»: «Женѣ мѫжъ должнѫю любовь да воздаетъ (εὔνοιᾰ)» («Муж должен давать жене любовь») [там же: 87]. Павел, однако, не использует этот термин для обозначения супружеского долга, который муж обязан выполнять перед женой. Подразумеваемая концепция *εὔνοιᾰ* часто упоминается как часть уточненного, реконструированного текста Павловых посланий и таким образом используется Срезневским в этой глоссе. Этим разъяснением я обязана Валентине Измирлиевой.

в срдце ся влепитъ того охромит, или ослепит» [Словарь русского языка XI–XVII веков. 1975–2015, 8: 330–331][32].

Это негативное отношение к физической любви проявляется в одном из самых ранних (если не самом раннем) оригинальном русском произведении, в котором присутствует тема любви как болезни. «Повесть о Савве Грудцыне» XVII века среди прочего рассматривает плачевные физические, а также моральные последствия страстного эротического желания[33]. В этой повести молодой купец Савва Грудцын останавливается в доме друга своего отца — добродетельного Бажена Второго, недавно женившегося на молодой женщине. Здесь наш герой становится жертвой злых козней дьявола: желая нарушить покой баженовского дома, «враг рода человеческого» подстрекает жену Бажена соблазнить молодого гостя. Когда в церковный праздник Савва отвергает ее ухаживания, она прибегает к волшебству, чтобы пробудить его страсть. Действие любовного зелья оказывается мгновенным. Сначала Савва обнаруживает главный признак страстной любви, уже знакомый нам по оде Сапфо: «И се начат яко некий огнь горети в сердцы его» [Русская повесть XVII века 1954: 86]. Затем появляются другие, более общие симптомы любви-болезни: «Егда же испив пития оного, начат сердцем тужити и скорбети по жене оной» [там же]. Однако мстительная женщина не только не замечает страданий Саввы, но и клевещет на него своему мужу. Изгнанный из дома Бажена, Савва тяжело заболевает из-за своей безответной страсти: «И нача от великия туги красота лица его увядати и плоть его истончеватися» [там же][34]. В этот момент на

---

32 «Если слепая любовь поселится в чьем-то сердце, она либо искалечит его, либо ослепит». Этот пример взят из сборника традиционных русских пословиц, поговорок, загадок и т. д. См. [Геккер и др. 1984: 271].

33 М. О. Скрипиль, редактор и комментатор «Повести о Савве Грудцыне», считает, что ее автор первым в средневековой русской литературе изобразил «любовную неудачу» героя [Русская повесть XVII века: 394].

34 В XVII веке диагноз «меланхолия» был уже известен в России, где западные врачи начали практиковать в конце XVI века. В источниках XVII века упоминается, что царь Михаил Федорович к концу своей жизни развил «меланхолию, сиречь кручину». Считалось, что желудочная болезнь, от которой он в конце концов умер, стала результатом «многого сидения, холодных напитков и меланхолии» [Мирский 1995: 18–19].

сцене вновь появляется дьявол, чтобы предложить Савве надежное лекарство — консумацию страсти в обмен на его душу. Остальная часть повести описывает последствия сделки Саввы с дьяволом: после консумации своей любви и ряда военных успехов, достигнутых при содействии демона, герой опасно заболевает, раскаивается и становится монахом. Исцеление Саввы от физической болезни, как и его нравственное обращение (духовное исцеление) в конце повести, предвещается явлением Девы Марии. Светлый облик прекрасной женщины создает драматический контраст с образом грешной земной любовницы Саввы. Можно предположить, что эти два женских образа воплощают две противоположные концепции любви, унаследованные русской культурой от патристической традиции[35].

Несмотря на архаичный язык, изобилующий церковнославянизмами, и традиционную христианскую систему ценностей, осуждающую земные страсти и плотские желания, «Повесть о Савве Грудцыне» неоднократно прославлялась учеными как прототипный текст современной русской литературы. Многогранный герой, который сталкивается с нравственными дилеммами и делает самостоятельный выбор, историческая и социальная конкретность сюжета — эти и другие особенности текста даже побудили некоторых критиков назвать «Повесть о Савве Грудцыне» первым русским романом[36]. Можно добавить, что романтический элемент, включая топос любви как болезни, не встречавшийся ранее в оригинальной русской литературе, вносит свой вклад в «современный» (и, возможно, «западный») колорит текста[37].

---

35 Представление средневековой медицины о женской физиологии поддерживало церковный взгляд на женщину как на «сосуд греха». По мнению врачей того времени, женщины были более сексуально ненасытны, чем мужчины, по биологическим причинам: без частых половых сношений матка могла пересохнуть, что приводило к серьезным осложнениям для женского здоровья [Brundage 1993b: 376].

36 См. [Демкова и др. 1970: 533–534].

37 Проблема связи повести с западной традицией уже привлекала внимание исследователей, хотя они, как правило, сосредотачивались на ее демонологическом и фаустовском аспектах. Исследуя мотив «сделки человека с дья-

Однако попытка анонимного автора медикализировать страстную любовь и ее последствия обнаруживает те же нестыковки между современными и традиционными элементами произведения, что и другие аспекты текста[38]. Хотя в повести точно описаны такие основные симптомы любви, как истощение и бледность (подразумеваемые при упоминании «увядающей красоты» героя), и подчеркивается проблема диагностики, которую поднимает состояние Саввы (более подробно она будет рассмотрена мной во второй главе), основные агенты любовной болезни в этой истории относятся к немедицинской сфере. Источники эротической страсти в «Повести о Савве Грудцыне» — это, что характерно, дьявол (в случае с женой Бажена) и волшебное любовное зелье (в случае с Саввой). Выбор сверхъестественного вмешательства в качестве источника любви автоматически устраняет необходимость создания физиологического механизма любви как болезни. Действительно, если болезнь любви — не результат сложной реакции организма на вид привлекательного объекта, а уже существующее состояние, привитое человеку магической силой, то описание ее физиологических проявлений становится неактуальным. Это преуменьшение медицинского аспекта можно наблюдать и в том, как повесть решает диагностическую проблему, характерную для этого заболевания. Если в сказании об Антиохе и Стратонике тайну болезни героя открывает врач, то в «Повести о Савве Грудцыне» диагностическую процедуру проводят профессионалы иного рода: местный провидец (волхв) и сам черт.

волом» в «Повести о Савве Грудцыне» и его западный контекст, В. Е. Багно отмечает, что русская версия имеет больше общих черт не с немецким развитием этого мотива (легенды о докторе Фаусте), а с испанскими барочными пьесами. Интересно, что и в «Повести...», и в испанских драмах Золотого века герой заключает договор с дьяволом за обладание женщиной. Однако моральное оправдание страсти, встречающееся у Лопе де Вега, как отмечает Багно, чуждо русской версии, которая остается верной православному учению о любви [Багно 1985: 364–372].

[38] Исследователи повести неоднократно отмечали в повести противоречие «между новизной способов воплощения старого сюжета о продаже души дьяволу и традиционным повествовательным стилем» [Демкова и др. 1970: 534].

Таким образом, «Повесть о Савве Грудцыне» можно рассматривать как переходное произведение, все еще глубоко укорененное в средневековом русском мировоззрении и ценностях. Только после реформ Петра I западный кодекс любви, а вместе с ним и концепция любви как болезни прорываются в русскую культуру и литературу. Введение Петром ассамблей — общественных собраний, в которых впервые в русской истории участвовали женщины, — внесло огромный вклад в развитие амурной культуры в России. По мнению некоторых позднейших мемуаристов, эти новые общества не просто создали новые формы жизни, они породили новые переживания, среди которых — «до того... незнаемая» страстная любовь [Щербатов 1896–1898, 2: 152][39]. При такой интерпретации петровских реформ светская романтическая любовь предстает как культурный конструкт, совершенно отсутствующий в русской жизни (а не только в литературе) допетровского периода.

Ранние русские мемуары подтверждают взгляд на романтический опыт как на исключительно чужеродный. Один из самых ранних частных дневников в русской культуре, «Жизнь князя Бориса Ивановича Куракина, им самим написанная», фиксирует следующий амурный эпизод из путешествия автора по Европе:

> И въ ту свою бытность былъ инаморат (въ) славную хорошеством одною читадинку, называлася signora Francescha Rota, которую имел за медресу во всю ту свою бытность. И так былъ inomarato, что не мог ни часу без нея быть, которая коштовала мне в те два месяца 1000 червонных. И разстался с великою плачью и печалью, аж до сих пор из сердца моего тот amor не может выдти и, чаю, не выдетъ. И взялъ на меморию ея персону, и обещал къ ней опять возвратиться... [Куракин 1890–1902, 1: 278].

От внимания читателя едва ли ускользнет, что каждое слово, связанное с любовным опытом князя, — итальянское, иногда транслитерированное, иногда нет: «инаморат», с его искаженным

---

39 Негативная оценка этих нововведений автором очевидна из названия его мемуаров — «О повреждении нравов в России».

вариантом «inomarato», «медреса» и, что особенно важно, «amor». Очевидно, что «перевод» западной любовной лексики представлял для автора не только лингвистическую, но и культурную трудность. Отказ Куракина от подобного перевода отражает не его некомпетентность в русском языке, как предполагают некоторые критики, а более универсальную культурную проблему описания романтического опыта на русском языке без обращения к религиозным или морализаторским коннотациям[40].

Примечательно, что в более поздних воспоминаниях — «Записках» Михаила Данилова (1771) — автор также фиксирует увлечение иностранкой, но не сталкивается с подобной терминологической проблемой. Хотя Данилов признает, что любовная страсть была для него в то время совершенно новым переживанием (он неоднократно называет ее «доселе неизвестной страстью»), он не испытывает недостатка в словарном запасе и даже в клише для описания своих чувств, используя такие термины, как «страсть», «любовная страсть», «любимый предмет», «любовница» и другие. Кроме того, рассказывая о своих тщетных попытках подавить это непреодолимое желание, автор демонстрирует знакомство с языком любви как болезни и традиционной образностью «пламени страсти»:

> Наконец принял я на себя во всяком роде пост, воздержание и тем надежное чаял себе получить правило избегнуть из рук заразившей меня любовной страстью; но все шло не по моему намерению, а день ото дня возгоралась во мне оная

---

[40] В своей истории русского литературного языка XVII–XVIII веков В. В. Виноградов приводит этот отрывок как прискорбный пример языковых излишеств и «варваризмов» петровской эпохи и интерпретирует использование автором иностранных слов его неспособностью выражаться на «правильном, нормальном» русском языке [Виноградов 1982: 69]. Г. А. Гуковский использует тот же пример из письма Куракина для подтверждения своей точки зрения, однако подчеркивает, что «даже чрезмерное увлечение иностранщиной в языке не всегда было проявлением модничанья. Просто очень трудно было выразить старыми русскими словами новые чувства и представления, а если и были такие старые слова, они не выражали общего колорита европеизации русского культурного сознания переломного времени» [Гуковский 1999: 17].

> доселе неизвестная страсть сильным пламенем, как будто воздержанность моя на посмеяние мне умножала оную [Данилов 1842: 64–65].

Этот более поздний рассказ о сердечной страсти в сравнении с изысканиями Куракина показывает, что за это время русский язык и литература преодолели дефицит светской культуры страстной любви.

* * *

В русской художественной литературе петровского периода ключевая роль в введении западного любовного кода принадлежит так называемым «петровским повестям» — хроникам приключений молодых россиян в Европе. Анонимная «Повесть о российском кавалере Александре» (датированная приблизительно между 1719 и 1725 годами) изобилует галантными признаниями в любви, ритуальными клятвами, романтическими обменами письмами и кольцами и другими элементами традиционного любовного поведения[41]. Язык и тематика любви как болезни играют решающую роль в развитии основной любовной интриги повести. По сюжету русский дворянин Александр, живущий во Франции, влюбляется в дочь пастора Элеонору. С самого начала романа общение между влюбленными показано как развернутая метафора любовной болезни. Александр начинает ухаживание с письма, в котором выражает свои чувства и желания исключительно с помощью медицинского кода:

> И дивлюсь, как возмогла такое великое пламя горячности с высоты во утробу мою вложити, которое меня столко палить, что уже горячность моего сердца терпеть не может. Того ради покорно прошу: буди врачь болезни моей, ибо никоим доктуром отьята быть не может. Аще же с помощию не ускориш, страшуся, да не будеши мне убица [Русские повести первой трети XVIII века 1965: 217].

---

[41] Об источниках датировки текста см. в исследовании Г. Н. Моисеевой: [Русские повести первой трети XVIII века 1965: 57–126, особ. 125–126].

Особенность этого признания заключается в том, что оно не содержит прямого упоминания любви как таковой и полностью полагается на способность адресата расшифровать код болезни-как-любви. Таким образом, это письмо демонстрирует весьма устоявшийся характер топоса в западной культуре ухаживания, где он может использоваться как материал для изящной словесной игры. Точнее говоря, Александр использует топос как метафору, в которой образный уровень, представленный медицинским языком, вытесняет буквальный план — само романтическое послание; можно сказать, что «жанр» вызова скорой помощи заменяет жанр любовного письма. Однако метафора вскоре воплощается в жизнь: отвергнутый Элеонорой, Александр действительно тяжело заболевает, метафорическая *горячность* его сердца превращается в клиническую *горячку*. Когда он выздоравливает, Элеонора наконец отвечает ему взаимностью, и русский кавалер игриво приписывает ей свое излечение — как мы понимаем, от болезни любви, а не от горячки.

«Медицинский» роман Александра и Элеоноры осложняется появлением другой «пациентки» — Гедвиг-Доротеи, роковой красавицы, которая преследует Александра своими любовными ухаживаниями. Любовная записка Гедвиг-Доротеи, хотя и использует язык любви как болезни, значительно отличается по своему тону и риторическим целям от послания Александра к Элеоноре. В этом прямолинейном и энергичном письме «болезнь» — уже не игривая и элегантная кодировка «любви», а ее зловещее последствие:

> ...сими малейшими строками вам сердечною любовь мою обьявляю, которая меня сь единаго взору на красоту вашу в постелю положила. <...> Того ради слезно прошу учинить мя столко щасливу, чтоб я хотя малой знак любви вашей имела. И аще мя в болезни посетити обленишися, то скоро пред дверми своея квартиры узриш мертву [там же: 226].

Другими словами, Гедвиг-Доротея в своих агрессивных целях использует не столько метафорическую подмену любви на болезнь, сколько метонимическую причинно-следственную связь между ними, если воспользоваться терминологией Романа Якобсона.

Однако, как и метафора Александра, эта метонимия не остается простой фигурой речи. Александр, принужденный Гедвиг-Доротеей к одноразовой сексуальной связи, решительно отвергает ее впоследствии. Этот отказ становится причиной болезни женщины; хотя клиническая природа недуга не уточняется, его симптомы, пусть и неясные, позволяют предположить любовную меланхолию: «и в великую печаль вдалас, так что чрез одне сутки неможно было персоны ея признать, ибо красота лица ея померкла»[42] [там же: 231]. Тем временем Элеонора, узнав о кратковременной неверности Александра, впадает в «великую горячку» и умирает. Получается, что каждый участник этого любовного треугольника начинает с риторического использования топоса любви как болезни, а затем переживает его зловещую буквализацию.

«Повесть о российском кавалере Александре» представляет собой важный этап в усвоении русской литературой западной идеи любви как болезни. Для культуры, которая едва начала развивать свою традицию светской любви, это произведение выступало едва ли не в роли учебника, представляя широкий спектр возможностей древнего топоса: его функцию как риторического, декоративного приема; его метафорические и метонимические полюса; наконец, самое главное — его богатый повествовательный потенциал в развитии сюжета, драматизации любовной истории и усложнении психологического портрета персонажей[43].

---

[42] Симптом «увядания» или «угасания» красоты, как мы видели на примере Саввы Грудцына, довольно часто встречается в доклинической традиции любви как болезни.

[43] Следует отметить, что «Повесть о российском кавалере Александре» не была уникальным и полностью самостоятельным литературным достижением. Она несет в себе следы значительного влияния переводных рыцарских романов, таких как «Бова Королевич» и особенно «Петр Златые Ключи» [Русские повести первой трети XVIII века 1965: 115–118]. Кроме того, как показывает Моисеева, автор повести об Александре в значительной степени опирается на литературные и документальные источники петровской эпохи, такие как популярные любовные песни и руководства [там же: 111–112, 121].

* * *

Однако «честь» введения западного любовного кодекса в русскую беллетристику историки русской литературы обычно приписывают В. К. Тредиаковскому (1703–1768). Привилегированный статус Тредиаковского как первого «серьезного» эротического писателя на русском языке обусловлен не только тем, что его перевод аллегорического романа Поля Таллемана «Езда в остров любви» (1663), опубликованный в 1730 году, стал первым печатным светским произведением, посвященным исключительно теме любви[44]. Взявшись за перевод любовного романа, Тредиаковский столкнулся с проблемой воспроизведения западной любовной культуры на русском языке — задачей, которая представляла трудности и за одно поколение до него, о чем свидетельствуют мемуары Куракина[45]. Роман Таллемана, описывающий путешествие героя по аллегорическому острову любви, представляет каждый этап романтических отношений, а также их многочисленные эмоциональные нюансы в персонифицированном виде. Поэтому переводчику пришлось подбирать русские эквиваленты для таких терминов, как *rendez-vous* (свидание); *billets-*

---

[44] Парадоксально, но этот переводной «прециозный роман» прекрасно вписывается в существующую традицию русской прозы. Основной любовный сюжет здесь мало чем отличается от сюжета «Повести о Савве Грудцыне»: герой поддается страстной любви, заболевает, а затем, излечившись, раскаивается. При этом он тоже является путешественником (ср. петровские повести), и ему помогают мифологические персонажи. Более того, в конце он также встречает богоподобную сияющую женскую фигуру, которая спасает его от любви. От «Повести о Савве Грудцыне» эта история кардинально отличается тем, что помещена в контекст не христианской морали, а светского кодекса любовной игры.

[45] По иронии судьбы перевод Тредиаковского был вдохновлен его покровителем, князем Александром Борисовичем Куракиным (1697–1749), и посвящен ему же — сыну того самого Бориса Куракина, который отказался или не смог перевести западную любовную лексику в своем дневнике. О переводе Тредиаковского как о своеобразном случае «трансплантации» западной салонной культуры на русский контекст см. в [Лотман 1992: 22–28].

doux (любовные письма); *cruauté* (жестокость); *désespoir* (отчаяние); *jalousie* (ревность) и др.[46]

Тредиаковский, который мыслил себя в роли русского Овидия, очевидно, осознавал новизну и сложность задуманного проекта[47]. В предисловии «К читателю» он указывает две главные особенности произведения, которые заставили его отказаться от использования староцерковнославянского языка в этом переводе: (1) эта книга светская, и (2) это книга «о сладкой любви» [Тредиаковский 1849, 3: 649]. Попытка Тредиаковского оправдать свой языковой и стилистический выбор показывает его понимание того, что произведение, которое он решил перевести, не вписывается в русло русской литературной традиции: как тематически, так и стилистически оно не имеет прецедента в его родной культуре. Новизна темы романа для русской аудитории очевидна из той негативной реакции, которую он вызвал, несмотря на огромный успех (а возможно, и благодаря ему). Подобно тому, как ассамблеи Петра Великого, по мнению многих, привели к «повреждению нравов в России», Тредиаковского, по его собственному свидетельству, изложенному в письме И.-Д. Шумахеру от 18 января 1731 года, обвиняли в развращении русской молодежи:

> Среди духовенства одни ко мне благожелательны, другие... утверждают, что я первый развратитель российского юношества, тем более что до меня оно совершенно не знало чар и сладкой тирании любви [Письма русских писателей 1980: 46].

В основе возмущения современников писателя лежит мысль о том, что страстная любовь как психологическое и даже физиологическое явление не существовала в России до ее привнесения извне, через культурные институты и литературные тексты за-

---

46 Не все термины, использованные Тредиаковским, сохранились в русском языке. Среди тех, что не прижились, — например, «очесливость» — *la modestie* (скромность).

47 Тредиаковский проводит параллель между собой и автором «Науки любви» в своем письме к И. Д. Шумахеру от 18 января 1731 года [Письма русских писателей 1980: 46].

падной культуры. Однако эти рассуждения были совершенно чужды пониманию природы любви самим Тредиаковским, что видно из его ответа на это обвинение:

> Неужели не знают они, что сама Природа, эта прекрасная и неутомимая владычица, заботится о том, чтобы все юношество узнало, что такое любовь. Ибо отроки наши созданы так же, как и другие, и отнюдь не походят на мраморные изваяния, лишенные всякой чувствительности; напротив, они наделены всем, что возбуждает у них эту страсть [там же: 46].

В полемике с националистически и моралистически настроенными соотечественниками, рассматривавших страстную любовь как продукт культурных практик, Тредиаковский отстаивает «естественную» трактовку амурной страсти, которая, по его мнению, коренится исключительно в физиологии человека.

Аллегорический роман Таллемана предлагает богатый материал для исследования физических последствий страстной любви: здесь каждая эмоция, будучи персонифицированной, требует точного физического описания. Изображая чувства, связанные с любовными страданиями, Таллеман (как и Тредиаковский) явно опирается на традицию любви как болезни. *Беспокойность* (*L'Inquiétude* у Таллемана), *Разлука* (*L'Absence*) и *Задумливость* (*La Rêverie*) разделяют такие качества, как сухость/худоба, бледность, уродливость и слезливость — легко узнаваемые традиционные симптомы любовного недуга [Тредиаковский 1849, 3: 661, 679; Tallemant 1788: 242, 258][48]. Язык любви как болезни становится недвусмысленным, когда в романе появляются два свойства, которые обычно вступают в конфликт со страстной любовью — *Честь*, сопровождаемая *Стыдом* (*L'honneur et La Pudeur*):

> Сия многолюдная артель, которая за неи [Честью] следуетъ, находится в превеликом при неи безпорядке: ибо то все женщины хворыя, которыя едва могут за неи следовать. Любовь, которая их мучит, разливает по всех их лицам та-

[48] Тредиаковский последовательно переводит французское «maigre» как «сухой».

> кову немощь, что всех она чинит их бледными. Все оне имеют взгляд умирающеи, и можно ясно видеть, что любовнои огонь всехъ ихъ снедает [Тредиаковский 1849, 3: 688][49].

Тредиаковский, однако, был особенно заинтересован в исследовании физического аспекта любви, поскольку, как мы видели, ему пришлось столкнуться с существующим в России представлением о «заимствованной» природе романтического чувства. Внимательное сравнение его версии с текстом Таллемана показывает, что русский автор отклоняется от французского оригинала в сторону более явного физиологического или патологического описания любовного воздействия. И. З. Серман показал, что в переводах многочисленных любовных песен романа Тредиаковский, в отличие от оригинала, приводит гораздо больше конкретных физических деталей. Если у французского писателя мы находим элегантное и перифрастическое изображение эротического опыта, то русский часто шокирует своего читателя конкретным и ярким описанием [Серман 1973: 107–109][50]. Следует добавить, что последний явно более заинтересован в клинической картине любовных страданий, чем автор оригинальной «Езды». Порой перевод Тредиаковского прибегает к дискурсу любви как болезни более активно и однозначно, чем оригинал Таллемана. Это становится очевидным, например, при сравнении с французским оригиналом приведенного выше описания Стыда: там, где французский писатель использует термин *langueur* (томление), Тредиаковский выбирает более прямое «немощь», а там, где француз говорит об «огне», пожирающем фигуры, русский

[49] Тирсис, главный герой романа, повествующий о своих приключениях в двух письмах, адресованных другу, сам испытывает пагубные последствия страстной любви: пребывание его возлюбленной в пещере Жестокости причинило ему сильные страдания, а ее неверность едва не «предала смерти» [Тредиаковский 1849, 3: 699]. В конце концов, встретив Славу, Тирсис отказывается от Любви как от мучительного, иллюзорного наслаждения: «Все наши в неи похоти во всем безконечны, / а въ сластех ея муки пребезчеловечны» [там же: 731].

[50] Серман объясняет эту особенность перевода Тредиаковского его приверженностью эпикурейским ценностям французской литературы либертенов, которые подчеркивают земные удовольствия, в том числе физическую любовь.

поэт считает необходимым уточнить, что это «любовнои огонь»[51]. Кроме того, Тредиаковский, в отличие от Таллемана, заставляет преданного возлюбленной Тирсиса подчеркивать свои физические страдания и их возможный летальный исход:

> Сколко раз я ни думаю о болезни, которую я возимелъ тотчасъ видя сие безделное ея изменничество, немогу весма я понять, что как оная болезнь в самом том времяни смерти меня непредала [там же: 699][52].

Во французском оригинале прямое указание на смерть отсутствует, и герой сообщает, что он просто «accablé» (подавлен, побежден).

Это внимание к конкретным физическим деталям и патологии любовных страданий характеризует и поэзию самого Тредиаковского. Изображение измученного возлюбленного в «Элегии I» показывает знакомство автора с физиологическим механизмом любви как болезни. Как и в средневековых медицинских трактатах, в стихотворении Тредиаковского образ возлюбленной остается запечатленным в памяти влюбленного и продолжает воздействовать на него даже в ее отсутствие:

> Счастие прешедше! уж что невозвратимо!
> Мучимою только мне мыслию что зримо!
> Для чего тя потеряв ныне в Илидаре,
> Памяти не потерял о драгой я паре?
> Лучше б оныя о той вовсе не имети,
> Сердцем нежели всяк день му́ку злу терпети
> [Тредиаковский 1963: 397].

---

[51] «Cette grande troupe qui le suit, est assez mal en ordre; ce sont toutes femmes malades, qui ont grande peine à le suivre: l'amour qui les possède répand une langueur sur toutes leurs personnes, qui les rend maigres; elles ont le regard mourant, et l'on voit bien que la flamme les dévore» [Tallemant 1788: 267].

[52] Тредиаковский неоднократно использует слово «болезнь» для перевода французского «douleur» («боль»). Если в современном русском языке слова «болезнь» и «боль» обозначают разные понятия, то во времена Тредиаковского «болезнь» могло означать и то, и другое. См. [Сорокин 1984–1991, 2: 98].

В дальнейшем этот навязчивый образ любимой женщины вызывает у влюбленного бессонницу. Тредиаковский, однако, не ограничивается изображением этого традиционного симптома любви как болезни, но и вводит его противоположность — сонливость. Сочетание этих двух противоречивых физических состояний создает более динамичную и впечатляющую картину любовных страданий. Далее в стихотворении перечисляются и другие традиционные симптомы любовного недуга, но делается это в необычном «отрицательном» ключе: вместо того чтобы показать физическое ухудшение состояния несчастного влюбленного, Тредиаковский методично описывает напасти, которых *нет* у счастливого:

О, благополучен сей в жизни многократно!
Сердце горести его никогда не знает,
В красном цвете весел дух на лице играет;
В сладком и приходят сне тихи ему ночи,
Токи проливать и слез не умеют очи;
Ум всегда цел, так же здрав, и в прямом порядке,
Сокрушения себя быть не зрит в упадке;
Ложны виды не страшат в сне его покойном... [там же: 398]

«Красный» цвет лица, здравый ум, спокойный сон и неспособность плакать — все это не что иное, как симптомы, противоположные симптомам любовной болезни (бледность, бессонница, безумие, кошмары и слезливость). Тредиаковский модифицирует древний топос, но при этом остается очень конкретным в представлении симптоматики любовных страданий и явно заинтересован в исследовании физического эффекта отвергнутой любви. Такой последовательный акцент на телесности любви можно рассматривать не только как поэтический прием, но и как идеологическую программу, направленную на утверждение универсальности этого чувства, которое отрицалось противниками вестернизации России.

Эта специфическая черта поэзии Тредиаковского особенно примечательна в сравнении с трактовкой той же темы его младшим современником — А. П. Сумароковым (1717–1777). Элегии и любовные песни Сумарокова часто изображают душевные страдания лирического героя, но делают это в гораздо более изящной, сжатой и шаблонной форме. Его элегия «Престанешь ли моей докукой услаждаться?» описывает одержимость отсутствием возлюбленной, вполне похожую на ту, что представлена в «Элегии I» Тредиаковского. Объект любви отсутствует и недостижим, но постоянно обретается в сознании влюбленного, как Илидара в элегии Тредиаковского. В обоих случаях этот образ воздействует на влюбленного так же сильно, как и реальное присутствие возлюбленной: «Со взором мысль моя твоим сопряжена; / Неисходимо ты мне в сердце вложена» [Сумароков 1935: 84]. Переживаемая страсть так же нарушает душевный покой лирического героя («Лишился я тобой спокойства и забав»), сон («Я день и ночь горю») и рассудок («Я время, мысли, ум и все тобой гублю»). Сумароков, однако, сосредоточен на эмоциональных, психологических переживаниях своего героя — «Тревожусь и мятусь, грущу и унываю» — и, похоже, не интересуется физиологическими проявлениями этого состояния.

Такой акцент на психологическом состоянии влюбленного и игнорирование конкретных физических признаков душевных страданий характеризуют любовную поэзию Сумарокова в целом. Например, конфликт между любовью и стыдом, который в переводе Таллемана Тредиаковским описывается языком патологии, находит совсем другую трактовку в песне Сумарокова «Тщетно я скрываю сердца скорби люты...» Стихотворение намекает на физический аспект борьбы, но делает это крайне абстрактным, метафорическим языком:

Стыд из сердца выгнать страсть мою стремится,
А любовь стремится выгнать стыд:
В сей жестокой брани мой рассудок тмится,
Сердце рвется, страждет и горит [там же: 103].

Другая любовная песня Сумарокова — «Мы друг друга любим, что ж нам в том с тобою?» — «выдает» отсутствие у поэта интереса к конкретным, физическим деталям любовной страсти.

Влюбленные в этом стихотворении, разлученные безжалостной судьбой, обречены видеть друг друга, но вынуждены подавлять свои чувства и любые признаки взаимной страсти. Как выражается лирический герой:

> Уж казать и взором я тебе не смею,
> Ах! ни воздыханьем, как люблю.
> Все любовны знаки в сердце заключенны,
> Должно хлад являти и гореть... [там же: 98].

Отказ лирического героя обозначить и описать «все любовны знаки», скрытые в его сердце, созвучно подавлению Сумароковым физических симптомов любви как болезни на протяжении всего своего творчества. В этом стихотворении «любовны знаки» становятся в буквальном смысле сигналом целой культурной парадигмы, компоненты которой настолько привычны, что не нуждаются в перечислении. Такая опора на общепринятый характер топоса и компетентность читателя в этой традиции позволяет поэту избежать детальной репрезентации и представить более сжатую и динамичную картину любовных страданий.

Нежелание Сумарокова исследовать физические последствия любовной страсти в своей поэзии не означает, однако, упадка медицинского или физиологического аспекта этой традиции в русской литературе. Развитие западной науки и философии того времени выдвигает физиологию чувств на передний план и, слившись с литературным направлением сентиментализма, во многом определяет философские, моральные и литературные проблемы, пронизывающие русскую культуру в последней трети XVIII века. В эпоху сентиментализма болезнь любви как медицинское состояние вновь занимает видное место в русской литературе, — и сохранит его на протяжении всего XIX века.

Часть I

АНАТОМИЯ

Глава 1

Анатомия чувств и проблема взаимодействия души и тела в русском сентиментализме

«Чувство и чувствительность» в западной науке и русской литературе

В «Письмах русского путешественника» Н. М. Карамзина (1791–1795) — квазибиографических путевых записках, представленных в виде серии писем, посланных молодым русским дворянином, путешествующим по Западу, своим друзьям в России — рассказчик в шутку сообщает о случае «любовного недуга», который он наблюдал[1]. Его попутчик и друг, молодой датский доктор Б* (Беккер), во время их пребывания в швейцарской гостинице влюбился в прекрасную «даму из Ивердона». Дама покинула гостиницу на следующее утро после приступа, и молодой датчанин, по словам рассказчика, сразу же «исцелился от любовной своей болезни» [Карамзин 1984: 102]. Однако история с дамой из Ивердона на этом не закончилась. Позже, после расставания доктора Беккера с русским путешественником, датчанин отправил своему другу письмо, в котором рассказал, что ему удалось найти «Ивердонскую красавицу» (имя которой, что интересно,

[1] Карамзин действительно совершил путешествие на Запад в 1789–1790 годах, но большинство исследователей сходятся во мнении о литературном характере его путевых заметок. См. статью Ю. М. Лотмана и Б. А. Успенского «„Письма русского путешественника“ Карамзина и их место в развитии русской культуры» в [Карамзин 1984: 525–606] и [Данилевский 1984: 100].

было «Юлия» — как у героини Жан-Жака Руссо) и навестить ее. Но в ходе визита доктор Беккер узнает, что у девушки есть жених и что ее благосклонное отношение было простым флиртом. После этой встречи доктор Беккер заболевает в результате путешествия через ночную вьюгу, как бы реализуя метафору любовного недуга, игриво использованную рассказчиком.

В письме к русскому другу молодой врач предваряет рассказ о своем неудачном романтическом опыте следующим замечанием:

> Так, мой друг! я учился Анатомии, Медицине, и знаю, что сердце есть точно источник жизни, хотя почтенный Доктор Мегадидактос, вместе с уважения достойным Микрологосом, искал души и жизненного начала в чудесном, от глаз наших укрывающемся сплетении нерв... [Карамзин 1984: 176].

Это научно-философское и явно полемическое заявление на фоне рассказа о частном любовном эпизоде может показаться неуместным и даже комичным. Сам молодой датчанин быстро отмахивается от него жестом, полным самоиронии, говоря:

> Но я боюсь удалиться от моего предмета, и потому, оставляя на сей раз почтеннаго Мегадидактоса и уважения достойнаго Микрологоса, скажу тебе откровенно, что Ивердонская красавица возбудила во мне такия чувства, которых — теперь описать не умею [там же].

Тем не менее вступительное слово доктора Беккера иллюстрирует некоторые проблемы, критически важные для философии и эстетики сентиментализма в целом и русского сентиментализма в частности. Движение, отстаивавшее чувствительность как высшую ценность, было озабочено не только ее первичным проявлением — сильными эмоциями, но и их физической локализацией. Важно было не только показать всю гамму человеческих эмоций и их моральные (а иногда и социальные) последствия, но и определить их местоположение в организме, закрепить их в теле. Датский доктор использует свой опыт любви как болезни, чтобы прокомментировать некоторые из наиболее актуальных философских проблем своего времени, — и такая тенденция будет сопровождать использование этого литературного приема в русской литературе по крайней мере еще в течение столетия[2]. В период сентиментализма топос любви как болезни становится, соответственно, частью философской дискуссии о природе человека и, более конкретно, — о взаимоотношениях между душой и телом.

* * *

С самого начала центральное место в теориях любви как болезни занимало предположение о том, что тело и душа человека глубоко взаимосвязаны. В маргинальном труде Гиппократовского корпуса «О влагах» отмечаются соматические проявления многих основных эмоций:

> Страхи, стыд, печаль, удовольствие, гнев и прочее: каждому из этих чувств повинуется, таким образом, соответствующая часть тела в своем действии; в этих случаях — поты, биение сердца и другие проявления этих влияний [Гиппократ 1936–1944, 2: 299].

Гуморальная доктрина Гиппократа, определившая раннее развитие медицинской теории любви как болезни, предполагала взаимную зависимость тела и психики: нарушение баланса гу-

---

[2] Другим примером серьезного (и универсального) восприятия топоса любовного недуга в записках Карамзина служит отчет путешественника о посещении Бедлама. Там он наблюдает группу сумасшедших женщин, которые «сидели в глубокой задумчивости. „Это сумасшедшия от любви, сказал надзиратель: оне всегда смирны и молчаливы“» [Карамзин 1984: 342]. Сентиментальный путешественник мгновенно экстраполирует конкретные клинические случаи «любовной меланхолии» на человеческую природу в целом и отвечает обобщенным утверждением о силе любви: «И так нежнейшая страсть человеческого сердца и в самом безумии занимает еще *всю душу*!» [там же]. Здесь и далее в цитатах курсив принадлежит авторам, кроме особо оговоренных случаев. — *В. С.*

моров организма легко могло привести не только к физическому, но и к психическому расстройству. Основополагающим принципом психофизиологической системы Аристотеля также было «представление о том, что чувство — это общее движение тела и души», а любовь как болезнь, согласно Аристотелю, хотя и зарождается в теле, влияет и на психическое состояние влюбленного [Ciavolella 1976: 19]. Наконец, Гален особенно подчеркивал роль эмоций в возникновении телесных заболеваний [Rather 1965: 16].

Идея о том, что человеческое тело и психика разделены очень тонкой гранью и что две сферы могут пересекать эту грань и влиять друг на друга, занимала видное место и в эпоху Возрождения, о чем свидетельствует эссе Мишеля де Монтеня «О силе нашего воображения», написанное в 1580 году. «И я не нахожу удивительным, — пишет Монтень, — что воображение причиняет горячку и даже смерть тем, кто дает ему волю и поощряет его» [Монтень 1979, 1–2: 92]. Среди многочисленных историй Монтеня, призванных продемонстрировать вред необузданного воображения или сильных эмоций, мы находим уже знакомый рассказ про Антиоха и Стратонику: «Антиох схватил горячку, потрясенный красотой Стратоники, слишком сильно подействовавшей на его душу» [там же: 55][3]. Для Монтеня, таким образом, подобный случай служит примером активной роли души и эмоциональной жизни человека и их потенциально разрушительного воздействия на здоровье тела.

Общепризнанный взгляд на тело и душу как на тесно связанные элементы был поставлен под сомнение в следующем веке, когда Рене Декарт (1596–1650) категорически постулировал дуализм духовной и физической сфер в человеке. Теория Декарта низвела тело в мир делимой, протяженной материи, подчиняющейся за-

[3] Дословно: «красотой Стратоники, слишком ярко отпечатанной в его душе». Язык Монтеня, вероятно, метафорический, все же несет следы средневековой медицинской традиции любви как болезни: идея о том, что красота возлюбленной «отпечатывается» в сознании влюбленного («empreinte en son ame [sic!]»), явно обязана средневековой теории *amor hereos*, рассмотренной в предыдущей главе.

конам механики и математики, и породила представление о теле как о машине. Механистическая модель человеческого тела, казалось, была подкреплена открытием Уильяма Гарвея, который в 1628 году описал кровообращение как гидравлическую систему[4]. Хотя механистический взгляд не обязательно отрицал существование души, он не признавал ее роль как источника жизни в машиноподобном теле[5]. Против подобного отделения души от телесных процессов яростно выступали анимисты, такие как Георг Энрст Шталь (1659–1734). Тело, утверждали анимисты, приводится в движение не сердцем-насосом, а нематериальной *анимой*, которая действует в соответствии со своими собственными телеологическими принципами, стремясь обеспечить органическую целостность и сохранение тела[6].

Но что самое главное, картезианский дуализм души и тела оставлял без ответа фундаментальный вопрос, критически важный для объяснения феномена любви как болезни: как две совершенно не сопоставимые субстанции, душа и тело, влияют друг на друга (о чем, казалось бы, свидетельствовали эмпирические наблюдения). Объяснение Декарта, что душа, совершая произвольное усилие, приводит в движение шишковидную же-

---

4 Теория кровообращения Декарта отличалась от теории Гарвея: согласно первому, кровь расширялась после нагревания в сердце, а не перекачивалась сердцем, как предполагал Гарвей. Однако и Декарт, и Гарвей были ключевыми фигурами, вдохновившими медицинский механицизм [Duffin 2000: 46–48].

5 На самом деле, некоторые механисты, такие как Фридрих Гофман, использовали модель тела-машины как определенное доказательство существования Бога. «Ни одна рукотворная машина, — говорил Гофман, — ...не обладает истинным вечным двигателем, то есть не продолжает двигаться и не запускается снова, если ее остановить, без какой-либо внешней помощи, пока ее части не разрушатся» [French 1990: 97]. Только сам Бог мог создать такой чудесный уникальный механизм. Поэтому, считал Гофман, для приведения тела в движение нет необходимости в каком-либо внешнем агенте (таком, как душа в понимании Шталя).

6 Как отмечает Дэвид Джоравски, такое деление физиологов на механистов и виталистов слишком схематично. До 1840-х годов чисто механистическая интерпретация жизни была нетипичной. Скорее, как утверждает ученый, «господствовала некая эклектическая смесь механистических и виталистических принципов» [Joravsky 1989: 6–7].

лезу мозга и изменяет поток «животных духов», не разрешило этого противоречия[7]. Картезианская дилемма онтологически разделенного «я» продолжала преследовать европейскую мысль на протяжении всего XVIII века и нашла особенно острый отклик в России.

В 1787 году Карамзин, молодой образованный дворянин масонской ориентации, которому предстояло стать ярчайшим представителем литературного сентиментализма и влиятельным историком в России, дерзко начал переписку с Иоганном Каспаром Лафатером, автором популярной теории физиогномики[8]. Примечательно, что, когда швейцарский философ любезно предложил молодому русскому задать «один или два особенных вопроса», Карамзин в письме от 20 апреля 1787 года выбрал следующие:

> «Каким образом душа наша соединена с телом, тогда как они из совершенно различных стихий? Не служило ли связующим между ними звеном еще третье отдельное вещество, ни душа, ни тело, а совершенно особенная сущность? Или же душа и тело соединяются посредством постепенного перехода одного вещества в другое». Вопросу

---

7 Декарт полагал, что органическим вместилищем души служит шишковидная железа, расположенная среди потока «духов». Концепция «духов» — тончайших частиц крови, способных проникать в капилляры мозга и оттуда передаваться по нервам к мышцам, — считалась устаревшей уже во времена самого Декарта и еще больше скомпрометировала попытку философа разрешить парадокс, присущий его дуалистическому взгляду на душу и тело. См. [Gardiner et al. 1937: 154–155; French 1969: 126].

8 Возникновение и популярность физиогномики (разработанной Лафатером в его «Physiognomische Fragmente zur Beförderung der Menschenkenntniss und Menschenliebe», 1772–1778) стало еще одним проявлением озабоченности XVIII века связью между телом и душой. Постулируя, что внешность человека отражает его внутреннюю сущность, Лафатер предположил, что нематериальная душа каким-то образом проявляется в телесных знаках. Утверждение Лафатера о том, что эти знаки могут быть прочитаны по определенным правилам, породило надежду на то, что точная природа функционирования души в теле также может быть рационализирована. Скорее всего, именно эта отчаянная надежда заставила Карамзина начать интенсивную переписку со швейцарской знаменитостью.

этому можно дать еще такую форму: «Каким способом душа действует на тело, посредственно или непосредственно?» [Карамзин 1984: 468].

Проблема, сформулированная Карамзиным, часто поднималась на страницах русских периодических изданий конца XVIII века — от «Московского журнала», который основал и редактировал сам Карамзин, до первого русского медицинского журнала «Санкт-Петербургские врачебные ведомости» — и явно волновала умы того времени[9].

Философские искания молодого человека остались без ответа, когда «великий Лафатер» признался в своем непонимании этого взаимодействия и даже рекомендовал занять агностическую позицию в данном вопросе. Ответ Карамзина (в письме от 25 июля 1787 года) примечателен тем, что в нем опять-таки отразились некоторые наиболее характерные тенденции XVIII века: «Я родился с жаждой знания; я вижу, и тотчас хочу знать, что́ произвело сотрясение в моих глазных нервах [Augennerven]...» [Карамзин 1984: 471]. Это краткое утверждение отсылает нас к фундаментальным предпосылкам философии и науки XVIII века, таким как превосходство эпистемологии над онтологией, союз физиологии и философии, тонкая граница между физикой и метафизикой, и наконец, роль нервов как ключевых органов-посредников между внешним миром стимулов и их внутренним преобразованием в идеи[10].

---

[9] Например, вопрос «Какая есть невидимая и непонятная связь между телом и душою?» задается в переводе «переписки» (на самом деле литературной мистификации) между Пьером Белем и Энтони Шафтсбури. См.: Бель к Шафтсбури // Московский журнал. 1791. Ч. 3. Кн. 2. С. 151. В медицинских изданиях также обсуждался этот вопрос: «Дух и тело связаны между собою некоторым таинственным, сокровенным и неявственным, однакож истинным и достовернымъ союзом. Все то, что въ теле ни происходит... все сие производится посредством движений; движения же происходят от нерв, а сии начало свое и происхождение имеют в голове» (Для любителей учености // СПВВ. 1793. Т. 2, № 27. С. 4).

[10] Карл Фильо отмечает переход от онтологии к эпистемологии в биомедицинской науке XVIII века, которая «все больше фокусируется на границах и методологии познания, а не на существовании и сущности субстанций» [Figlio 1975: 183].

Что еще важнее, в ответе молодого Карамзина проблема взаимодействия тела и души прямо связывается с механизмом восприятия и чувственного опыта. Карамзин проявляет себя как приверженец одной из самых авторитетных научно-философских теорий своего времени. Вызов, брошенный картезианским дуализмом, пробудил живой интерес к механизму чувств и ощущений: возникая в физическом мире, ощущения преображались в эмоциональный или духовный опыт. Будучи пограничными явлениями, они предлагали особенно подходящее поле для изучения связи между физическим и психическим мирами человека. Культ чувствительности, введенный в литературу Сэмюэлом Ричардсоном в 1740-х годах, был, с одной стороны, подготовлен развитием сенсуалистической и эмпирической философии в работах Джона Локка, Джорджа Беркли, Дэвида Юма и других авторов, которые подчеркивали посредничество органов чувств в нашем познании внешнего мира, а с другой — развивался параллельно с этими философскими идеями[11]. В 1790-х годах другой русский писатель, А. Н. Радищев, находившийся под сильным влиянием сенсуалистов, обобщил их идеи об эпистемологическом значении чувственного опыта:

> Не от чувств ли ты получаешь все свои понятия и мысли? Если ты мне не веришь, прочти Локка. Он удивит тебя, что все мысли твои, и самые отвлеченнейшие, в чувствах твоих имеют свое начало [Радищев 1938–1952, 2: 92][12].

В контексте борьбы XVIII века с наследием картезианского дуализма понятие чувствительности возникло как особенно продуктивная рабочая концепция[13]. Многозначный термин,

---

[11] О теории восприятия Локка и ее значении для физиологии XVIII века см. в [там же: 193–199].

[12] И Карамзин, и Радищев отлично разбирались в физиологических и философских теориях своего времени. Переводы работ западных сенсуалистов и эмпириков начали появляться в русской прессе в 1750-х и 1760-х годах. См. [Neuhäuser 1974].

[13] В западной культуре, особенно в Англии и Франции, существует множество исследований, посвященных чувствительности. Например, [Jordanova 1986: 117–158; Mullan 1988; Baasner 1988; Vila 1998].

встречающийся в литературных, моралистических, философских и биомедицинских дискурсах XVIII века как на Западе, так и (несколько позже) в России, «чувствительность» стала важным «связующим понятием», используемым как «средство установления причинно-следственных связей между физической и моральной сферами» [Vila 1998: 2][14]. Особое значение для попытки XVIII века разрешить дилемму взаимодействия души и тела и в конечном итоге для его культа эмоциональности имела научная теория чувствительности, сформулированная швейцарским анатомом-физиологом, натурфилософом и поэтом Альбрехтом фон Галлером (1708–1777)[15]. Галлер экспериментально установил два различных свойства живого организма, которые провозгласил единственными характеристиками органической материи: *раздражительность*, или сокращение мышц в ответ на раздражители при отсутствии ощущений, и *чувствительность*, или реакция на внешние раздражители, сопровождаемая ощущениями[16].

---

[14] Вила приписывает введение термина «связующее понятие» («bridging concept») Джордановой.

[15] Дж. Руссо утверждает, что подлинная революция в концепции ощущений произошла не в середине XVIII века, в работах Галлера и его современников, а в последней четверти XVII века. Автором, который, по мнению Руссо, сыграл ключевую роль в этом процессе, был Томас Уиллис (1621–1675), чьи работы о мозге, постулировавшие расположение души именно в этом органе, были опубликованы в 1660-х и 1670-х годах и переведены в 1680-х [Rousseau 1976]. Однако значение Уиллиса, похоже, было более актуально для английского сентиментализма (который зародился уже в 1740-х годах), чем его русского аналога, испытавшего сильное влияние научных разработок XVIII века.

[16] Галлер изложил свои взгляды на чувствительность и раздражительность в ряде работ, начиная с комментариев к «Установлениям медицины» Бургаве (1740), за которыми последовали его монументальный учебник «Основы физиологии человека» (1747) и «О раздражимости и чувствительности частей тела животных» (1752). Все эти работы были написаны на латыни. В 1755 году «О раздражимости и чувствительности частей тела животных» была переведена на французский и английский языки, а затем переработана в первый том «Мемуаров о чувствительных и раздражимых частях тела животных» («Mémoires sur la nature sensible et irritable des parties du corps animal», 1756–1760). См. [Меркулов 1981: 61–62, 181; Vila 1998: 15].

Раздражительность, согласно Галлеру, — это внутренняя сила (*vis insita*) мышц и причина жизненного движения; чувствительность, или *vis nervosa*, «обитает» в нервах и служит источником ощущений. Ученый сформулировал разницу между этими двумя явлениями следующим образом:

> Я называю раздражимой ту часть человеческого тела, которая сокращается при прикосновении... Я называю чувствительной ту часть человеческого тела, которая при прикосновении передает впечатление о нем душе (цит. по: [Figlio 1975: 186][17]).

Несмотря на строго научную цель определения Галлера, эти два понятия породили множество литературных и культурных парадигм в XVIII веке и в последующие годы, а также в значительной степени способствовали увлечению сентименталистов нервной системой как органической платформой для эмоциональных переживаний.

* * *

Локализация эмоций в теле — топос, разработанный литературой сентиментализма, — может быть интерпретирована как часть философского жеста, направленного на преодоление картезианского дуализма. С помощью этого приема писатели могли отстаивать, пусть и риторически, единство души и тела или по крайней мере подчеркивать феномен их взаимодействия. Но сам факт локализации был не единственным важным моментом: и ученые, и писатели того времени также сталкивались с проблемой, *где именно* разместить определенные эмоции, где разместить саму душу, и какие философские и религиозные последствия повлечет за собой этот выбор. Комментарий доктора Беккера из его письма русскому путешественнику, полеми-

---

[17] Фильо цитирует Галлера из английского перевода диссертации Галлера 1755 года, опубликованного в: Bulletin of the History of Medicine. 1936. Vol. 4. P. 651–699.

чески заявляющего, что сердце — это пристанище души и «источник жизни», как раз указывает на такую дилемму. За этим, казалось бы, незначительным высказыванием скрывается старый и неоднозначный спор о расположении души, который разворачивался в западной философии и медицине ранее и продолжился во времена Карамзина.

С самого начала за статус органического вместилища ментальной и эмоциональной жизни человека соперничали мозг и сердце. Ветхозаветная традиция, как и некоторые другие древние цивилизации, размещала душу в сердце [Keele 1957: 5–7, 56]. Платон, описавший трехчастную структуру души в своем «Тимее», отдавал предпочтение мозгу как месту пребывания бессмертной души человека, которая представлялась рациональной и восприимчивой[18]. Аристотель, однако, отказался называть местоположение души в теле и перенес акцент с мозга на сердце и кровь. Кровь, вместилище полубожественного «жизненного тепла», производится в сердце, которое естественным образом становится в системе Аристотеля источником жизни, движения и, что важно, чувствительности. Функция мозга сводится к регу-

---

[18] В «Тимее» Платон излагает учение о бессмертной и смертной душах в человеке и подробно описывает их анатомическое расположение и функции в теле. Бессмертную — рациональную душу человека — Платон помещает в голову; смертная душа отделена от нее шеей и располагается в туловище. Смертная душа двухчастна. Ее нижняя часть расположена под диафрагмой, в области печени; она управляет телесными аппетитами и наименее подвластна здравому смыслу. Что касается второй части, или «страстной» души, размещенной в груди, то хоть она и несколько более возвышенна, но божественные существа вложили в нее «опасные и зависящие от необходимости состояния: для начала, удовольствие — эту сильнейшую приманку зла, затем страдания, отпугивающие нас от блага, а в придачу двух неразумных советчиц — дерзость и боязнь — и, наконец, гнев, который не внемлет уговорам, и надежду, которая не в меру легко внемлет обольщениям. Все это они смешали с неразумным ощущением и с готовой на все любовью и так довершили по законам необходимости смертный род души» [Платон 1993–1994, 3: 475]. Сердце, которое должно осуществлять «местный» контроль над страстями, само, в силу своей анатомии, слишком восприимчиво к силе эмоций и поэтому нуждается в охлаждающем действии легких, удобно расположенных поблизости.

ляции температуры крови; бескровный и потому нечувствительный, мозг обеспечивает лишь механизм охлаждения, но не играет никакой роли в эмоциональной и интеллектуальной жизни человека [там же: 31–34]. Представление Аристотеля о сердце как об источнике жизни и ощущений оказалось чрезвычайно долговечным, даже после того, как Гален, развивая некоторые более ранние идеи александрийских физиологов о нервной системе, твердо заявил, что центр всех движений и ощущений находится в мозге. В результате западный мир унаследовал от греко-римской науки и библейской традиции весьма противоречивую картину того, что следует считать местоположением в организме или телесным эквивалентом души.

К середине XVIII века дилемма была в основном решена в пользу мозга и нервной системы. Галлер, например, отказал сердцу в значительной чувствительности; вместо этого инструментами души стали чувствительные нервы. Ученые XVII и XVIII веков размещали душу или ее телесный аналог в различных частях мозга — от шишковидной железы Декарта до предпочитаемого многими *corpus callosum* — или просто относили ее к мозгу без точной локализации — такую позицию занял Галлер. Широкое разнообразие мнений и многочисленные попытки определить местонахождение души породили скептицизм в отношении самой возможности найти точное научное объяснение деятельности разума. К концу века даже писатели, увлеченные научными исследованиями природы психической деятельности, выражали определенное разочарование. Радищев в своем философском трактате «О человеке, о его смертности и бессмертии» (1790-е годы) отмечает:

> Сверх же того, анатомия не была еще руководительницею к познанию, от чего в мозгу зависит память, воображение, рассудок и другие умственные силы. Сколь на сей конец опыты Галлеровы ни были многочисленны, во света действия умственныя человеческия главы не распростерли. Доселе оно кажется трудно, а, может быть, совсем невозможно, если рассудишь, что действие разума есть неразделимо. И хотя толкователи сих действий решат оные неким

> (ими вымышленным) движением малейших фибр мозговых, но где находится среда, в которую все сии движения стекаются, никто не видал, ибо пинеальная железа, мозольное тело суть ли истинное пребывание души, о том только прежде сего гадали, а ныне молчат [Радищев 1938–1952, 2: 50].

Несмотря на все сомнения и полемику, наука XVIII века в целом заключила, что душа находится где-то в мозге у окончания нервов. Именно это мнение оспаривает влюбленный датский врач в «Письмах русского путешественника» Карамзина, приводя доводы в пользу сердца как места обитания души. «Чудесное сплетение нерв», о котором упоминает молодой датчанин в своем письме к русскому путешественнику, имело очень точный эквивалент в биомедицинской терминологии XVIII века: *sensorium commune*, «особый орган, где все ощущения объединяются в единстве сознательного восприятия» [Keele 1957: 35]. Именно там, как считал Галлер, душа «присутствует» в мозге [Vila 1998: 29]. Этот орган был если не самой душой (для тех, кто верил в ее бесплотную природу), то, по крайней мере, конечной физической точкой, в которой нематериальная душа взаимодействовала с телом. Карамзин, очевидно, был знаком с этой теорией: переводя фрагмент из «Сентиментального путешествия» Лоренса Стерна в своем «Московском журнале», для передачи фразы «great Sensorium of the world» Стерна он использует выражение «великая душа мира»[19].

Карамзинский доктор Б*, переместив душу из мозга «обратно» в сердце, был не одинок в оспаривании основных предпосылок физиологии XVIII века. Популярное в то время увлечение мозгом как местом пребывания души подвергается сомнению в парадигматическом тексте сентиментализма — «Страданиях юного Вертера» (1774) И. В. Гёте. Описание «редактором» физического состояния молодого самоубийцы на последних страницах романа Гёте косвенно намекает, по моему мнению, на спор о местопо-

---

[19] Мария, отрывок из Стернова Путешествия // Московский журнал. 1791. Май. Ч. 2. Кн. 2. С. 188.

ложении души и утверждает победу сердца над мозгом, пусть и вре́менную.

Молодой герой, на протяжении всего романа выступавший против разума в пользу страсти, в итоге простреливает себе мозг. Его физическая смерть, однако, не наступает с уничтожением этого органа. Когда приезжает врач, тело Вертера было парализовано, но его сердце еще жило, о чем свидетельствует наличие пульса: молодому человеку «открыли жилу в руке, кровь текла, он все еще дышал» [Гёте 2001: 175]. Физиологические процессы, связанные с деятельностью сердца, такие как кровотечение и дыхание, остаются активными, в то время как само тело уже лишено всякого движения. В романе Гёте мозг отвечает исключительно за работу тела и особенно за его двигательную функцию (которая, как мы помним, была менее приоритетной в рассуждениях Галлера о двух жизненных свойствах). Из этого описания следует, что аристотелевское сердце действительно становится «источником жизни», даже в самом примитивном физиологическом смысле.

Если мозг вследствие его расположения в голове и ассоциации с рациональностью казался сентименталистам не самым подходящим местом для обитания души, то нервы оставались привлекательными в качестве ее инструмента и органа чувств. Радищев проводит это различие в своем трактате «О человеке, о его смертности и бессмертии», где дифференцирует функции нервов и функции мозга: «Мозг и глава нужны для мысления, нервы для чувствования...» [Радищев 1938–1952, 2: 95]. Карамзин также подтвердил привилегированный статус нервов как «непосредственного органа души» [Карамзин 1982: 101]. И в своих повестях, и в «путевых заметках» Карамзин неоднократно представляет нервы как место возникновения эстетической или эмоциональной реакции. Например, в ранней повести «Евгений и Юлия» (1789) страх главных героев «разлился по всем нервам их» [Русская сентиментальная повесть 1979: 93]. В «Письмах русского путешественника» «приятная, тихая мелодия нежно потрясает нервы моего [рассказчика] слуха!» [Карамзин 1984: 108]. Оксюморон «нежно потрясает» объясняется характерным для писателя стремлением соединить сентименталистскую лексику возвышенных эмоций с научно точным описанием вибрации нервов.

Пристрастие Карамзина к анатомической специфике эмоционального опыта и в особенности к нервам как его источнику проявляется в другом швейцарском эпизоде из «Писем русского путешественника»[20]. В Швейцарии рассказчик посещает места, послужившие декорацией к «Новой Элоизе» Руссо, и представляет романтическую встречу двух главных героев в следующих выражениях:

> Один старик показывал мне и тот лесок, в котором, по Руссову описанию, Юлия поцеловала в первый раз страстного Сен-Прё, и сим магическим прикосновением потрясла в нем всю нервную систему его [там же: 152–153].

Несмотря на отсылку к Руссо как к своему непосредственному источнику, описание Карамзиным этой сцены не соответствует оригиналу. В частности, упоминание нервной системы добавлено русским писателем. В романе Руссо рассказ Сен-Прё об эффекте «рокового поцелуя» дает нам совершенно иную картину ощущений влюбленных:

> ...уста Юлии прикоснулись, прильнули к моим устам, ты прижалась ко мне в тесном объятии! Нет, молния не вспыхивает так внезапно и так ярко, как тот огонь, что мгновенно воспламенил меня [*qui vint à l'instant m'embraser*]! Всем существом я почувствовал твою восхитительную близость. Жаркие вздохи срывались с наших пылающих уст, и сердце мое замирало от нестерпимой неги, когда вдруг я увидел, что ты побледнела, дивные очи закрылись и ты, припав

---

[20] Значение Швейцарии в путевых заметках Карамзина заключается не только в руссоистской культурной мифологии, сложившейся вокруг этой страны, но и во вкладе ряда швейцарских ученых и философов в разработку новых подходов к проблеме взаимодействия души и тела. Помимо Лафатера, русский путешественник лично встречается с Шарлем Бонне (автором «теории фибров», которая постулировала, что идеи, производимые нашим разумом, привязаны к конкретным физическим местам — фибрам мозга) и несколько раз упоминает имя Галлера. Подробный анализ литературных связей России со Швейцарией см. в [Данилевский 1984].

> к плечу своей сестрицы, потеряла сознание. Страх за тебя сковал душу, вкусившую блаженство, и счастие погасло, как вспышка молнии. <...>
> Не лобзай же меня больше... я не перенесу этого... твои поцелуи так жестоко ранят, они пронизывают, впиваются и жгут до мозга костей, они сводят с ума [Руссо 1968: 57][21].

Это описание явно опирается на гораздо более древнюю традицию физиологии и лексики любви, восходящую к оде Сапфо с ее симптомами «огня», бледности и обморока. В то же время во французском тексте используются классические образы стрел любви, ассоциирующиеся с Купидоном: поцелуи Жюли «ранят», «пронизывают». В целом язык Сен-Прё в высшей степени метафоричен и гораздо менее научен, чем это может показаться из краткого изложения эпизода Карамзиным. Зарисовка Руссо не содержит упоминаний о нервах или их вибрации — вместо этого автор представляет довольно расплывчатую картину желания, сила которого подчеркивается именно тем, что его невозможно локализовать, что оно захватывает все тело: «Всем существом я почувствовал твою восхитительную близость». Этот акцент на физиологической неразграниченности, на слиянии различных частей «существа» влюбленного также объясняет, почему в отрывке преобладает образ огня, а не вибрации нервов: быстро распространяющееся и стирающее границы пламя страсти служит наиболее подходящей метафорой для всеобъемлющей, всепоглощающей эмоции, которую пытается изобразить Руссо.

«Нервы», при всей своей популярности в качестве психологического механизма в русской литературе того времени, все же не вытеснили более традиционные образы и симптоматику любви: кровоточащее или пылающее сердце, кипящую кровь, учащенный пульс и т. д. В художественных описаниях за ведущую роль в описании любви часто разворачивается соревнование между модными нервами и более традиционным сердцем — соревнование, напоминающее научные дискуссии на ту же тему. Текст 1795 года под названием «Минутное блаженство» характерным

---

[21] Французский оригинал цит. по: [Rousseau 1967: 34].

образом смешивает квазинаучную неврологическую лексику того времени и более древнюю образность, связанную с сердцем. Сначала представление о нервных фибрах переносится на сердце: «О чувство! Как быстро, как приятно электризуешь ты тончайшия фибры сердец наших»[22]. Затем «биение нервов» заменяет традиционное сердцебиение:

> О вы! бесценныя лета, кроткой Май жизни, пятнадцатая весна моя!.. Вы потрясали меня электрическим ударом, когда сердце мое вздрогнуло в первой раз от поцелуя двух нежных голубочков, и с тех пор беспрестанно тосковало; когда все нервы бились во мне от одного взора на любезных девушек[23].

Другое описание любовного свидания (вероятно, авторства Карамзина) также размещает эротическое желание в нервах, сохраняя при этом более традиционный гуморальный язык и образ пламени: «Тонкое пламя обнимает все существо мое, переливается из нервы в нерву — ноги мои подгибаются»[24]. В этом эпизоде, довольно типичном для физиологии сентименталистов, нервы понимаются как разновидность вен и становятся новыми каналами для переноса «пламени любви». Это слияние выражено еще более определенно в раннем сентименталистском романе Федора Эмина «Приключения Фемистокла» (1763), который изобилует высказываниями, выдающими влияние философских и научных теорий XVIII века, несмотря на то что действие происходит в Греции V века до нашей эры. Объясняя персидскому императору Ксерксу опасность беспричинной, страстной любви, мудрый афинянин Фемистокл объединяет аристотелевское учение о любви как болезни с неврологическими концепциями: «Такая любовь ни что иное есть, как испорчение крови, которая потеряв свое равновесие, по всем нервам волнуется» [Эмин 1763: 310].

---

[22] Минутное блаженство // ПППВ. 1795. Ч. 6. С. 81.

[23] Там же. С. 98.

[24] Ночь // Московский журнал. 1792. Ч. 5. Кн. 2. С. 276. Имена писателей, использовавших псевдонимы, можно найти в [Масанов 1956].

Любопытно, что эта несколько комичная взаимозаменяемость нервов и вен поддерживалась медицинскими теориями о нервной системе того времени. Работа мозга часто описывалась аналогично работе сердца: многие медицинские авторы представляли себе мозг как насос, вырабатывающий «животные духи», которые затем передавались по нервам, подобно кровь по венам[25]. В России подобную точку зрения отстаивал Даниил Бернулли, работавший в Российской академии наук в конце 1720-х — начале 1730-х годов. Бернулли изучал физиологию мышц и пришел к выводу, что «нервы точат некий сок по подобию сосудов кровных» и что этот сок и вызывает движение мышц. Поскольку нервы не имеют пустот и впадин, как кровеносные сосуды, Бернулли предположил, что сок должен быть очень тонким, и «того ради оный сок зовется спирт (дух)»[26]. Радищев также считал, что мозг вырабатывает особое вещество — «нервенную жидкость, едва понимаемую, но никогда незренную» [Радищев 1938–1952, 2: 42]. Таинственная жидкость могла рассматриваться как материальная или исключительно духовная, в зависимости от позиции конкретного автора[27]. В любом случае идея о нервах, переносящих загадочную невидимую субстанцию, несомненно, способствовала интересу к ним как к посреднику между физическим и духовным мирами[28]. В то же время эта теория очень кстати обеспечивала преемственность между старой гуморальной доктриной и современной нейрофи-

---

25 См. [Keele 1957: 74, 84; Clarke 1968: 123–141]. Эта доктрина уходит корнями в представления древних медиков о том, что нервы переносят психическую *пневму*. См. [Hall 1969, 1: 161–162].

26 Работа Бернулли «О движении мышц», впервые опубликованная в 1726 году в «Кратком описании Комментариев Академии наук» (Ч. I. С. 57), цит. по: [Уткина 1971: 173].

27 Уткина утверждает, что Бернулли считал этот сок материальным, что подтверждается другими отсылками к этому «животному духу» в его работах — например, «тонкое вещество» [Уткина 1971: 173]. Однако следует помнить о предвзятости советских ученых, пытавшихся доказать преобладание материализма на протяжении всей истории российской науки.

28 Например, Шиллер использовал понятие *Nervengeist* в своей квазифизиологической теории человеческой природы как единства материальных, идеальных и эстетических импульсов. См. [Joravsky 1989: 6].

зиологией. Более того, аналогия между нервами и кровеносными сосудами, характерная для доктрины «полых нервов», позволила авторам вписать традиционные и уже поэтизированные сердце и кровь в актуальный неврологический дискурс.

Сердце, как мы видели, не только не исчезает со сцены, но часто сосуществует с модными «нейро»-образами или даже вытесняет их. Некоторые сентиментальные писатели остаются верны старой «анатомии любви» и провозглашают сердце органом влюбленности[29]. В поэтическом диалоге между Умом и Сердцем, опубликованном в 1798 году, Сердце определяет свою роль следующим образом:

> Я на то сотворено, —
> Чтоб вместилищем быть крови,
> Чувствий, жизни и любови[30].

Содержание сердца определяется в этом стихотворении чрезвычайно широко и неоднородно. Утверждая свою анатомическую функцию «вместилища крови», оно в то же время претендует на более значительную роль очага жизни, чувств и, наконец, одного конкретного сентимента — любви (последнее, что интересно, упоминается как отдельное понятие). Такая неоднородность весьма характерна для сентименталистской физиологии эмоций. Само смешение анатомической, метафизической и любовной лексики, наблюдаемое в этом стихотворении, ярко представляет актуальное для той эпохи отсутствие границ между физическим и метафизическим, физиологией и психологией, наукой и философией, медициной и литературой. Для большинства сентименталистов кровь, жизнь и любовь действительно были явлениями

---

[29] Споры о том, какой орган следует считать ответственным за любовь, продолжаются и по сей день. Эта проблема рассматривается в книге, опубликованной в начале XXI века, в которой исследуется нейробиология любви [Lewis et al. 2000]. См. также рецензию Лизл Шиллингер (Liesl Schillinger) на эту работу под характерным названием «В сердце или в голове?» («In the Heart, or in the Head?»), опубликованную в «New York Times Book Review» (2000. February 27. P. 11).

[30] Разговор ума и сердца // ПППВ. 1798. Ч. 18. С. 94.

одного порядка: чувства, из которых любовь — наиболее интенсивное, составляли для них суть человеческой жизни. В то же время эти чувства коренились в конкретных анатомических органах и находили свое проявление через физиологические процессы. Даже традиционное представление о роли сердца — как, например, описанное в этом стихотворении — отражает мировоззрение того времени, хотя и в менее явной форме, чем упоминания о нервной системе.

Анонимная повесть «Женитьба в маске», опубликованная в том же журнале и в том же году, что и процитированное выше стихотворение, также предлагает читателю аристотелевскую, «сердечную» картину физиологического процесса, сопровождающего любовь. Сначала влюбленный герой чувствует «чрезвычайный жар около сердца»[31]. Затем следует более подробное описание развития страсти:

> ...любовь с первым пробудившимся чувствованием вкралася в открытую душу его, тем глубже проникнула в самые сокровенные згибы сердца, уничтожила всю систему чувствований, сообщилась крови, распространилась по всем составам, овладела всеми душевными силами[32].

Для того чтобы эффектно показать всепоглощающую силу любви, этот автор, в отличие от Руссо, считает необходимым представить некий «научный», анатомический механизм ее распространения по организму. И снова терминология анатомии и физиологии — «система», «составы», «сердце» и «кровь» — соседствует с более абстрактной и духовной лексикой, такой как «сокровенные згибы сердца» и «все душевные силы»[33]. Более

[31] Женитьба в маске // ПППВ. 1798. Ч. 20. С. 54.

[32] Там же. С. 60–61.

[33] Точное значение слова «составы» не совсем ясно. В церковнославянском языке это слово обозначает организм, тело, а также существо в более общем смысле. Словарь Даля предлагает несколько анатомических значений этого слова, которые ближе к семантике современного русского слова «суставы». У Даля, однако, семантическое поле этого слова несколько шире и включает в себя любое соединение мышц, сухожилий, костей и т. д. Даль также при-

того, ни одна из двух семантических групп (ни «анатомическая», ни «духовная») четко не определена. Автор не уточняет, что именно он подразумевает под «душой», в которую вкралась любовь; он также не дает понять, является ли здесь «сердце» просто синонимом души — или указанием на ее физическое пристанище. Остается загадкой, что представляют собой «сокровенные згибы» сердца: этот яркий физический образ может предполагать анатомическую концепцию, но может быть и неточной интерпретацией распространенного выражения «изгибы души», — и что понимается под «системой чувствований»: эмоции или физические чувства (научный термин «система» скорее предполагает последнее). Многозначность слова «чувство», равно применимого как к физическим, так и к духовным ощущениям, еще больше усложняет картину. Неточная терминология и расплывчатость этого описания, однако, отражают ту же тенденцию к стиранию четких границ между эмоциональной и физической сферами, которую мы наблюдали в предыдущем примере. Здесь эти две сферы представлены как принадлежащие одной и той же психофизиологической системе и участвующие в одном и том же процессе: развитии и физическом «распространении» любви. Физическое и духовное, сердце как анатомический орган и сердце как метафизическая «душа», — не разграничиваются. Сентименталистская литература достигает желаемого союза души и тела, даже не используя конкретную научную или философскую концепцию. Другими словами, ей не обязательно нужен определенный орган (например, нервы), чтобы обеспечить столь ценную связь: того же эффекта можно достичь с помощью исключительно лингвистической игры, размывая дискурсивные границы между двумя сферами и адаптируя традиционные образы для отражения нового мировоззрения.

водит пример, в котором значение слова «суставы» не отличается от того, которое использовано в моей цитате: «По всем суставам, подсуставам, жилкам и поджилкам мороз пробежал» [Даль 1880–1882, 4: 285]. Очевидно, что это слово использовалось в несколько расплывчатом анатомическом смысле, в основном для того, чтобы показать всеохватывающий характер определенного физического или эмоционального состояния.

Перевод стихотворения Сапфо, упомянутого во введении как архетипический текст о любви как болезни в западной традиции, представляет собой еще один пример трансформации традиционного любовного дискурса в соответствии с ценностями сентиментализма[34]. Знаменитый фрагмент Сапфо о подавляющем физическом эффекте страстной любви был известен в России XVIII века в основном по переводу трактата Псевдо-Лонгина «О возвышенном», сделанному Николя Буало в 1674 году. Именно перевод Буало, а не греческий оригинал, породил большинство русских версий XVIII века[35]. Перевод, который я рассматриваю, появился в сентименталистском журнале «Приятное и полезное препровождение времени» в 1796 году, при этом имя переводчика зашифровано как Елцюкон — очевидная анаграмма имени Ефим Люценко (1776–1854), одного из постоянных авторов журнала. Вторая и третья строфы, посвященные физическому переживанию лирической персоной страстной любви, в переводе звучат следующим образом (для сравнения ниже я привожу версию Буало):

> Я чувствую, что огнь из жилы в жилу льется,
> Когда, любезная, увижу я тебя;
> И в восхищении душа моя мятется:
> Я слов не нахожу — не чувствую себя.
>
> Мой взор покроет тьма... я все в очах теряю...
> Не слышу ничего... в огне душа моя...
> Теряюсь, бледен, нем, бесчувствен, млею я
> Объемлет трепет сквозь: паду и умираю[36].

---

[34] Другой классический случай разрушительного действия страстной любви — любовные страдания Дидоны в «Энеиде» Вергилия — появляется в русском переводе Л-ча (Ф. И. Линкевича) позднее, в 1809 году («Цветник». 1809. Т. 1. № 3. С. 309–312), под названием «Начало IV Песни Энеиды». Полный перевод четвертой книги опубликован в «Вестнике Европы» в том же году (№ 2–3).

[35] См. [Песков 1989: 88–89]. Песков также предлагает библиографию русских переводов этой поэмы на основе версии Буало с 1755 по 1825 год (см. с. 142–143).

[36] Елцюкон [Е. Люценко]. Перевод оды из Сафо // ПППВ. 1796. Ч. 11. С. 320.

Je sens de veine en veine une subtile flame
Courir par tout mon corps, si tost que je te vois ;
Et dans les doux transports où s'égare mon âme,
Je ne sçaurois trouver de langue, ni de voix.

Un nuage confus se répand sur ma vûë,
Je n'entens plus : je tombe en de douces langueurs ;
Et pâle, sans haleine, interdite, éperduë,
Un frisson me saisit, je tremble, je me meurs
[Boileau-Despréaux 1942–1966, 3: 11][37].

Оба перевода, изменяя метрическую структуру и композицию стихотворения, довольно точно передают основные физические проявления любви, описанные Сапфо. Однако один симптом все же опущен в обеих версиях: холодный пот влюбленного. Французский поэт решил не передавать эту яркую физиологическую деталь оригинала, вероятно, потому что она не соответствовала классицистическим стилистическим стандартам вкуса и элегантности; в результате упоминание пота отсутствует и в переводе Люценко. В других случаях русские сентименталисты, описывая физиологические проявления сильных эмоций, обычно не игнорируют потоотделение, даже более того — последовательно располагают пот внутри тела. Часто в литературе сентиментализма встречаются такие признания героев или рассказчиков, как «холодный пот разлился по моей внутренности»[38] или «холодный пот разлился в моих жилах» [Русская сентиментальная повесть 1979: 42]. Эта смещенная физиология в очередной раз демонстрирует интерес сентименталистов к тому, что происходит *внутри* человека, их увлечение такими телесными процессами, которые, хотя и относятся к физической стороне человека, остаются скрыты и загадочны (например, работа нервной системы).

Французская версия, однако, компенсирует эту неполноту физического описания: она предлагает русскому поэту конкретное место в организме для расположения любовного огня.

---

[37] Здесь я придерживаюсь оригинальной орфографии.

[38] Минутное блаженство // ПППВ. 1795. Ч. 6. С. 96.

И Буало, и Люценко помещают пламя страсти в вены (жилы), в отличие от туманного упоминания Сапфо о его нахождении «под кожей»[39]. Эта деталь идеально отражает пристрастие сентименталистов к точной анатомической локализации чувств.

Что отличает перевод Люценко от французского и тем более от греческого оригинала, так это риторика «чувств», пронизывающая русский вариант. Слово «чувствовать» или его производные, которые встречаются только один раз у Буало и вообще не встречаются в поэме Сапфо, используются здесь трижды. Хотя Сапфо и описывает постепенную потерю чувств влюбленного, она не пишет о ней открыто и не подчеркивает ее в той же настойчивой манере. С помощью подобного риторического сдвига русская версия существенно изменяет физиологическую основу эмоциональной драмы, изображенной Сапфо. Метание между «холодом» и «огнем», «влажным» и «сухим», которыми так восхищался в оде Сапфо автор трактата «О возвышенном», в русском переводе заменены на борьбу между «чувством» и «не-чувством». Состояние не-чувства, полная потеря чувствительности, вполне предсказуемо приравнено к смерти. Очень похожий механизм мы находим в более раннем примере сентименталистской физиологии любви — «Женитьбе в маске». Здесь любовь входит в душу героя «с первым пробудившимся чувствованием» и быстро разрушает «всю систему чувствований». В обоих примерах сильное чувство, как ни странно, приводит к разрушению чувствительности. То же самое происходит и в повести Павла Львова «Леокадия», где героиня «не можетъ преодолеть своей чувствительности, и падает в обморок»[40]. Обостренная чувствительность парадоксальным образом приводит к онемению чувств.

Однако такое противоречие было присуще даже самой авторитетной теории чувствительности того времени, а именно работам Галлера, где это жизненно важное свойство приближалось

[39] Для сравнения переводов с оригиналом я полагаюсь на экспертные знания Григория Стариковского, который любезно предоставил мне пословный перевод греческого оригинала.

[40] Львов П. Леокадия, гишпанская повесть (из Флориана) // ПППВ. 1794. Ч. 2. С. 300.

к своей противоположности — смерти. В экспериментах Галлера на животных чрезмерная чувствительность определенного органа могла привести к летальному исходу. Вероятно, именно поэтому смертность стала критерием чувствительности[41]. В русском контексте эта идея в несколько измененном виде вновь появляется в трактате Радищева «О человеке, о его смертности и бессмертии», где русский писатель применяет теорию Галлера к анализу физиологических и философских основ полового акта. По мнению Радищева, этот акт сопровождается обострением двух галлеровских свойств и, как следствие, может оказаться смертельным для человека:

> Раздраженность всех частей тела, ею одаренных, чувствительность тех, коим она свойственна, возвышаются в сию минуту до такой степени, что, кажется, тут предел бывает жизни. И действительно были примеры, что люди в соитии жизни лишались [Радищев 1938–1952, 2: 42][42].

Радищев трактует процесс зачатия как передачу жизненной силы: в акте создания новой жизни человек отдает свою собственную, частично или полностью. Конечная причина такой смерти (или почти смерти), по Радищеву, лежит в высшем порядке вещей: «Иначе быть тому нельзя; се настоит прехождение от ничтожества к бытию, се жизнь сообщается» [там же: 42]. И все же он прибегает к современной научной теории, чтобы объяснить точный физиологический механизм этого процесса; теории, которая

---

41 Свойство чувствительности, таким образом, пересекается с понятием жизненной силы (которую Галлер отнес к раздражительности), и в результате «чувствительность (прикосновение к душе) стала отличаться от летальности (разрушение центра жизненной силы) только степенью» [Figlio 1975: 190].

42 В этом месте Радищев делает сноску, объясняющую различие между этими двумя свойствами согласно Галлеру: «Славный Галлер доказал, что иные части чувственны, другие только раздражительны». Галлер считал, что пенис наделен наибольшей чувствительностью по сравнению с другими частями тела: «получив больше нервов для своего размера, чем любая другая часть тела, он пропорционально чувствителен». Работа Галлера «Elements of Physiology» (Edinburgh, 1779) цит. по: [Keele 1957: 93].

разделяла органы на «чувствительные» и «раздражительные» и которая парадоксальным образом связывала смерть с крайним проявлением этих двух жизненных качеств[43].

Таким образом, литература и наука XVIII века обеспечили конкретную физиологическую основу для универсального «желания смерти», присущего романтической страсти, как теоретизировал Дени де Ружмон в своей классической книге «Любовь и Западный мир» [Rougemont 1983]. Научная теория чувствительности и дебаты о местонахождении души в теле нашли отклик в литературе сентиментализма, которая не только разработала сложную анатомию эмоций в целом и любви в частности, но и обновила драматический и противоречивый механизм любви как болезни. В сентименталистских литературных примерах страстная влюбленность — это интенсивное чувство души, которое является самой сутью жизни, распространяется по телу либо через нервы, либо через кровь, и вызывает омертвение физических ощущений и, возможно, смерть. Такой взгляд на потенциально смертельную опасность, которую представляет собой страстная любовь для утонченного, чувствительного существа, разделяла, что немаловажно, и медицина того времени. Наряду с развивающейся прозой зарождающаяся русская медицина пыталась постичь эту вездесущую болезнь и предложить квазинаучный взгляд на это состояние.

Литература и медицина о любви как о патологии

Сближение нейрофизиологического и поэтического дискурсов в литературе конца XVIII века сопровождалось аналогичным процессом в медицинских трудах, что свидетельствует о тесном

---

[43] В другом случае Радищев снова связывает смерть с усилением чувствительности и раздражительности: «...жизнь начнет отделяться сперва с великим возбуждением чувственности, [потом] раздражительность вникает при конечном расслаблении, чувствительность живет при исчезании, и жизнь, сей безвещественный огнь, дав животному вздохнуть в последние, излетает» [Радищев 1938–1952, 2: 47].

взаимодействии русской медицины и литературы в эпоху обостренной чувствительности[44]. Русская медицинская мысль 1790-х годов была таким же продуктом эпохи сентиментализма, как литература и журналистика. Первый русский медицинский журнал «Санкт-Петербургские врачебные ведомости» появился во время расцвета сентиментализма в России, в 1792–1794 годах, последовав за «Московским журналом» Карамзина и предвосхитив квинтэссенцию сентиментализма — литературный журнал «Приятное и полезное препровождение времени» (1794–1798). Две интеллектуальные области, медицина и литература, разделяли одну и ту же философскую задачу: объяснить природу психической жизни человека и ее связь с телом. В программе «Санкт-Петербургских врачебных ведомостей» первой целью журнала было заявлено именно «уяснить природу человека», а далее следовали более конкретные медицинские проблемы[45]. Наряду с материалами чисто практического и полупрофессионального характера журнал предлагал большое количество квазимедицинских статей, больше напоминающих сентиментальные эссе и посвященных излюбленным темам сентименталистской литературы, таким как природа (особенно горы, с непременными ссылками на Руссо), меланхолия, любовь, страсти и т. д.[46] Формат журнала, что интересно, изначально задумывался как переписка между профессиональными врачами: первый вариант названия журнала был «Беседующие врачи, или общеполезная врачебная переписка» [Мирский 1995: 136]. Эпистолярная форма журнала также должна была перекликаться с литературной жанровой системой того времени.

---

[44] Союз медицины и литературы не был уникальным русским явлением. Маллан в своем исследовании чувствительности в Англии XVIII века приводит аналогичные примеры из истории английского сентиментализма [Mullan 1988: 201–240], а Вила отмечает аналогичную тенденцию во Франции (и Европе в целом) [Vila 1998].

[45] Санкт-Петербургские ведомости. 1792. 29 июня. С. 1005 (цит. по: [Мирский 1995: 138]).

[46] См., например, статьи «О нагорном воздухе» (СПВВ. 1793. Ч. 1. № 10. С. 76–79); «Полезное средство от тоски» (там же. № 16. С. 127–128); «Размышления врача о любви» (там же. Ч. 2. № 32. С. 47–48).

Однако контакты между двумя сферами не ограничивались тематическим взаимовлиянием. Литературный и медицинский дискурсы, имевшие общую концептуальную и терминологическую основу — нервы и чувствительность, — также значительно пересекаются в этот период в России. Если писатели и поэты-сентименталисты, как мы видели, прибегали к языку медицины и физиологии, то медицинские авторы также перенимали сентименталистскую лексику и использовали ее в более строгом терминологическом смысле. Автор статьи «Для любителей учености» описывает анатомию мозга с помощью таких ключевых для сентиментализма слов, как «тонкий и нежный»: части мозга «нежносоставляющие», их «нежность и тонкость» «описать не возможно»[47]. Когда в статье о лихорадках в «Санкт-Петербургских врачебных ведомостях» даются практические медицинские советы, постоянно упоминаются люди «нежного и чувствительного сложения», и эта группа пациентов выделяется как требующая особых методов лечения и лекарств[48]. В другой публикации журнала отмечается особая реакция «нежных людей» на контрасты температур[49]. Это представление о «сентиментальном» физическом строении было, очевидно, общим местом в физиологическом дискурсе того времени. Радищев, получивший некоторое медицинское образование, считал врожденную склонность людей к сочувствию «следствием нежности в нервенном сложении и раздражительности в сложении фибров» [Радищев 1938–1952, 2: 54][50]. Таким образом, «чувствительный человек» (или даже

---

[47] Для любителей учености // СПВВ. 1793. Т. 2. № 27. С. 3.

[48] «Чувствительным и нежным людям приличны... соли, мыло, летние плоды, мед и из разных слабительных трав соки, выжимки и декокты» (О трясучках или перемежающихся лихорадках // СПВВ. 1794. Ч. 2. № 44–48. С. 157). В другом месте этой статьи автор сообщает, что метод лечения, который оказался эффективным для сильного и здорового солдата, при применении к «молодому человеку нежного и чувствительного сложения» только ухудшил его состояние (с. 154).

[49] О кровопускании // СПВВ. 1792. Ч. 1. № 4. С. 25.

[50] Радищев посещал лекции по медицине во время своего пребывания в Лейпцигском университете в 1767–1771 годах; см. [Макогоненко 1949: 20].

человек как таковой) предстает в научных и медицинских трудах сентименталистов не только эмоционально утонченным, но и физически и анатомически хрупким[51].

Взгляд на телосложение чувствительного человека как на исключительно уязвимое прослеживается в художественной литературе того периода и особенно остро проявляется в многочисленных случаях любви как болезни, описываемых писателями-сентименталистами. Сентиментальная героиня Львова Леокадия, как мы помним, теряет сознание, потому что физически «не можетъ преодолеть своей чувствительности». В другой повести того же автора, «Даша, деревенская девушка» (1803), героиня, узнав о смерти возлюбленного, «надорвалась с тоски», легла в постель и умерла через девять дней [Русская сентиментальная повесть 1979: 68]. Хотя вера в то, что человек может умереть от чрезмерной печали, известна по крайней мере со времен «Одиссеи» Гомера и давно породила богатую традицию «меланхолии», диагноз «надорвалась с тоски» с его очевидным физическим подтекстом был подчеркнуто нов[52]. Довольно загадочный с медицинской точки зрения, он все же четко отражает веру в то, что интенсивная эмоция, резкое «прикосновение» к душе может быть слишком сильным для физической консти-

---

[51] Опять же, эти идеи были широко распространены и на Западе. Дж. Руссо цитирует письмо миссис Доннеллан к Ричардсону, в котором она связывает его утонченную чувствительность как писателя с деликатной и болезненной физической конституцией: «К сожалению, те, кто способен писать деликатно, должны так же думать; те, кто может описать страдание, должны уметь его чувствовать; а поскольку душа и тело настолько едины, что влияют друг на друга, деликатность передается, и слишком часто можно встретить мягкость и нежность души в теле, столь же отмеченном этими качествами» (цит. по: [Rousseau 1976: 152]).

[52] Мать Одиссея, беседуя с сыном в подземном мире, дает понять, что ее смерть была результатом эмоционального, а не физического разрушения: «Так же и я вот погибла, и час поразил меня смертный. / Но не в доме моем Артемида, стрелок дальнозоркий, / Нежной стрелою своей, подошедши, меня умертвила. / Не от болезни я также погибла, которая часто, / Силы людей истощая, из членов их дух изгоняет. / Нет, тоска по тебе, твой разум и мягкая кротость / Отняли сладостный дух у меня, Одиссей благородный!» (пер. В. В. Вересаева, 11.197–11.203).

туции чувствительного человека (точно так же, как физическое прикосновение к чувствительным органам, доведенное до крайности, приводило к летальному исходу в экспериментах Галлера на животных).

Наряду с писателями-сентименталистами, врачи того времени твердо верили в разрушительное физическое воздействие сильных чувств и считали любовь сильнейшей из всех эмоций и, следовательно, самой опасной для здоровья человека[53]. Автор статьи, опубликованной в «Санкт-Петербургских врачебных ведомостях» под характерным названием «Размышлении врача о любви», предупреждает своих читателей о непреодолимой и потенциально губительной природе этой страсти и даже предлагает протодарвиновское объяснение особого статуса любви для человеческой психики:

> Любовь, без сомнения, сильнейшая всех страстей или по крайней мере, взошед на вышнюю степень, менее других повинуется разуму и воли. Страх, гнев и разныя другия страсти часто потребны к охранению единаго, но любовь необходима для соблюдения всего человеческаго рода. Вот причина толь сильнаго впечатления сей страсти[54].

Врачи конца XVIII века, идеи которых были представлены на страницах «Санкт-Петербургских врачебных ведомостей», мало

---

[53] «Всякому довольно известно, какую страсти имеют над нами силу и каким образом расстраивают наше тело» (О сильных и долговременных обмороках // СПВВ. 1794. Ч. 2. С. 203). Радищев в своем трактате также утверждает духовное происхождение многих телесных болезней: «Душа болит, душа страждет: от того болит и страждет тело» [Радищев 1938–1952, 2: 121]. Чтобы доказать это утверждение, автор, обычно неохотно использующий литературный материал в защиту своих научных и философских аргументов, приводит классический пример: историю Антиоха и Стратоники. Правомерность этого литературного примера для Радищева заключается именно в том, что ситуация, представленная в этой истории, не противоречит природным законам: «Если пример сей есть не что иное, как изобретение стихотворческое, то и тогда он истинен: ибо в пределах лежит естественности; есть не чрезмерный и не токмо возможный, но вероятный» [там же: 122].

[54] Размышлении врача о любви // СПВВ. 1793. Ч. 2. № 32. С. 47.

что добавили к научным теориям любви как болезни, разработанным в Античности и Средневековье. Как и их средневековые предшественники, врачи тех лет ясно давали понять, что любовь, превысив определенный предел, становится болезнью и в этом случае «может токмо обладанием быть исцелима». Поэтому, когда нет надежды на удовлетворение страсти, крайне важно не позволить ей развиваться. Для таких ситуаций один из врачей прописывает традиционное психологическое лечение, знакомое еще со средневековых времен:

> ...должно непременно пресечь свидании с возлюбленным предметом, заняться упражнениями, проводить время в веселостях, а более всего стараться изыскать другой предметъ, которым владеть более есть вероятности[55].

Умеренность в любви, предупреждают врачи своих читателей, особенно важна при лихорадке, когда предание амурным играм может иметь смертельные последствия. Ведь «ничто так не приводит в слабость нервы, как любовныя забавы; а и самая причина болезни состоит в слабости нервов»[56]. Отсутствие умеренности в половой жизни во время болезни приводит к истощению, «худобе» и потенциальной смерти. Так было с пациентом, который, по словам медицинского автора, «имел по несчастию пригожую жену, которую он любил страстно»[57]. Не желая сдерживать свои «любовные забавы», любвеобильный муж в конце концов скончался из-за болезни.

---

[55] Там же. С. 48. Прагматический подход к любовной страсти с акцентом на размеренности и рациональности можно найти в другом документе периода сентиментализма — пособии Гавриила Геракова «Совет молодым офицерам», рецензию на которое можно найти в журнале «Цветник». (1810. Ч. 6. № 5. С. 256–265). Автор призывает своих читателей не только избегать пьянства, лжи и азартных игр, но и сторониться любви или «любить со здравым рассудком для размножения рода человеческаго» (там же. С. 258).

[56] О трясучках или перемежающихся лихорадках // СПВВ. 1794. Ч. 2. № 44–48. С. 165.

[57] Там же. С. 164.

Опасный потенциал страсти, однако, не всегда реализуется: в некоторых случаях любовь может оказывать исцеляющее или живительное действие. Жак де Сен-Пьер (1737–1814) во фрагменте, переведенном на русский язык под названием «Воспитание женщин», ссылается на опыт чернокожих рабов на острове Иль-де-Франс (Маврикий): после дня изнурительного труда они проводят ночь со своими возлюбленными, а затем возвращаются к работе «будучи довольны, сильны и столь же свежи, как и те, коя крепко спали»[58]. Характерно, что этот пример дает автору еще одно доказательство тесной связи между телом и душой: «Толико-то нравственныя ощущения, соединяясь с чувствованием любви, действуютъ на физическое сложенее человека!»[59] Представление о неразрывно связанных друг с другом физиологической, эмоциональной и моральной сферах позволяет автору защищать не только благотворное физическое воздействие любви, но и ее положительное моральное влияние на человека: в той же работе Сен-Пьер утверждает, что «любовь действует на честность нравов»[60].

Однако любовь может быть полезной и целительной только тогда, когда она взаимна: «Любовь есть приятное и пылкое движение, оживляющее души смертных. Когда она получает соответствие, то сопровождается неизъяснимым блаженством»[61]. Безответная или нереализованная влюбленность принимает опасную форму, которую в журналах той эпохи часто называют «отчаянной любовью». Литературный генезис этого экстремального варианта любви четко прослеживается в повести Александра Клушина «Несчастный М-в» (1793). Молодой герой, охваченный страстью, которая в конце концов приведет его к самоубийству, показательно выбирает книги для чтения: «Юнг и Попе от него отброшены. „Вертер“ и „Новая Элоиза“ лежали на томящейся

---

58 Воспитание женщин (из Сент-Пьера) // ПППВ. 1797. Ч. 13. С. 22.

59 Там же.

60 Там же. С. 21.

61 Первый урок любви, эклога; [пер.] с французского — Н. Ст-н [Николай Столыпин] // ПППВ. 1794. Ч. 3. С. 137.

груди его» [Русская сентиментальная повесть 1979: 124]. Сен-Прё Руссо и особенно Вертер Гёте послужили литературными примерами непреодолимой, всепоглощающей любви, которая захватывает все существо[62]. Такая безграничная страсть предсказуемо приводит героя к душевному и физическому разрушению: «русские Вертеры» либо совершают самоубийство, следуя западной модели, либо впадают в затяжную болезнь[63].

Любовь как болезнь — болезнь души, проявляющаяся в теле, — стала в то время не только медицинской, но и литературной проблемой. Поэтому неудивительно, что в 1809 году «Медицинская типография» выпустила анонимный сборник стихотворений, главной темой которого были любовные страдания лирического героя — «Печальные, веселые и унылые тона моего сердца». В следующем году журнал «Цветник» опубликовал саркастическую рецензию на эту книгу стихов[64]. Одной из мишеней критики вполне заслуженно стало стихотворение «Болезнь» — довольно неуклюжая поэтическая попытка описать особенно тяжелый случай любовной тоски. Анонимный критик (или критики), приведя в своей рецензии весь текст стихотворения, выделил курсивом самые неумелые словосочетания. В следующем отрыв-

---

[62] Негативная репутация «отчаянной» любви а-ля Вертер сохраняется на протяжении всего XIX века. В «Анне Карениной» Толстой использует сентименталистское противопоставление желательного вида любви и вертеровской страсти. Мать Вронского встревожена развитием романа сына с Анной именно потому, что это «Вертеровская, отчаянная страсть» [Толстой 1928–1958, 18: 184]. Сам автор, однако, иронически меняет положительный полюс этого противопоставления: вместо возвышенной любви сентименталистов мадам Вронская мечтает о легкой светской связи.

[63] Герои романов Михаила Сушкова «Российский Вертер» (не позднее 1792 года) и Клушина «Несчастный М-в» следуют сценарию Гёте и кончают жизнь самоубийством. Герой анонимного произведения «Несколько писем моего друга» (1794), также явно созданного по образцу романа Гёте, чахнет от «медленной, но разрушительной болезни» (ПППВ. 1794. Ч. 5. С. 384). Больше примеров и более подробный анализ русского влияния этих двух западных романов см. в [Кочеткова 1994: 167–184].

[64] Полный текст рецензии: Цветник. 1810. Т. 5. С. 231–251.

ке, примечательном своими физиологическими описаниями, сохранен курсив рецензента:

Вьется хлад в моих костях,
Пламень в нервах, огнь в крови.
Слабость, боль во всех частях,
Тупость в чувствах головы.

Нет в них бодрости, *оне дремлют, засыпают;*
Сердце бодрствует одно: *чувства в нем пылают.*
Страсть в нем пылкая *живет*;
Но она его сожжет[65].

Это стихотворение, относящееся к более позднему этапу сентиментализма, демонстрирует, что стремление к локализации чувств все еще сохранялось в литературе. Как бы комична ни была попытка неизвестного автора воспроизвести точный механизм любви как болезни, «Болезнь» может служить пособием по сентименталистской поэтике и физиологии эмоций. Здесь, как и во многих других схожих произведениях XVIII века, интенсивное любовное чувство, сосредоточенное в сердце и передающееся по нервам и крови, не только вызывает общее недомогание героя («слабость, боль во всех частях»), но и притупляет и подавляет его чувства. Это физиологическое описание, кроме того, указывает на вековой конфликт между мозгом и сердцем: «тупость в чувствах головы» резко контрастирует с чувствующим и потому живым сердцем. И голова, и сердце, что интересно, наделены чувствами, но только в сердце они активны: «Сердце бодрствует одно: чувства в нем пылают». Причем автор, похоже, осознает парадоксальность описываемого им состояния, при котором самое яркое качество и проявление жизни — интенсивное чувство — влечет за собой уничтожение: «Я живу — без жизни таю; / Я без смерти умираю»[66].

Более того, поэт, как это принято в любовном дискурсе сентименталистов, пытается локализовать метафорические симптомы

[65] Цветник. 1810. Ч. 5. № 2. С. 242.

[66] Там же. С. 243.

страстной любви — холод, огонь и (что уже излишне) пламя — в конкретных органах человеческого тела: костях, нервах и крови. Более прямолинейно, чем многие другие сентименталисты, автор пытается примирить два исторически различных представления о физиологических «переносчиках» страсти: в его описании и кровь, и нервы равно содержат пламя любви. Примечательно, что рецензент не выделил курсивом именно эту строку — «Пламень в нервах, огнь в крови», — несмотря на ее очевидную стилистическую избыточность и научную абсурдность. Видимо, она не показалась критику нелепой, поскольку, как мы видели ранее, аналогия между нервами и кровеносными сосудами была довольно распространена в тот период. Стремление автора к локализации, вероятно, менее философски мотивировано, чем у Карамзина и Радищева, хорошо знакомых с западными философией и физиологией своего времени; тем не менее это стихотворение, пусть и неумело, выказывает понимание того, что эмоции не отделены от тела, а, напротив, прочно укоренены в нем.

На пути к новому диагнозу: от меланхолии к лихорадке

Наряду со все более медикализированным и анатомически конкретным изображением любовных страданий, литература русских сентименталистов в те годы находилась в поисках более точного медицинского эквивалента любовного недуга. Собственно говоря, рецензент «Болезни» в насмешку ставит конкретный диагноз для неопределенного состояния, описанного в стихотворении: «После жестокой болезни, а особливо горячки с бредом, нередко следует смерть»[67]. Этот ироничный диагноз, однако, находит серьезную параллель в художественной литературе, где горячка постепенно становится одной из наиболее распространенных клинических форм любви как болезни. Литература того времени обычно предлагала два варианта любовного недуга, различающихся как по своим патологическим формам, так и по

[67] Там же. С. 244.

нарративным возможностям. Один из них в большей степени опирался на традицию меланхолии: страдания от нереализованной или безответной любви как длительное и постепенное угасание, обычно без конкретного диагноза[68]. Другой вариант, напротив, проявляется в быстром и драматическом развитии болезни, часто идентифицируемой как лихорадка[69]. Мы уже видели оба варианта в «Повести о российском кавалере Александре», рассмотренной во введении, где Гедвиг-Доротея, отвергнутая Александром, начинает увядать, а страсть Александра и Элеоноры приводит к горячке. Сентименталистская проза, исследуя обе возможности, постепенно теряет интерес к клиническим деталям первого расстройства и сосредотачивается на патологической картине лихорадки[70].

Одно из ранних сентиментальных произведений — анонимная повесть «Колин и Лиза» (1772) — по-прежнему верно традиции любовной меланхолии: главная героиня, разлученная со своим возлюбленным, «грустит, тоскует, плачем переменился цвет лица ее, она сохнет и, наконец, умирает с печали» [Русская сентиментальная повесть 1979: 32]. Это сжатое и избыточное описание, поспешно суммирующее условности любовной болезни в одном предложении, ясно указывает на вырождение топоса. Античная

---

[68] Этот тип любви как болезни подвергнется переосмыслению и станет ассоциироваться с туберкулезом в XIX веке.

[69] Следует отметить, что в XVIII веке меланхолия трактовалась настолько широко, что некоторые ее описания также включали горячку, как, например, в статье Екатерины Великой, опубликованной во «Всякой всячине» (1769. № 149. С. 404–405). Но более традиционная интерпретация любовной меланхолии связывала это состояние, как мы видели, с черной желчью (а не кровью), сухостью, холодом и всепоглощающей печалью, медленно истощающей тело.

[70] В сентименталистской и, позднее, романтической литературе горячка не всегда используется непосредственно как форма любовной тоски, но часто как состояние, сопровождающее другие сильные эмоциональные потрясения — горе, вызванное смертью возлюбленного или возлюбленной, разлука с объектом любви и т. д. Однако, поскольку в более широком смысле эти состояния вызваны страстной любовью, которая не могла быть удовлетворена, я включаю эти случаи в свой анализ.

доктрина с ее сложным психофизиологическим механизмом и богатой симптоматикой постепенно сводится к лаконичной формуле[71]. Более поздний сентименталистский текст — рассказ Александра Измайлова «Бедная Маша» (1801) — уже не утруждает себя описанием течения болезни своей героини даже в самом синоптическом виде: автор просто сообщает, что она «умерла с грусти» [там же: 230]. Однако тяжелая горячка главного героя занимает важное место в повествовании, которое подробно останавливается на симптомах, а также на терапевтических методах врача. В повести Ивана Лажечникова «Спасская лужайка» (1812) состояние героини описывается только упоминанием ее «печального, угасающего взора». Что касается страданий героя, то они также изображены в повести довольно кратко, но принимают более конкретную патологическую форму: «Через несколько часов оказались в Леонсе сильные признаки горячки» [там же: 317].

Эти примеры свидетельствуют не только о смещении интереса от меланхолии к лихорадке, но и о гендерном распределении двух клинических форм любви как болезни. Нежное, тихое и лишенное физиологической конкретности угасание, очевидно, больше соответствовало сентименталистской эстетике женственности, в то время как активное, неудержимое пламя горячки больше резонировало с мужским началом[72]. Это распределение, однако, далеко не абсолютно. Так, Петр Шаликов в повести «Темная роща, или Памятник нежности» (не позднее 1819 года) наделяет обоих влюбленных, Эраста и Нину, болезнями, которые

---

[71] Хотя меланхолия теряет свою популярность в литературе в качестве клинической формы любви как болезни, она остается на русской культурной сцене как психологическая предрасположенность, психиатрическое состояние или философская позиция. См. реконструкцию культурной истории меланхолии в XVIII — начале XIX века и детальный анализ ее различных типов и культурных «лиц» И. Ю. Виницким [Виницкий 1995; Виницкий 1997: 107–289].

[72] Тем не менее традиционно меланхолия как состояние, ассоциируемое с художественным гением или стремлением к знаниям, была связана с мужественностью. Краткий анализ гендерных моделей, связанных с меланхолией и другими родственными психическими расстройствами, см. в [Radden 2000: 39–44].

характеризуются быстрым, драматическим развитием и некоторыми физиологическими подробностями; оба случая требуют медицинского вмешательства. Навсегда разлученный со своей возлюбленной, Эраст умирает в течение двух дней от сильной лихорадки, после чего у Нины развивается аналогичное заболевание, обозначенное в тексте как «воспаление в крови», которое также оказывается смертельным [там же: 202][73]. На поздней стадии сентиментализма горячка, похоже, начинает повсеместно доминировать как патологическое проявление сильных эмоциональных переживаний, в частности любовных страданий.

Однако остается вопрос: что именно в природе этой болезни сделало ее настолько привлекательной для литературных целей, что в качестве медицинского эквивалента любви как болезни она почти вытеснила античный топос? Частичный ответ кроется в симптоматике лихорадки — как художественной, так и медицинской. Рецензент «Цветника», как мы помним, идентифицировал симптомы влюбленного, описанные в стихотворении «Болезнь» — сочетание холода и жара («Вьется хлад в моих костях, / Пламень в нервах, огнь в крови»), общую слабость и головную боль — как симптомы горячки. «Темная роща» Шаликова предлагает еще одно литературное воплощение симптомов лихорадки. Убитый горем Эраст отказывается от еды, бродит по роще и проводит ночь на траве: «Во всю ночь сон не смыкал глаз его. Сильный жар, ужасная тоска и бред испугали камердинера, он побежал за лекарем. Лекарь находит Эраста в страшной горячке...» [там же: 200]. Обе художественные зарисовки точно соответствуют медицинским описаниям этой болезни, встречающимся в журналах того времени:

> Лихорадочные припадки состоят: *в умножающемся жаре, скороспешныхъ биениях пульса, отвращении от пищи, великой во всем слабости, головной боли, и принужденнаго исполнения всех жизненных действий*; прочия же бываемые

[73] Случай Нины, на самом деле, сложнее. Со временем врач обнаруживает у нее «повреждение в легком», от которого она умирает. Ее диагноз, по-видимому, представляет собой сочетание лихорадки и чахотки.

> в лихорадках обыкновенневые припадки суть: тошнота, жажда, тоска, бред, тяжелость в членах, похудение въ теле, бессонница, или беспокойный и чуткий сон[74].

Нетрудно заметить, что большинство перечисленных симптомов совпадают с традиционными признаками страстной любви: неровный пульс, жар, бессонница, отсутствие аппетита, истощение, элементы безумия (горячечный бред) и, что характерно, тоска[75]. В случае перемежающейся лихорадки к этой медико-литературной картине можно добавить чередование холода и жара в сочетании с тремором, что напоминает физиологические эффекты страстной любви, канонизированные Сапфо. Это «совпадение» симптомов лихорадки с симптомами любовного недуга отчасти объясняет привилегированное положение горячки в литературе русских сентименталистов. Лихорадка была «реальным» и опасным заболеванием, широко распространенным в то время, но ее обширная и всеохватывающая психосоматическая симптоматика легко вписывалась в существующую традицию любви как болезни.

Фуко указал на виталистские коннотации этого диагноза: медицинские мыслители XVIII века считали горячку защитной реакцией организма на патогенную атаку: «она есть не знак болезни, но знак сопротивления ей» [Фуко 2010: 216]. Анимисты интерпретировали лихорадку как проявление сознательного действия души по очищению тела, освобождению организма от болезнетворных агентов. Как напоминает нам Фуко, Шталь использовал латинскую этимологию этого слова в поддержку своей точки зрения: «*februare*, то есть ритуально отгонять от дома тени умерших» [там же: 217]. Анимистическая интерпретация лихорадки наделяла эту болезнь определенной степенью духовности и делала ее диагнозом, который отлично подходил для описания

---

[74] О лихорадках вообще (Сочинение Аглинского врача) // СПВВ. 1794. Ч. 2. № 41. С. 118.

[75] Термин «тоска» охватывал целый ряд эмоциональных состояний, среди которых печаль, тревога, страх, скука, скорбь, а в северных русских диалектах — даже физическая болезнь [Даль 1880–1882, 4: 432].

в литературе патологических физических последствий психологических расстройств.

Неясная этиология горячки также оказалась чрезвычайно удобной в этом отношении. Эта неуловимая болезнь, причины и расположение в организме которой невозможно было определить, по признанию самих медицинских авторов XVIII века бросала вызов их медицинским знаниям:

> Лихорадка — это болезнь, предполагать существовании которой не могут дать ни малейшего основания никакие знания о строении человеческого тела, насколько оно известно в настоящее время; никакие знания о свойствах жидкостей, насколько они до сих пор исследованы; никакие знания о действии движущихся частей, насколько они до сих пор наблюдались[76].

Медицина того времени предлагала большое разнообразие возможных причин лихорадки: как внутренние, так и внешние условия, от наиболее примитивных телесных функций — до возвышенных эмоций. Статья в «Санкт-Петербургских врачебных ведомостях» утверждала, что лихорадки обычно «происходятъ отъ *заражения, беспорядочнаго образа жизни, нездорового воздуха, сильных душевных движений, излишества или недостатка в обыкновенных испражнениях, и чрезмерной степени жара и стужи*»[77]. Трактат Ричарда Маннингема, написанный в 1746 году, подчеркивал роль эмоциональных страданий в развитии

---

[76] Fordyce G. Five Dissertations on Fever. Boston, 1815. P. 15–16. Цит. по: [Ward 2003: 96].

[77] О лихорадках вообще (Сочинение Аглинского врача) // СПВВ. 1794. Ч. 2. № 41. С. 117. Русскоязычная и переводная проза той эпохи поддерживает и часто прямо озвучивает идею о том, что причины болезни могут лежать в духовной сфере. Одна сентиментальная героиня, брошенная своим возлюбленным, признается: «Внутреннее мое страдание произвело сильную горячку, опасную и долговременную». Это утверждение представляет болезнь как буквально развивающуюся изнутри наружу, от духовных причин к физическим симптомам (Валерия. Итальянская повесть / Из Флориановых «Nouvelles Nouvelles» // Московский журнал. 1792. Ч. 7. Кн. 3. С. 303).

«нервной лихорадки» [Ward 2003: 97]. Таинственная этиология горячки и вера в то, что она может быть вызвана нефизическими факторами, способствовали смешению этого диагноза с любовной тоской — лихорадка точно так же считалась и в литературе, и в медицине того времени привилегированным состоянием чувствительных существ, тех, у кого «более нежная и хрупкая конституция»[78].

Кроме того, локализация горячки в организме в некоторой степени совпадает с локализацией любовной болезни. Лихорадки, наряду с нервными расстройствами, обычно классифицировались как неорганические, функциональные или витальные заболевания, но они все же находили органическую поддержку в состоянии крови. Некоторые ученые конца XVIII — начала XIX века применяли галлеровский принцип раздражительности (который в конечном итоге был распространен с мышц на все ткани) для объяснения механизма лихорадки: ее симптомы, по их мнению, возникали в результате раздражения сердца и кровеносных сосудов [Фуко 2010: 217–219]. Акцент на сердце и крови как на ключевых «органах», пораженных этим заболеванием, способствовал закреплению лихорадки как разновидности любовной болезни. Мудрый афинянин в «Приключениях Фемистокла» Эмина проводит явную аналогию между лихорадкой и любовью как болезнью, описывая обе как невидимое воспаление крови. Фемистокл называет страстную, потенциально разрушительную любовь «сестрою внутренной лихорадки, которая внутренно человека распаляет, изовне огня ее не видно» [Эмин 1763: 310].

Некоторые медики локализовали лихорадку в другом органе любви — нервах — и предполагали, что развитие болезни провоцируется их особым расположением. И снова горячке оказывались подвержены люди с особой, хрупкой, нервной конституцией — чувствительные герои сентиментализма. Точная природа этого «расположения» по признанию врачей была еще

[78] Manningham R. The Symptoms, Nature, Causes, and Cure of the Febricula, or Little Fever: Commonly Called the Nervous or Hysteric Fever; the Fever on the Spirits; Vapours, Hypo, or Spleen. London, 1746. P. VI (цит. по: [Ward 2003: 97]).

неизвестна медицине, но несомненно, что «для лечения знобячей лихорадки должно стараться поправлять расстроенные нервы»[79]. Локализация лихорадки в нервах еще больше способствовала престижной духовной репутации этого состояния. По мнению некоторых врачей, лихорадку можно было вылечить психологическими методами, которые, как и в случае с любовью, предполагали забвение причины заболевания[80].

Неспецифическая этиология лихорадки и ее предполагаемая психогенная природа очевидно импонировали воображению сентименталистов: любое нервное расстройство могло «безболезненно» привести к горячке, приобретая тем самым престижное, физически разрушительное проявление. В то же самое время очевидные аналогии, с одной стороны, между анатомией и симптоматикой лихорадки, с другой — между традиционными органами и признаками любви как болезни позволили писателям сохранить «память» о топосе в более современной и научной патологии страсти. Течение болезни с драматическими контрастами, моментами кризиса и непредсказуемым исходом открывало дополнительные возможности для повествования. Кроме того, изображение врачебного вмешательства с эмблематичным кровопусканием усиливало шокирующий эффект повествования, а также добавляло оттенок медицинского «реализма».[81].

На другом уровне оказался чрезвычайно продуктивным метафорический потенциал главного проявления болезни — повышенной температуры, жара. Врачи отрицали важность этого симптома, считая, что он «далек от установления сущности лихорадочных явлений» [Фуко 2010: 218], однако писатели не могли устоять перед соблазном драматических возможностей,

---

79 О трясучках или перемежающихся лихорадках // СПВВ. 1794. Ч. 2. № 44–48. С. 149.

80 «Еще легчайшее средство освободиться от лихорадки состоит в том, чтоб стараться ее забыть... Если в таком положении больного нечаянно испугать, то наверно лишится он своей лихорадки» (там же. С. 152).

81 В «Бедной Маше» А. Е. Измайлова дается одно из самых кровавых художественных описаний этой терапии.

предоставляемых подобным свойством горячки. П. И. Шаликов в «Темной роще» завершает изображение лихорадки своего героя целым рядом контрастных метафор: «...через два дни хладные объятия смерти замораживают кипящую кровь его» [Русская сентиментальная повесть 1979: 200]. Драматический эффект этого описания обусловлен самой природой лихорадочного жара, его парадоксальной близостью к смерти и остановке всех жизненных функций. Кроме того, жар явно перекликался с поэтической метафорой любовного огня и предоставлял возможность для ее реализации. Влюбленного героя поглощало пламя любви не только образно, но и буквально.

Похоже, что логика этой метафоры определяет ход сюжета ранней повести Карамзина «Евгений и Юлия» (1789). Особенность этой повести заключается в отсутствии мотивировки болезни и смерти молодого героя: Евгений, который собирается сочетаться браком со своей возлюбленной Юлией, внезапно заболевает горячкой и умирает. Ничто не угрожало счастью влюбленных; Юлия, как и ее семья, с радостью приняла предложение Евгения, и скоропостижная болезнь героя вряд ли может быть квалифицирована как любовная болезнь. Рассказчик обосновывает трагическую развязку истории (и ее мораль) неисповедимыми путями Божьими: «Но судьбы всемогущего суть для нас непостижимая тайна» [там же: 92]. Исследователи пытались объяснить этот неожиданно мрачный финал влиянием масонской образности и идеологии[82]. Не отвергая эту интерпретацию, я предполагаю, что психофизиология сентиментализма, а также развивающаяся традиция горячки, спровоцированной любовью, по крайней мере частично объясняют такое развитие сюжета.

---

[82] Советский ученый П. А. Орлов, редактор и составитель антологии русской сентиментальной повести, оспаривает эту точку зрения и утверждает, что «Евгений и Юлия» отражает отход Карамзина от масонской мистики к идеалам сентиментализма и Просвещения [Русская сентиментальная повесть 1979: 12–13]. Однако масонские/мистические элементы повести трудно игнорировать. Изображение смерти героя содержит ряд мистических мотивов: спор Евгения с дьяволом в бреду, его смерть на девятый день, видение матери о вознесении души Евгения на небо и т. д.

Рассказчик не называет состояние героя лихорадкой напрямую, но сообщает, что сначала оно проявляется как «сильный жар». Последующее развитие болезни также описывается исключительно языком огня: «пламя болезни», «огненные руки его и горящее лицо»; в бреду Евгений говорит «с жаром»[83]. Показательно, что первые признаки недомогания героя следуют сразу за кульминацией его счастья: «Будучи в беспрестанном восторге высочайшей радости, Евгений около вечера почувствовал в себе сильный жар» [там же: 93]. Таким образом, повествование намекает на причинно-следственную связь между его восторгом и последующей болезнью, как будто степень счастья оказывается слишком высокой для чувствительного героя[84]. Внутреннее пламя героя, интенсивность его счастья преобразуется в физический огонь болезни, пожирающей его молодое тело[85]. Такая буквализация может рассматриваться как риторический эквивалент сентименталистской тенденции стирания границ между физическим и духовным в поисках универсального принципа, управляющего всеми аспектами жизни человека. Так медико-литературная традиция любовной горячки становится еще одной точкой соприкосновения между философскими проблемами и дискурсивными практиками.

---

[83] Образ огня также перекликается с масонской символикой (что подтверждается инфернальными мотивами бреда героя). Такая возможность, однако, не противоречит тому факту, что эта образность является частью патологии лихорадки и поэтому может рассматриваться и с медицинской точки зрения.

[84] Гитта Хаммарберг приходит к аналогичному выводу, анализируя эту историю с точки зрения жанра и рассматривая ее развитие как переход от идиллии к сентиментальной «трагической» повести: «В „Евгении и Юлии“ трагедия, как это ни парадоксально, является результатом положительных качеств героев. Чрезвычайное счастье оказывается слишком невыносимым для высокоразвитой „тонкой“ чувствительности Евгения, и идиллия разрушается изнутри, свойствами, присущими идиллической концепции» [Hammarberg 1991: 137–138].

[85] Как заметил Вертер: «Человеческой природе положен определенный предел. <...> Человек может сносить радость, горе, боль лишь до известной степени, а когда эта степень превышена, он гибнет» [Гёте 2001: 66].

От сентименталистского синкретизма к романтическому дуализму

Однако к концу эпохи сентиментализма в России происходит фундаментальный риторический и эпистемологический сдвиг в подходе к восприятию и отображению интенсивных эмоций и чувствительности в целом. На разных уровнях можно четко проследить тенденцию к разделению физической и духовной сфер, которые ранее считались едиными. Переоценка научного понятия чувствительности становится одним из главных признаков этого нового подхода. Ставится под сомнение посреднический характер этой концепции, которая ранее обеспечивала желанную основу для выстраивания взаимодействия тела и души. Постепенно пропадает увлечение физиологией, вытесняемое растущим опасением, что тенденция укоренять все порывы души в теле может свести человека к чисто телесному, материальному существу.

Сам Галлер осознавал опасность его физиологической теории чувствительности для религиозного мировоззрения. Его определение чувствительности лишено той ясности и точности, которые присущи его лаконичной формуле раздражительности. Причиной такой неясности со стороны благочестивого кальвинистского ученого был именно метафизический подтекст концепции чувствительности, а точнее — ее предполагаемая связь с душой. Показательно, что Галлер формулирует понятие чувствительности в гораздо более конкретных терминах, стоит только ему исключить из рассмотрения метафизическую душу: «А у животных, у которых существование души не столь очевидно, я называю чувствительными те части, раздражение которых вызывает у животного признаки боли и беспокойства» (цит. по: [Figlio 1975: 186–187]). В экспериментальных целях Галлер опирался на очень ограниченное понимание чувствительности, сводимое в основном к проявлениям боли и дискомфорта. Сужение определения позволило ученому лишить чувствительности многие жизненно важные органы (например, сердце). Как отмечает Анна Вила, такое ограничительное использование понятия чувствительности в научной практике Галлера связано с его религиозно-философскими взглядами:

> Поскольку, согласно определению Галлера, чувствительность — это первичная сила души, она не может по-настоящему существовать в теле. Поэтому, будучи жизненно важным свойством, она располагается на границе физиологического исследования [Vila 1998: 25].

Таким образом, чувствительность получила привилегированную связь с душой, в то время как раздражительность осталась чисто телесным свойством. Эта иерархия двух жизненно важных качеств обладала огромным символическим потенциалом и привела к широкому культурному резонансу, который выходил далеко за рамки первоначальных намерений Галлера. Материалистически или позитивистски настроенные писатели полагались на раздражительность, чтобы подчеркнуть физическую природу человека, в то время как идеалисты или анимисты предпочитали ссылаться на «духовное» свойство — чувствительность. Во времена Галлера Жюльен де Ламетри использовал понятие раздражительности, чтобы свести человека к чисто материалистическому, механическому существу[86]. Его скандальная работа «Человек-машина» (1747), провокационно посвященная Галлеру, распространяет понятие мышечной раздражительности на ментальные операции, представляя тем самым не только тело, но и всего человека как машину, движение которой порождается ей самой. В этой системе, естественно, не остается места для души, которая могла бы оказывать какое-либо влияние на физическую или психическую сферу человека[87]. Другой современник Галлера, Роберт Уитт, настаивавший на соразмерном участии души во всех

---

[86] Ламетри был знаком с понятием раздражительности, благодаря догаллеровским исследованиям этого свойства Фрэнсисом Глиссоном; см. [Меркулов 1981: 62].

[87] Вила также интерпретирует выбор Ламетри раздражительности вместо чувствительности как «стратегический»: «Из двух реактивных свойств, которые Галлер выделил в теле, только раздражительность была полностью телесной» [Vila 1998: 26].

телесных операциях, напротив, отдавал предпочтение чувствительности; однако, в отличие от Галлера, английский врач утверждал, что чувствительность широко распространена в теле, а не ограничивается определенными органами[88]. Уитт, известный своей склонностью к анимизму, что интересно, не только расширил понятие чувствительности, но и «одухотворил» раздражительность, которую считал не природным свойством мышц, а результатом действия души. Другими словами, предпочтение авторами раздражительности или чувствительности часто свидетельствует об их философской позиции в отношении человеческой природы — тенденция, которая оказалась жизнеспособной вплоть до XIX века. Как я показываю в главе 3, в России 1840-х годов, когда термин «чувствительность» уже давно был скомпрометирован и затаскан сентименталистами и их эпигонами, а позитивизм выходил на передний план русской культуры, Александр Герцен использовал лексику раздражительности для описания более материалистической модели физиологии эмоций.

В западном сентиментализме против исключительно физиологического понимания чувствительности как телесной реакции очень рано выступил Лоренс Стерн. В восьмом томе «Жизни и мнений Тристрама Шенди, джентльмена» Стерн, как предполагают критики, вступает в тонкую полемику с подобными взглядами на природу человеческих чувств. Разрыв волдыря на пятой точке дяди Тоби приводит его к выводу, что он влюблен. Дядя Тоби, как замечает Тристрам, превратно истолковывает свою телесную рану как рану любви и полагает, что «рана его не накожная — а прошла в самое сердце» [Стерн 1968: 485]. Джеймс Роджерс интерпретирует этот эпизод как критику Стерном упрощенного подхода, согласно которому телесные функции служат проявлением сокровенных чувств души. Для Стерна, как утверждает Роджерс,

> ...волдырь, или тело, не является автоматическим, механическим сигналом любви или любого другого чувства. Для возникновения чувства, основанного на симпатии, напри-

---

[88] Подробнее о споре Уитта с Галлером см. в [French 1969: chap. 6].

> мер, любви или благосклонности, ощущения тела должны сочетаться с мыслительным процессом, работающим в социальном контексте [Rodgers 1986: 141].

В конце первого десятилетия XIX века русская сентименталистская пресса подняла эту проблему в ряде публикаций, оспаривавших физиологическую трактовку чувствительности. Среди них — анонимное эссе «О чувствительности и добродушии», переведенное с французского и опубликованное в «Цветнике» в 1809 году. Автор статьи выражает свое недовольство традиционным научным определением чувствительности как «способности чувствовать»: «...ибо сия способность простирается на все царство животных, и даже на царство растений. Человек и насекомые, пресмыкающиеся под ногами его, имеют способностью чувствовать»[89]. Столь широкое и всеохватное определение чувствительности, предложенное, по словам автора, «оракулами последнего века», подразумевает, что любому живому организму можно приписать это качество, тогда как, по его мнению, оно должно оставаться исключительной привилегией человека. В поисках более подходящего определения писатель прибегает к историческому аргументу:

> Тщетно прибегал я к древним; они не имеют в языках своих такого слова, которое выражало бы совершенно чувствительность: это есть новая выдумка, и я даже примечаю, что сие слово принято нами с того только времени, как стали изъяснять чувствования ощущениями[90].

Таким образом, автор подчеркивает новизну как термина («слово»), так и понятия («новая выдумка») и их связь с настоящим историческим моментом. Его акцент на явно современном характере понятия чувствительности позволяет найти более удовлетворительное объяснение, данное «мудрейшими из мудрецов нашего времени»:

---

89 О чувствительности и добродушии // Цветник. 1809. Ч. 2. № 6. С. 323.

90 Там же. С. 323–324.

> Чувствительность, говорят они, есть расположение души, которое делает оную способною умиляться, трогаться. Это изъяснение мне кажется лучше других: оно, по крайней мере, не ставит человека наравне с произрастениями и не столько унижает его пред собственными его глазами[91].

Эти два определения, которые автор представляет как исторически последовательные, на деле соответствуют двум различным, но сосуществующим значениям термина «чувствительность», зафиксированным в словарях того времени. «Dictionnaire de l'Académie Française» (1762) различает первичное, галлеровское определение чувствительности и моральную чувствительность, «sensibilité du Coeur»[92]. Это семантическое различие сохраняется и в «Словаре Академии Российской», который дает следующие толкования понятия «чувствительность»:

> 1. Движение души, возбужденное или возбуждаемое в оной чрез впечатление действующих на чувственные орудия внешних предметов. 2. Сострадательность; качество трогающегося человека несчастием другого. *Чувствительность сердца* [Словарь Академии Российской... 1806–1822, VI: 1318].

Что характерно, только второе, моральное определение напрямую упоминает человека и, значит, представляет чувствительность как исключительно человеческое качество. Таким образом, автор эссе из «Цветника» делает показательную попытку развести два синхронных понимания чувствительности и представить их как конфликтующие понятия, в которых «моральная чувствительность» хронологически заменяет «физическую». Новое определение, согласно его аргументации, также более точное: так

---

[91] Там же. С. 324. Не совсем понятно, кого автор имеет в виду под «оракулами последняго века» в отличие от «мудрейших из мудрецов нашего времени». Мы не знаем, был ли оригинал статьи написан в конце XVIII или в начале XIX века, но последнее более вероятно; в этом случае «оракулы последняго века» — философы и ученые-сенсуалисты XVIII столетия.

[92] Чувствительность сердца (фр.). См. [Кочеткова 1994: 18].

утверждается превосходство морального понимания чувствительности. Следует подчеркнуть, что автор осведомлен о физиологической основе «современного» понятия чувствительности: он справедливо возводит его происхождение к сенсуализму, к теориям, которые «стали изъяснять чувствования ощущениями». Вместе с тем он предпочитает игнорировать этот факт и отдает предпочтение нефизическому и явно ненаучному определению чувствительности как определенной эмоциональной предрасположенности души. Очевидно, что такой выбор автора обусловлен его философской позицией, которая требует определения, подчеркивающего нематериальную природу феномена чувствительности и гарантирующего привилегированное духовное положение человека в живом мире.

Один из главных аргументов против «физического» определения чувствительности, приведенного французским писателем, заключается в том, что такое понимание включало бы в себя низшую форму органической жизни — растения. «По сему определению чувствительность есть и в растениях: *не-тронь-меня*, или *жизненная травка* (Mimosa sensitiva) может служить тому доказательством»[93]. *Mimosa sensitiva*, или «чувственница», как называет ее Радищев, часто появляется в научных и философских дискуссиях того времени как спорный случай растительной чувствительности: считалось, что растение увядает от малейшего прикосновения [Радищев 1938–1952, 2: 88]. Этот факт, очевидно, вызвал определенный дискомфорт по поводу осознания места человека в живом мире и побудил некоторых авторов пересмотреть определение чувствительности как не столько биологического, сколько духовно-нравственного свойства. Радищев находит любопытное решение этой дилеммы — он предлагает считать, что растения, занимающие более низкое положение на лестнице живых существ по сравнению с животными и человеком, обладают раздражительностью, а не чувствительностью: «...растение есть существо живое, а может быть — и чувствительное, ... но чувственность сия есть другого рода, может быть, одна

---

[93] О чувствительности и добродушии // Цветник. 1809. Ч. 2. № 6. С. 323.

токмо раздражительность» [там же: 46]. Аргументируя слабую (если она вообще существует) степень чувствительности у растений, он считает необходимым подчеркнуть, что даже знаменитое «чувствительное» растение на самом деле лишено этого свойства: «...и самая чувственница из сего не исключается» [там же]. Такой подход явно опирается на галлеровскую иерархию жизненных свойств: здесь чувствительность — прерогатива высших, более рациональных и духовных существ, тогда как раздражительность можно наблюдать даже у низших форм жизни.

Аналогичная проблема лежит в основе критики Мишо в адрес дидактической поэмы «Любовь растений» (1789), написанной дедом Чарльза Дарвина Эразмом Дарвином (1731–1802)[94]. Эссе Мишо, опубликованное в «Аглае» Шаликова в 1810 году, высмеивает английского поэта-врача за распространение понятий чувствительности, любви и секса на мир растительности.

> Уже цветы влюбляются, разговаривают; они кончат тем, что станут писать друг к другу, и мы увидим романы в письмах, которые будут растрогивать нас несчастиями *Резеды* или *Ландыша*[95].

Несмотря на шутливый тон, выпад французского писателя поднимает серьезную философскую проблему: Мишо на деле выступает против тезиса Дарвина об органическом единстве разума и природы, характерном для монистического мировоззрения XVIII века[96]. Француз прекрасно понимает, что идея

---

[94] В журнале не указано имя автора, но, скорее всего, это Андре Мишо (1746–1802), французский ботаник и исследователь. Также это мог быть его сын, Франсуа Андре Мишо (1770–1850), также ботаник. Однако, поскольку поэма Дарвина была опубликована в 1789 году, на нее скорее откликнулся отец, чем его 19-летний сын. Французский историк Жозеф-Франсуа Мишо (1767–1839) — менее правдоподобный автор этой статьи, чем два ботаника.

[95] Мишо. О любви растений // Аглая. 1810. Ч. 11. Кн. 3. С. 32.

[96] Морин Макнил анализирует стремление Дарвина объединить науку и литературу, а также философский и социальный контекст такой попытки. См. ее эссе «The Scientific Muse: The Poetry of Erasmus Darwin» в [Jordanova 1986: 156–203].

о способности растений любить имеет долгую историю[97]. Однако его волнует значение этой идеи прежде всего для современности:

> Мысль о поле растений не есть новая; но никогда не говорили о нем столько, как теперь, и можно угадать причину... К чему же хотят привести нас? К удостоверению, что материя мыслит, чувствует, и что человек, мыслящий и чувствующий, есть также материя[98].

Такая «сентиментализация» природы в целом, полагает Мишо, угрожает представлению о человеке как об исключительном существе, наделенном бесплотной душой.

Подобное недоверие к физиологической природе чувствительности высвечивает общекультурный процесс, в ходе которого сентименталистский монизм, вера в тесный и физический союз тела и души, уступил место предромантическому, а затем романтическому дуализму[99]. Этот переходный момент в истории

---

[97] Р. Бертон в своей «Анатомии меланхолии» приводит многочисленные анекдоты о влюбленных растениях и, в частности, о влюбленных пальмах, «готовых умереть и зачахнуть» [Burton 2001, 3: 43].

[98] Мишо. О любви растений // Аглая. 1810. Ч. 11. Кн. 3. С. 32.

[99] Вила упоминает об этом переходе во введении к своей книге о чувствительности, но не развивает данное наблюдение: «Чувствительность в том смысле, который придавало ей Просвещение, не исчезла в течение XIX века; скорее, она распалась на ряд дискретных наследий и уступила свое ранее неоспоримое первенство таким новым понятиям, как *volonté*, *vie de relation* и обновленный дуализм романтического спиритуализма» [Vila 1998: 10]. Однако некоторые романтики (особенно в Англии и Германии) стремились преодолеть дуализм не менее настойчиво, чем их современники, русские сентименталисты. О поисках романтиками единства см. в [Abrams 1971: esp. 179–183]. Алан Ричардсон в своем глубоком исследовании указывает на озабоченность британских романтиков единством тела и души и напоминает о слишком часто игнорируемом «антидуалистическом, материалистическом регистре в романтической литературе» [Richardson 2001: 36]. Этот «регистр», будучи заметным в русском сентиментализме, как мы видели, был менее влиятельным в русской романтической литературе, которая (за исключением метафизической поэзии Ф. И. Тютчева и А. А. Фета и прозы В. Ф. Одоевского) унаследовала в основном «байронический» вариант за-

русской культуры показывает, что сентименталисты, которых обычно представляют как непосредственных и естественных предшественников романтиков, на самом деле оперировали совершенно иными философскими предпосылками и стремились установить связь между физической и духовной сферами, а не противопоставить их. Попытки сентименталистов укоренить проявления чувствительности в анатомических органах (научно, философски и риторически) демонстрируют их глубокую озабоченность телом как очагом и проводником утонченной чувствительности и указывают на их тесную связь с научным духом эпохи Просвещения[100]. Более того, сложная анатомия эмоций, разработанная Карамзиным, Радищевым и многими другими в их стремлении преодолеть бинарность «душа — тело» предвосхищает антидуалистический пафос «реалистов» 1840-х годов. Те, в свою очередь, (например, Герцен и Гончаров) обращались к древнему топосу любви как болезни и, в частности, к его диагностической традиции, чтобы более эффективно противостоять романтическому расколу между идеальной/духовной и материальной сферами.

падного романтизма. В любом случае, как будет показано в последующих главах, русская антиромантическая кампания 1840-х годов сосредоточилась прежде всего на дуализме как определяющей черте романтической чувствительности.

[100] Исследователи отмечают важность идей Просвещения для русского сентиментализма. Информативный обзор см. в [Кочеткова 1994: 24–74]. Однако в таких анализах, включая исследование Кочетковой, роль науки в восприятии сентиментализмом идей Просвещения обычно не рассматривается.

Часть II

ДИАГНОСТИКА

Глава 2
Диагностика любви: традиция

Проблема диагностики любовной болезни начала подниматься в западной традиции довольно рано, хотя и не сразу приобрела полемический и философский оттенок, характерный для более позднего обращения к этой теме в русской литературе. Один из древнейших литературных примеров, в котором автор сталкивается с проблемой интерпретации недуга любви, — это история Антиоха и Стратоники, анализированная мной во введении. В «Деметрии» Плутарха, как мы помним, врач Антиоха Эрасистрат проводит своеобразный научный эксперимент, внимательно наблюдая за реакцией своего пациента, когда в комнату входил «красивый юноша или красивая женщина», обращая внимание на выражение лица молодого человека, а также следя «за теми членами тела, которые, по природе своей, особенно живо разделяют волнения души» [Плутарх 1961–1964, 3: 216]. Другими словами, врач следит не только за эмоциональными реакциями своего пациента, но и за чисто физическими, которые он, как медик, может соотнести с определенным психологическим состоянием. Определив объект любви, Эрасистрат сообщает новость Селевку, отцу Антиоха, который с радостью отдаст свою жену ради спасения сына. Таким образом, в повествовании Плутарха состояние юноши относится в первую очередь к сфере медицины, и излечивается он благодаря компетентности врача, успешно распознавшего телесные симптомы пациента (даже если и делает это с помощью стихотворения Сапфо). И именно врач обеспечивает лечение, объясняя отцу пациента, что состояние юноши безнадежно, если только его страсть к Стратонике не будет консумирована.

В другом древнем тексте — романе Гелиодора «Эфиопика», написанном в III или конце IV века до нашей эры, — используется совершенно иной подход к аналогичной ситуации. Здесь влюбленная героиня, Хариклея, медленно чахнет, и ее отец созывает множество знаменитых врачей в отчаянной попытке найти лечение. Один за другим знаменитости не могут определить причины недуга девушки, пока один врач наконец не разрешает загадку. После тщательного физического обследования доктор объявляет убитому горем отцу, что в этом случае медицина бессильна, и объясняет, что этот пессимистический вывод обусловлен не тяжестью болезни Хариклеи, а внутренней природой недуга, которая выводит его за пределы компетенции медицины:

> — Наша наука берется вылечивать телесные недуги, а не душевные — таковы ее предпосылки. Только в тех случаях, когда душа страждет вместе с больным телом, она и врачуется вместе с ним. У девушки действительно болезнь, но не телесная. Нет преизбытка ни одного из соков, не тяготит ее головная боль, не трясет лихорадка, не болит ни единая часть тела, не болит и все тело. Именно так, а не иначе обстоит с нею [Гелиодор 1965: 143].

Предсказуемый диагноз подтверждается наличием классических симптомов:

> — Да это ясно и ребенку... здесь душа страждет, и явно болезнь эта — любовь. Не видишь разве, как опухли ее глаза, как рассеян ее взор, как бледно ее лицо? Хариклея не жалуется на внутреннюю боль, но настроение у нее мрачное, она произносит первые попавшиеся слова, ее мучит беспричинная бессонница, и она сразу похудела. Тебе надо поискать, Харикл, кто бы мог ее исцелить, — но это может сделать только желанный [там же].

Заключение врача прямо определяет болезнь любви не как телесную патологию, а как «страдание души». По этой самой причине он считает, что любовь находится за пределами его компетенции — что резко контрастирует с интерпретацией

Плутарха, где медик, осознавая психогенную природу расстройства Антиоха, берет на себя и диагностику болезни, и соответствующее лечение. Врач в романе Гелиодора, напротив, неоднократно подчеркивает, что подобное состояние не требует профессионального вмешательства или каких-либо эзотерических, экспертных знаний: диагноз ясен «и ребенку» и должен был стать очевиден отцу пациентки уже давно. В отличие от своего коллеги из истории Плутарха, врач в «Эфиопике» отказывается определить объект любви Хариклеи; как и в случае с постановкой диагноза, лечение — тоже обязанность непрофессионала: «Тебе надо поискать, Харикл, кто бы мог ее исцелить, — но это может сделать только желанный». Более того, если у Плутарха телесные симптомы, включая частоту пульса, указывают на состояние пациента, а также на его причину, то у Гелиодора роль физического осмотра гораздо менее важна. Врач начинает обследование с проверки пульса Хариклеи, но некое диагностическое или семиотическое значение приписывает его действиям именно отец девушки: «...он старался, видимо, распознать ее болезнь по артерии, указывающей, думается мне, биение сердца», — объясняет Харикл [там же: 142–143]. Сам врач вообще не упоминает о пульсе в своей оценке состояния Хариклеи. Единственная польза от физического осмотра заключается в его отрицательном результате: отсутствие каких-либо признаков телесного расстройства указывает на «духовное» происхождение недуга.

В этих двух древних текстах диагносты применяют противоположные подходы к болезни любви; в последующей истории топоса традиция диагностики продолжит развиваться в основном по этим двум направлениям. Я называю эти подходы «медицинской» моделью (примером которой служит история Антиоха и Стратоники) и «психологической» (представленной у Гелиодора). «Психологический» подход относит любовную болезнь к немедицинской сфере, в то время как медицинская модель обычно в значительной степени опирается на опыт медицинской науки и авторитет врачевателя, а также на возможность «считать» состояние души через тело. В русских литературных примерах любви как болезни эти две диагностические парадигмы часто сталкиваются, и подобное столкновение позволяет русским авторам вступать в актуальные дебаты о взаимодействии тела и души и осмыслять статус науки как авторитета человеческой природы.

* * *

В самом раннем примере любви как болезни в русской литературе, описанном в «Повести о Савве Грудцыне», уже поднимается проблема интерпретации этого состояния как телесного или духовного расстройства. После своего изгнания из дома Бажена Второго влюбленный Савва возвращается в гостиницу, в которой он остановился изначально по прибытии в город. Хозяин гостиницы обеспокоен физическим состоянием юноши и вызывает местного волхва для диагностики Саввы, «хотяще уведати от него какова скорбь приключися юноше оному» [Русская повесть XVII века 1954: 86][1]. Волхв мгновенно выясняет причину состояния юноши: заглянув «в волшебный своя книги, сказа им истинну, яко „никоторыя скорби юноша не имать, в себе, токмо тужит по жене Бажена Втораго, яко в блудное смешение падеся с нею, ныне же отстужен бысть от нея и, по ней тужа, сокрушается“» [там же: 87]. Заключение волхва не только раскрывает причины болезни Саввы, но и, что более важно, представляет особый взгляд на любовь, который в принципе отрицает ее статус болезни: «сказа им истинну, яко „никоторыя скорби юноша не имать“». Таким образом, волхв отвергает медицинское толкование болезни Саввы, как и другой диагност в «Повести о Савве Грудцыне» — дьявол. «Враг рода человеческого» неоднократно называет состояние Саввы «скорбью», но в то же самое время, похоже, проводит различие между этим случаем и телесным недугом.

[1] Слово «скорбь» в древнерусском языке также означало физическую боль. Более того, в XVII веке оно широко использовалось для обозначения физической болезни. См. [Срезневский 1890–1912, 3: 399–402; Словарь русского языка XI–XVII 1975–2015, 24: 238–239]. Царь Михаил Федорович, по свидетельству современника, «скорбел ножками» [Пресняков 1990: 27].

Сначала дьявол, скрывая свое понимание всего происходящего с Саввой, делает вид, что предполагает, будто какая-то «болезнь» вызвала резкие изменения во внешности молодого человека: «Какую скорбь имаши в себе, яко велми изчезе юношеская красота твоя?» [там же: 88]. Савва решает скрыть истинную причину своего состояния, используя в качестве объяснения физическое заболевание: «Он же [Савва], всяко лукавнуя, сказываше ему некую быти великую скорбь в себе» [там же]. Дьявол усмехается наивности Саввы и сообщает, что истинная природа болезни юноши и ее причины для него не тайна. Весь разговор представляет собой сопоставление двух терминов, относящихся к болезни Саввы: «истинная скорбь» и вымышленная «великая скорбь». В повести нет четкого различия между болезнями тела и болезнями души, но фраза «великая скорбь», по-видимому, обозначает именно физическое расстройство. Это очевидно, когда ухудшение состояния Саввы описывается как лишь видимость тяжелой болезни: «яко бы некоею великою скорбию болел» [там же: 87]. Физическая «скорбь» постепенно приобретает коннотации фальши и последовательно служит прикрытием или обманчивой видимостью «скорби» истинной. Напряжение между таинственным любовным недугом — подлинным диагнозом — и обычным физическим заболеванием напоминает контраст между «болезнями души» и физическими патологиями, характерными для психологической модели диагностики. Хотя врач у Гелиодора настаивает на том, что истина о состоянии Хариклеи проста и очевидна, на самом деле она доступна только посвященным (как и болезнь Саввы). В обоих случаях посвященные, однако, — не специалисты, как в медицинской модели, предложенной Плутархом. Врач в «Эфиопике» правильно поставил диагноз своей пациентке, но, как мы помним, отказался предпринять какие-либо действия и определить объект ее страсти. Только Каласирид, верховный жрец Исиды, благодаря своей способности расшифровать пророчество оракула, имел полное представление о романтической ситуации Хариклеи, включая объект ее любви. Точно так же и в русской повести XVII века лечение любовного недуга осуществляется благодаря мистическому знанию волхва и дьявола, а не научной, медицинской компетенции.

По мере развития топоса любви как болезни в русской литературе доминирование одной модели над другой часто зависело от философских предпосылок того или иного литературного направления. В предромантической и романтической литературе с ее идеалистической ориентацией и акцентом на духовной стороне человеческого существа особый авторитет предсказуемо приобретает психологическая модель. Более того, романтические репрезентации любовного недуга подчеркивают глубокий разрыв между означающим и означаемым в семиотике любви как болезни: здесь внешние симптомы совпадают с симптомами физического заболевания, но при этом не раскрывают сути состояния и даже искажают ее. Если значительная часть сентименталистской прозы, тяготеющей к тому, чтобы связывать телесное и духовное, обычно представляла болезнь как внешнее проявление или буквализацию страсти или любовных страданий, то предромантические и романтические тексты выстраивают эти два состояния как похожие, аналогичные, но онтологически разные. Другими словами, язык патологии дает материал для метафоры, но не объясняет и не представляет суть любви как болезни[2]. Леонс, герой И. И. Лажечникова («Спасская лужайка»), выздоровев от лихорадки, все еще болен любовью: «Несчастный, выздоровев, не мог излечиться от страсти своей» [Русская сентиментальная повесть 1979: 317]. «Российский Вертер» также, описывая свою страсть, четко различает лихорадку и любовь, несмотря на их одинаковые симптомы: «Я болен, совершенно болен, и человек в горячке не имеет моего жара» [там же: 210]. В романтической литературе это различие станет особенно отчетливым, как, на-

---

[2] Это лингвистическое различие уже было проведено Стерном: дядя Тоби принимает свой волдырь за знак любовной страсти, потому что не видит различия между физической раной и метафорой раны любви (том 8, главы 26–32). Рассказчик Стерна подчеркивает сходство (но не идентичность) этих двух недугов: «при самых сильных обострениях боли в своей ране [то есть Любви] (как и в то время, когда его мучила рана в паху) он ни разу не обронил ни одного раздражительного или недовольного слова» [Стерн 1968: 484].

пример, в описании Нины, героини поэмы Евгения Баратынского «Бал» (1828): «В ней жар упившейся вакханки, / Горячки жар — не жар любви» [Баратынский 1982: 191]. Принимая традиционную медицинскую симптоматику, такой подход не отрывается полностью от медицинской традиции, но настаивает на особой природе любви как патологии[3].

Любовь как болезнь у романтиков становится состоянием, при котором внешние признаки — физические симптомы — обманчиво совпадают с признаками физической болезни. Говоря лингвистическим языком, любовь представляется «омонимом» болезни. В такой ситуации, когда означающее указывает на более чем одно означаемое, вполне возможно неправильное прочтение. Отсюда возникает фигура «плохого толкователя» — литературного персонажа, который неправильно интерпретирует симптомы страстной любви или любовных страданий. Как правило, предромантические и романтические тексты, стремясь подчеркнуть престижный «духовный» статус этого недуга, предлагают два варианта образа такого «неверного толкователя»[4].

Первый вариант часто представлен циничным персонажем, который не ошибочно принимает симптомы любви за симптомы болезни, а, скорее, отказывается проводить различие между

---

[3] Другой пример романтического разграничения между любовью и собственно болезнью можно найти в письме Джона Китса от 1 ноября 1820 года: «Если бы у меня оставалась возможность выздороветь [от туберкулеза], эта страсть меня все равно бы доконала» [Китс 2011: 453]. Здесь болезнь и страстная любовь рассматриваются как взаимозаменяемые (в том смысле, что они производят аналогичный эффект), но не идентичные. На этот комментарий Китса мое внимание обратила Сьюзен Сонтаг в своей книге «Болезнь как метафора» [Сонтаг 2016: 23].

[4] В отличие от многих других исследователей, я не использую термины «сентиментальный» и «предромантический» как взаимозаменяемые, поскольку, как я уже пояснила в предыдущей главе, рассматриваю сентименталистский подход к эмоциям и взаимодействию между душой и телом как отличный от романтизма, по крайней мере в русском контексте. Термин «предромантический» я оставляю для тех произведений или литературных приемов конца XVIII — начала XIX века, которые предвосхитили романтический раскол между телесной и духовной сферами.

ними. Другими словами, такой герой не признает исключительного статуса любви как особого вида недуга, отличного от медицинского состояния. Так, в повести «Модест и София» (1810) циничная и лживая Лидия просто играет чувствами впечатлительного Модеста. В своем письме к другу она признается: «Он залюбил меня до смерти; но как? какими-то больными, а по его словам, страстными вздохами и плаксивыми взглядами!» [Русская сентиментальная повесть 1979: 287]. Это предложение содержит переход от лексики болезни к лексике страсти — перевод с медицинского языка циничной Лидии на романтический язык Модеста, обозначенный фразой «по его словам». Сосуществование двух кодов возможно именно потому, что внешние проявления обоих заболеваний идентичны.

Вторая разновидность образа «плохого толкователя» — это «наивный толкователь», культурный аутсайдер, который, не осознавая прямой связи между страстной любовью и физическими страданиями, не владеет «языком» любви как болезни и поэтому ошибочно интерпретирует ее симптомы. Своеобразный вариант этой модели представлен в одном из эпизодов из романа Жан-Франсуа Мармонтеля «Вечера» (1790), переведенного Карамзиным и опубликованного в «Московском журнале» в 1792 году[5]. Героиня романа, Калиста, влюбляется в молодого человека сомнительной репутации, которого, по ее мнению, никогда не примет ее набожная мать. Отчаявшаяся девушка решает провести остаток жизни в монастыре. Ее возлюбленный страдает от разлуки, знакомые замечают его болезненную бледность. Наивная мать Калисты объясняет ухудшение его здоровья трудолюбием, но юноша отрицает обыденное толкование своего недуга и намекает на его особый статус: «Я знаю болезнь свою и знаю, что на нее нет лекарства»[6]. Мать Калисты сразу же интерпретирует его слова как указание на тяжелую физическую болезнь («Нет лекар-

---

5 О. Б. Кафанова приписывает этот перевод Карамзину [Кафанова 1989: 319–337]. Более подробный анализ переводов Карамзиным Мармонтеля см. в [Кафанова 1979: 157–176].

6 Мармонтель [Ж.-Ф.]. Вечера // Московский журнал. 1792. Ч. 5. Кн. 1. С. 113.

ства! В ваши лета!»), в то время как ее сестра, утонченная светская маркиза, правильно оценивает его состояние как любовный недуг. Маркиза также догадывается об истинной причине внезапного религиозного рвения своей племянницы и навещает ее в монастыре. Там мать-настоятельница восхваляет благочестие молодой девушки перед ее тетей, но это описание поведения Калисты также показывает неспособность матери-настоятельницы правильно интерпретировать очевидные признаки любовной меланхолии, которые она принимает за проявления религиозного чувства. Симптомы любовного недуга — тихая грусть и частые вздохи, вызванные созерцанием природы, — вводят в заблуждение «наивного толкователя», мать-настоятельницу, но не проницательную маркизу, которая в итоге устраивает брак между Калистой и ее возлюбленным.

Роман в стихах «Евгений Онегин» (1825–1832) Александра Пушкина предлагает классический пример проблемы интерпретации, которую ставит перед нами любовь как болезнь в литературе романтизма. Юная и романтичная Татьяна Ларина впадает в беспокойство и горячку, когда влюбляется в Евгения. Ее наивная няня-крестьянка сразу же неверно интерпретирует состояние своей подопечной как физическое расстройство: «Дитя мое, ты нездорова; / <...> Ты вся горишь...» [Пушкин 1977–1979, 5: 55]. Няня представлена как аутсайдер культуры романтической любви: на настойчивые вопросы Татьяны о романтическом опыте няни в молодости, старуха отвечает: «И, полно, Таня! В эти лета / Мы не слыхали про любовь...» [там же]. Мы узнаем, что няню выдали замуж в 13 лет за другого крепостного, который был еще моложе ее. Из-за своего сословного происхождения она не обладает культурными знаниями, необходимыми для расшифровки симптомов Татьяны в соответствии с парадигмой любви как болезни. В ответ Татьяна исправляет ошибочную оценку няней ее эмоционального состояния, подчеркнуто противопоставляя страстную любовь и физическую болезнь: «Я не больна: / Я... влюблена» [там же]. Рифма слов «больна» и «влюблена» только подчеркивает существенное различие между этими двумя состояниями.

Таким образом, романтическая версия психологической модели превращает «простой и очевидный», согласно врачу у Гелиодора, недуг души в таинственное состояние, доступное только посвященному наблюдателю (как и в «Повести о Савве Грудцыне»). Однако в отличие от позднесредневековой повести, где истинное познание даровалось диагносту мистической силой, наблюдатель в романтической модели, как показывает пример Пушкина, должен обладать определенной культурной компетенцией, чтобы адекватно «прочитать» болезнь. Популярность психологической модели (равно как и ее вырождение) в 1830-е годы можно проследить в тексте позднего романтизма — повести Елены Ган «Идеал» (1837), где эта модель сознательно эксплуатируется циничным соблазнителем.

В повести Ган изображена возвышенная и идеалистичная девушка Ольга, чей брак с прозаичным немецким полковником не приносит ей эмоционального удовлетворения. Оказавшись в Петербурге, Ольга встречает свой «идеал» — поэта-романтика Анатолия, поэзия которого оказала на нее большое влияние еще в юности. Анатолий, циник и распутник, решает соблазнить свою провинциальную поклонницу, и, когда влюбленная, но добродетельная Ольга сопротивляется, он прибегает к последней уловке. Его друзья распространяют ложный слух об опасной болезни, которой он якобы страдает. Природа этой болезни широко обсуждается на балу, где присутствует Ольга:

> Мой бедный друг! он не был на бале; он никуда не выезжает. Он быстро приближается к вечеру своей жизни. Сегодня я был у него, и, судя по словам доктора и по некоторым признакам, его болезнь неизлечима, потому что начало ее в душе, а не в расстроенном теле.
> — Ах, бог мой! что же с ним, скажите?
> — Кто может проникнуть в тайны других, особенно в тайны поэта? но я давно заметил, что его грызет скрытая грусть <...>
> — Не влюблен ли он? — продолжала первая дама [Русская романтическая повесть 1980: 471–472].

Друг Анатолия дает уклончивый ответ, который тем не менее подтверждает предположение дамы и побуждает встревоженную Ольгу забыть свое прежнее сопротивление и броситься в дом поэта (только чтобы обнаружить его обман и неверность).

Эта сцена служит классическим воплощением психологической модели диагностики. Согласно рассказу друга Анатолия, любовная болезнь последнего предстает немедицинской проблемой («начало ее в душе») и духовным, а не физическим состоянием. Акцент на таинственности этого состояния, его непостижимости для внешнего наблюдателя придает топосу заметный романтический колорит. Культ поэта усугубляет таинственность: друг подчеркивает, что в случае Анатолия правда о его недуге в особенности непроницаема. Однако на этом этапе романтизма загадочность любви как болезни, очевидно, уже стала клише, неотъемлемым атрибутом топоса, поэтому само упоминание о загадочности недомогания помогает, как ни парадоксально, разгадать тайну. Именно поэтому, несмотря на утверждения друга о непостижимости состояния поэта, любая светская дама, знакомая с романтическим кодом любви как болезни, может поставить точный диагноз. Собственно, именно эта предсказуемость и известность модели и делает ее мощным оружием против наивной и романтически настроенной Ольги.

Техника соблазнения Анатолия напоминает метод, предложенный в «Науке любви» Овидия, только с поправкой на контекст эпохи романтизма. Если у Овидия достаточно было имитировать традиционные и узнаваемые симптомы, такие как бледность и истощение, то романтический соблазнитель вынужден иметь дело с более одухотворенной (и дуалистической) моделью, в которой эмоциональное состояние («скрытая грусть») и концепция таинственного духовного расстройства заменили прежние физические симптомы. Постоянно появляющийся персонаж «неверного толкователя» в предромантической и романтической литературе, кроме того, указывает на перенесение в «романтическом варианте» внимания с физических симптомов на язык: чтобы правильно распознать любовные страдания, необходимо уметь расшифровывать многозначный медицинский язык, используемый для описания немедицинского состояния. Чтение телесных симптомов уступает место расшифровке культурных клише.

Однако к концу эпохи романтизма в России понимание литературной традиции любви как болезни становится настолько распространенным, что о ней знают даже культурно непосвященные. В романе Михаила Лермонтова «Герой нашего времени» (1841) наивный Максим Максимыч неожиданно демонстрирует знание любовной романической традиции. Будучи незнакомым с другими поведенческими клише высокой культуры, такими как байронизм, простодушный офицер все же идентифицирует тоску молодого черкеса Азамата по прекрасной лошади как любовный недуг: «Недели три спустя стал я замечать, что Азамат бледнеет и сохнет, как бывает от любви в романах-с» [Лермонтов 1979–1981, 4: 195]. Болезнь любви, таким образом, перестает быть тайной, прерогативой высокочувствительных и возвышенных героев и героинь сентиментализма и романтизма. Неудивительно, что во второй половине 1840-х годов, с усилением антиромантических тенденций в русской литературе и культуре, привилегированный статус психологической модели значительно пошатнулся, и в любовных нарративах начал преобладать более циничный и вновь медикализированный взгляд на некогда загадочную духовную болезнь.

С медицинской точки зрения проблема успешного или неправильного прочтения любви как болезни — это проблема диагностики. По мере роста позитивизма в России и его столкновения с романтическим одухотворенным взглядом на человеческую природу, в русской художественной литературе появляется фигура врача — толкователя телесных симптомов[7]. Этот процесс, хотя и достигает кульминации в 1860-х годах, начинается уже в 1840-х — в период перехода от романтического идеализма к более материалистическому и эмпирическому подходу к реаль-

[7] По большей части в этой книге я использую термин «позитивизм» в его более широком значении — не только как философскую систему Огюста Конта, но и, по определению Джоравски, как «термин XIX века для обозначения веры в то, что нет иной истины, кроме той, что раскрыта в науке» [Joravsky 1989: 62].

ности не только в философии, но и в науке, литературной критике и художественной литературе. Диагностика (и «лечение») любовного недуга в репрезентативных литературных произведениях этого периода позволяет понять сложный и болезненный процесс, в ходе которого писатели раннего русского реализма пытались примириться со своим романтическим наследием.

* * *

Вторая половина 1840-х годов в России отмечена ростом престижа естественных наук и в особенности экспериментального метода научного исследования. Увлечение позитивным, фактическим знанием, основанным на эмпирических данных, было реакцией против спекулятивного, априорного подхода, характерного для натурфилософии Фридриха Вильгельма Йозефа фон Шеллинга, которая доминировала в российской науке в 1830-х годах[8]. В 1845 году Герцен приветствовал эту эмпирическую тенденцию современной мысли как поворот к признанию физической реальности:

> Эмпирики поняли, что *существование* предмета *не шутка*; что взаимодействие чувств и предмета не есть обман; что предметы, нас окружающие, не могут не быть истинными потому уже, что они существуют; они обернулись с доверием к тому, *что есть*, вместо отыскивания *того, что должно быть*, но чего, странная вещь, нигде нет! Они приняли мир и чувства с детской простотою и звали людей сойти с туманных облаков, где метафизики возились с схоластическими бреднями; они звали их в настоящее и действительное... [Герцен 1954–1966, 3: 97][9]

---

[8] О популярности шеллингианской натурфилософии в русской науке см. в [Vucinich 1963–1970, 1: 208–210, 283–285].

[9] Было бы ошибочно, однако, считать Герцена чистым эмпириком или ортодоксальным позитивистом. Как отмечает Ирина Сироткина, собственное представление Герцена о физиологии было в значительной степени обязано шеллингианской натурфилософии. Глубокий анализ сложного отношения Герцена к науке см. в [Sirotkina 2002: 1–18].

Шеллингианцы, напротив, сетовали на прогресс аналитического, эмпирического метода, считая, что он ведет к внешнему, атомистическому взгляду на природу и не отвечает на фундаментальные онтологические вопросы о сущности природных явлений. По словам профессора Московского университета, физика и философа Михаила Павлова, «опыт можетъ доводить до открытий, но до знания оных никогда»[10]. Последователи Шеллинга, чья натурфилософия предлагала синтетическую, единую систему, в которой различные природные явления существуют в глубокой взаимосвязи, особенно не одобряли специализацию современной науки, ее увлеченность конкретным, фактами, а не их глубинными причинами и смыслом[11]. Шеллингианец Владимир Одоевский в своем романе «Русские ночи» (1844) высмеивает современную науку за ее одержимость чисто экспериментальным знанием. Его герой-идеалист Фауст рассказывает следующую историю:

> ...медик лечил портного от горячки; больной, при смерти, просит напоследях покушать ветчины; медик, видя, что уже спасти больного нельзя, соглашается на его желание; больной покушал ветчины — и выздоровел. Медик тщательно внес в свою записную книжку следующее опытное наблюдение: «ветчина — успешное средство от горячки». Через несколько времени тому же медику случилось лечить сапожника также от горячки; опираясь *на опыт*, врач пред-

---

[10] Павлов М. Г. О способах исследования природы // Мнемозина. 1825. Ч. IV. С. 32. Как отмечает Вучинич, Павлов и другие русские шеллингианцы не отрицали полезность эмпирических данных, а, скорее, пропагандировали «слияние эмпирических фактов и теоретических постулатов как слияние науки и философии» [Vucinich 1963–1970, 1: 284]. Герцен посещал лекции Павлова и в своих воспоминаниях «Былое и думы» утверждает, что «германская философия была привита Московскому университету М. Г. Павловым» [Герцен 1954–1966, 9: 16].

[11] В первом из своих «Писем об изучении природы», озаглавленном «Эмпирия и идеализм», Герцен критикует раскол между философией и экспериментальной наукой, утверждая, что они взаимонеобходимы: «Без эмпирии нет науки, так, как нет ее и в одностороннем эмпиризме. Опыт и умозрение — две необходимые, истинные, действительные степени одного и того же знания...» [Герцен 1954–1966, 3: 97].

> писал больному ветчину — больной умер; медик, на основании правила: записывать факт как он есть, не примешивая никаких умствований, — прибавил к прежней отметке следующее примечание: «средство полезное лишь для портных, но не для сапожников». — Скажите, не такого ли рода наблюдений требуют эти господа, когда толкуют о *чистом опыте*... [Одоевский 1975: 144][12]

Приведенный выше пример иллюстрирует ключевую роль, которую физиология и научная медицина играли в этом споре между идеализмом и эмпиризмом. Физиология, наука о жизни и органическом мире, потенциально была идеологически заряжена сильнее, чем любая другая естественная наука, поскольку постулировала физическую и химическую основу психических процессов и тем самым несла угрозу представлению о человеке как о существе, наделенном нематериальной душой. Относительно недавно появившись на российской научной и культурной сцене — до 1840 года она даже не была включена в университетскую программу[13], — физиология быстро стала спорной дисциплиной в полемике между «идеалистами» и «материалистами», шеллингианцами и эмпириками. В первом русском учебнике по физиологии, опубликованном в 1836 году, шеллингианец Даниил Велланский провозгласил появление «настоящей физиологии»,

---

[12] Следует отметить, что, так как слово «опыт» может означать и «жизненный опыт», и «эксперимент», в подобном контексте не всегда ясно, имеют ли авторы в виду чистый *эмпиризм*, при котором принимаются во внимание только данные, наблюдаемые на опыте, без каких-либо теоретических предпосылок, или *проведение экспериментов* (которое может подразумевать проверку определенной теории). Похоже, что эти два значения слова соединяются в употреблении, поэтому, когда идеалисты в своей полемике ссылаются на эксперимент, они имеют в виду индуктивный подход, как в случае с доктором у Одоевского, где случайный эксперимент/опыт приводит к ложной теории. Словарь Даля подтверждает более широкое использование термина: «Вообще опытный, опыт (практика) противопол. умозрение, умозаключение (теория), и основан на деле, на чувственном, вещественом убеждении» [Даль 1880–1882, 2: 711].

[13] См. [Vucinich 1963–1970, 1: 336].

основанной прежде всего на умозрительных и теоретических принципах:

> ...можно сказать утвердительно: что настоящей Физиологии до нашего времени вовсе не было... вечная и беспредельная сущность физического и психогенного мира состоит в возможных идеях, усматриваемых только умозрением, а не в действительных формах явлений, подлежащих чувственным изысканиям[14].

Несмотря на горячую защиту Велланским «философской» физиологии, экспериментальный подход вскоре возобладал, так как в том же году появился еще один учебник по физиологии — «Физиология, изданная для руководства своих слушателей» Алексея Филомафитского. Эта книга, богатая фактическим материалом, опиралась на многочисленные экспериментальные данные автора, а также на новейшие теоретические тенденции в западной физиологии и содержала критическую оценку этой новой области науки [Коштоянц 1946: 103–104]. Работа Филомафитского, пропагандировавшая экспериментальный метод и получившая высокую оценку в российских научных кругах, нанесла существенный удар по шеллингианской физиологии Велланского. Когда в 1847 году Александр Загорский — сторонник экспериментальной физиологии — занял место Велланского в качестве профессора физиологии в Медико-хирургической академии, триумф экспериментального метода был почти абсолютным [Vucinich 1963–1970, 1: 337].

На протяжении 1840-х годов физиология оставалась предметом большого интереса не только в русской науке, но и в русской литературной среде, о чем свидетельствует ряд публикаций на тему физиологии в литературных журналах. Например, популярный журнал Осипа Сенковского «Библиотека для чтения» уже в 1840 году рецензировал перевод немецкого учебника по физиологии. В 1847 году, когда вышел первый выпуск «Современника» Николая Некрасова и Ивана Панаева, в нем был помещен перевод

---

[14] Велланский Д. М. Основное начертание общей и частной физиологии или физики органического мира. СПб., 1836. Цит. по: [Коштоянц 1946: 51].

статьи Эмиля Максимильена Поля Литтре, популяризатора позитивистской философии Огюста Конта, под названием «Важность и успехи физиологии» — работа, восторженно принятая самым влиятельным русским литературным критиком того времени Виссарионом Белинским, провозгласившим физиологию «наукой наук»[15]. В 1840-х годах в научно-библиографических разделах другого крупного журнала, «Отечественные записки», публиковались многочисленные обзоры, статьи и научные новости о последних достижениях и дебатах в области медицины и физиологии[16]. Что еще важнее, физиология стала одновременно метафорой и методологическим инструментом для анализа общественных и культурных явлений. Как утверждал литературный критик Валериан Майков:

> Факт общественной жизни так же сложен, как факт физиологический: он не может быть ни экономическим, ни политическим, ни нравственным исключительно, точно так же как факт растительной или животной экономии непременно заключает в себе три стороны — механическую, физическую и химическую. И если физиология в надлежащем своем аналитическом развитии состоит в определении гармонии, под влиянием которой законы физики, механики и химии обнаруживаются в отправлениях материальной жизни, взаимно уравновешивая друг друга, то и аналитическая часть философии общества исследует ту же гармонию экономического, нравственного и политического благосостояния в фактах жизни общественной [Майков 1891: 26].

В литературе эта тенденция проявилась, в частности, в развитии литературного жанра физиологического очерка. Этот жанр,

---

15 Более подробный анализ реакции Белинского на статью Литтрея см. в [Merten 2003: 24–27].

16 В том числе, например, статьи С. Солошенко о дыхании и физиологии мозга: «Нечто о дыхании и животной теплоте» (Отечественные записки. 1845. Т. 39. С. 60–61); рецензия журнала на «Медицинский энциклопедический лексикон» (1845. Т. 43. С. 87); статья о физиологии питания в связи с проблемами дыхания и животного тепла: «Физиологические явления питания» (1846. Т. 44. С. 132–137).

сформировавшийся во Франции в 1830-х и начале 1840-х годов и утвердившийся в русской литературе 1840-х годов, стремился препарировать *le corps social* (с франц. «социальное тело») подобно тому, как физиология исследует органические тела. Каждый очерк обычно фокусировался на определенном «срезе» жизни — социальной или профессиональной группе, конкретном районе или даже одном этаже многоэтажного дома. На этот литературный прием явно повлияла аналитическая тенденция, господствующая в науке того периода[17]. Физиологический очерк был характерен в России для так называемой «натуральной школы» — литературного движения, особенно показательного для этого переходного десятилетия в русской литературе и культуре. Будучи довольно разнородной группой, включавшей таких разных авторов, как Некрасов, Дмитрий Григорович, Евгений Гребенка, Герцен и молодой Федор Достоевский, натуральная школа тем не менее выработала свою собственную тематику и поэтику. Для нее были характерны решительный отказ от романтической эстетики, интерес к «низшей» действительности и научный подход к анализу общества. Глубокая заинтересованность группы в социологических исследованиях проявилась в последовательном применении принципа социального детерминизма: в произведениях натуральной школы личность и судьба героев обычно изображались как прямое следствие социальных обстоятельств их среды и воспитания[18].

С ростом престижа физиологии пришла и реабилитация тела, которая бросила вызов спиритуалистической тенденции предыдущей эпохи. Белинский в своем «Взгляде на русскую литературу 1846 года» приветствовал смещение литературы от «романтизма, мечтательности и отвлеченности» [Белинский 1953–1959, 10: 23] к реальности и критиковал пренебрежение человеческой телесностью, характерное для романтического поколения:

---

[17] См. [Цейтлин 1965], где дается подробное описание физиологического очерка и его литературного и культурного контекста как во Франции, так и в России.

[18] Более подробный обзор натуральной школы см. в [Кулешов 1965; Манн 1969: 241–305].

> Известно, что наше тело мы сыздетства привыкли презирать, может быть, потому именно, что, вечно живя в логических фантазиях, мы мало его знаем. Врачи, напротив, больше других уважают тело, потому что больше других знают его. Вот почему от болезней, чисто нравственных, они лечат иногда средствами чисто материальными, и наоборот. Из этого видно, что врачи, уважая тело, не презирают души: они только не презирают тела, уважая душу [там же: 26].

Обращение к действительности, что характерно, для Белинского означает прежде всего обращение к телу, признание и оценку физиологической основы нравственной, эмоциональной и интеллектуальной жизни человека:

> — Вы, конечно, очень цените в человеке чувство? — Прекрасно! — так цените же и этот кусок мяса, который бьется в его груди, который вы называете сердцем и которого замедленное или ускоренное биение верно соответствует каждому движению вашей души. — Вы, конечно, очень уважаете в человеке ум? — Прекрасно! — так останавливайтесь же в благоговейном изумлении и перед массою его мозга, где происходят все умственные отправления, откуда по всему организму распространяются, через позвоночный хребет, нити нерв, которые суть органы ощущений и чувств и которые исполнены каких-то до того тонких жидкостей, что они ускользают от материального наблюдения и не даются умозрению. <...> Психология, не опирающаяся на физиологию, так же несостоятельна, как и физиология, не знающая о существовании анатомии [там же][19].

В этом отрывке Белинский находит абстрактным психологическим категориям, таким как чувство и интеллект, конкретное местоположение в теле. Критик, однако, воздерживается от использования термина «сердце» («который вы называете серд-

---

[19] Как напоминает нам Мертен в своем исследовании медицинского реализма в русской литературе, важное влияние на идеи Герцена и Белинского оказала «философия тела» Людвига Фейербаха, которая постулировала «обращение к телесности» (die Hinwendung zur Leiblichkeit) как важнейшую цель познания [Merten 2003: 19–20].

цем», — подчеркивает он) и остраненно называет его «куском мяса». Такое нежелание явно связано с романтическими и спиритуалистическими коннотациями сердца, и именно против такой романтизации человеческого тела — вплоть до потери его материальности — выступает критик (хотя вместе с тем и выражает распространенное в ту эпоху мнение о таинственной одухотворенности нервов). И действительно, говоря о мозге, Белинский не прибегает ни к каким оговоркам и перифразам, поскольку этот орган был лишен поэтического или романтического подтекста и, напротив, ассоциировался с рациональностью и прагматизмом. Таким образом, «реалисты» неожиданно испытывают то же стремление к локализации эмоций и других форм психической жизни, что и сентименталисты XVIII века. Однако акцент в этих поисках сместился в результате изменившегося исторического контекста: интерес мыслителей 1840-х заключается не столько в поиске точки взаимодействия тела и души, сколько в утверждении главенствующей роли телесного аспекта в жизни человека.

Эта тенденция отражала материалистическую ориентацию физиологии и психологии того периода, при которой в середине XIX века начала доминировать механистическая модель человека. К концу 1840-х и началу 1850-х годов, как пишет Дэвид Джоравски:

> ...молодые немецкие физиологи, занимавшие ведущие позиции в своей дисциплине, принесли клятву верности принципу механистической редукции, который поражает воображение, исключая из науки о живых существах что-либо похожее на дух или разум: «...Мы поклялись доказать фундаментальную истину о том, что в организме не действуют никакие силы, кроме обычных физико-химических» [Joravsky 1989: 8][20].

Русские периодические издания следили за этой эволюцией, и даже в литературной критике и философских дискуссиях, как

[20] Клятва, о которой пишет Джоравски, была произнесена Эмилем Дюбуа-Реймоном и Эрнстом Вильгельмом фон Брюкке. Это мнение, отмечает Джоравски, разделяли такие выдающиеся физиологи, как Карл Людвиг и Герман Гельмгольц. См. примечание 25 в [Joravsky 1989: 476].

мы видели, признание физико-химической основы психических процессов заменяло романтический дуализм души и тела[21].

Научный и медицинский дискурсы проникали и в литературные произведения, где все больше внимания уделялось телу и физиологическим корням явлений, традиционно считавшихся «мистическими», «духовными» или романтическими[22]. Рассказчик в романе Герцена «Кто виноват?» (1847) в шутку описывает эту новую тенденцию, вспоминая русское суеверное представление об икоте как о признаке того, что икающего кто-то вспоминает: «...в наш век отрицанья икота потеряла свой мистический характер и осталась жалким гастрическим явлением» [Герцен 1954–1966, 4: 150]. Однако для романтического сознания триумф физиологического подхода к тайнам жизни и господство аналитического метода представляли собой трагедию, выразительно изображенную Одоевским в его «Русских ночах». Киприяно, главный герой повести «Импровизатор», волшебным образом обретает микроскопическую точность восприятия. Теперь он может наблюдать все физиологические процессы, происходящие в человеческом теле, в том числе и в теле своей возлюбленной, и оттого больше не способен поклоняться ей как «земному идеалу»:

> Сквозь клетчатую перепонку, как сквозь кисею, Киприяно видел, как трегранная артерия, называемая сердцем, затрепетала в его Шарлотте; как красная кровь покатилась из нее и, достигая до волосных сосудов, производила эту нежную белизну, которою он, бывало, так любовался... Несчастный! в прекрасных, исполненных любви глазах ее он видел лишь какую-то камер-обскуру, сетчатую плеву, каплю отвратительной жидкости; в ее миловидной поступи — лишь механизм рычагов... Несчастный! он видел и желчный мешочек, и движение пищеприемных снарядов... Несчастный! для него Шарлотта, этот земной идеал, пред которым молилось его вдохновение, сделалась — анатомическим препаратом! [Одоевский 1975: 94]

---

21 См. обзор развития материалистической психологии в 1840–1850-х годах и ее последствий в России [Merten 2003: 67–74].

22 Эта тенденция была уже заметна в жанре светской повести в конце 1830-х годов. См. [Shepard 1981: 111–162; Sobol 2001: 293–314].

Как и в статье Белинского, романтический образ сердца здесь заменяется точным (на самом деле, даже более точным) анатомическим описанием — «трегранная артерия, называемая сердцем». Однако у Одоевского эта замена и лежащая в ее основе идея о физиологическом фундаменте человеческих эмоций вызывает не ликование, а экзистенциальный ужас.

В русской литературе 1840-х годов конфликт между уходящим романтическим мировоззрением и новой, аналитической направленностью эпохи раннего позитивизма часто олицетворяется противостоянием между молодым, наивным героем-идеалистом и пожилым скептиком-материалистом. Этот конфликт обычно достигает своей кульминации в позициях двух антагонистов по отношению к любви и любовным страданиям: старший материалист берет на себя роль «циничного толкователя» и сводит духовный недуг любви к простому физическому расстройству. Эта модель используется в двух главных романах десятилетия, которые были опубликованы в 1847 году и часто воспринимаются как квинтэссенция идеологии и эстетики натуральной школы: «Кто виноват?» Герцена и «Обыкновенная история» Гончарова[23]. Прием противопоставления двух типов персонажей — возвышенного мечтателя и опытного, циничного рационалиста — не нов для русской литературы и был прослежен исследователями через романтическую литературу (Онегин — Ленский, Печорин — Грушницкий) до очерка Карамзина 1803 года «Чувствительный и холодный: *два характера*»[24]. Однако в литературе 1840-х годов эта оппозиция приобретает более конкретное культурно-историческое значение, а «скептический» персонаж становится олицетворением непосредственно материалистического и аналити-

---

[23] Главы 1–7 романа «Кто виноват?» были опубликованы в 1845 и 1846 годах, но полный текст вышел только в 1847 году. Романы Герцена и Гончарова воспринимались как имеющие сходную проблематику и обычно сравнивались или противопоставлялись в критических обзорах, наиболее известный из которых — «Обзор русской литературы 1847 года» Белинского.

[24] См. [Манн 1995: глава 9; Краснощекова 1996: 66–74; Сапченко 1996: 93–101].

ческого духа времени[25]. В «Обыкновенной истории» молодой романтик Александр Адуев жалуется на беспощадный аналитический подход своего скептически настроенного дяди:

> — Вы растолковали мне, — говорил Александр, — теорию любви, обманов, измен, охлаждений... зачем? я знал всё это прежде, нежели начал любить; а любя, я уж анализировал любовь, как ученик анатомирует тело под руководством профессора и вместо красоты форм видит только мускулы, нервы... [Гончаров 1997, 1: 419]

Адуев-младший, как и Киприяно Одоевского, отказывается следовать призыву Белинского ценить физиологию как чудесную основу самых утонченных чувств и интеллектуальной деятельности и вместо этого использует образ вскрытия — основной метод патологической анатомии, — чтобы осудить аналитический взгляд дяди на явления духовного мира человека. Дядя, что характерно, отвечает на эту жалобу, представляя себя всего лишь рупором преобладающего духа времени:

> — ...Чего я требовал от тебя — не я всё это выдумал.
> — Кто же? — спросила Лизавета Александровна.
> — Век [там же: 421–422].

В романах Гончарова и Герцена, о которых пойдет речь в следующих двух главах, ключевые романтические ценности подвергаются испытанию рациональной и эмпирической перспективой представителя беспощадного «века». Среди них особое внимание уделяется привилегированному статусу внутренней духовной сферы человека и, в частности, типичнейшему недугу души — любовной тоске.

---

[25] Некоторые исследования творчества Гончарова склонны подчеркивать универсальное измерение конфликта, представленного в «Обыкновенной истории» [Отрадин 1994; Краснощекова 1997]. Не отрицая этого аспекта романа, я вижу отражение конкретной культурной ситуации в авторском выборе риторики, аргументации, используемой каждым оппонентом, и других особенностях противостояния персонажей.

Глава 3
«Febris erotica» в романе Герцена «Кто виноват?»

В романе Герцена «Кто виноват?» описывается примечательная диагностическая процедура. Лекарь провинциального города доктор Крупов узнает о намерении своего молодого друга Дмитрия Круциферского жениться на Любе, воспитаннице и незаконнорожденной дочери местного помещика Негрова. Доктор спешит отговорить молодого человека от решения, продиктованного страстью. Он измеряет пульс Круциферского и объявляет свой «приговор», диагностируя у молодого человека болезнь, которую называет *febris erotica* [Герцен 1954–1966, 4: 58]. Эта сцена подчеркивает противостояние между прагматичным врачом и молодым идеалистом, которое разворачивается на протяжении всего романа. Как и многие другие русские писатели до него и особенно после, Герцен использовал древний топос любви как болезни стратегически — с целью затронуть вопросы человеческой природы, научного знания и взаимодействия души и тела. Однако у Герцена был особый замысел, присущий исключительно переходному периоду, в который он создал свое самое значительное художественное произведение, — свести счеты с идеалистическим мировоззрением романтизма и его дуалистической моделью человека. Медикализация романтических ценностей, в частности страстной любви, стала мощным оружием в этой борьбе, которую тем не менее можно назвать успешной лишь отчасти.

* * *

Сам Александр Герцен, воплощавший собой тип «человека 1840-х годов», принял активное участие в антиромантической кампании своего времени. После периода увлечения романтическим идеализмом и философией Шеллинга в 1830-х годах в 1840-х Герцен (во многом под влиянием Гегеля) принял новую идеологию с ее торжеством реальности и телесности человека[1]. Одним из фундаментальных принципов мировоззрения Герцена отныне станет монизм — представление субъекта и объекта, человека и природы, души и тела как единого целого (представление, которое уже присутствовало в «философии тождества» Шеллинга, но приобрело особое значение в системе Гегеля). Поэтому нападки Герцена на романтическое мироощущение с его трансцендентальным томлением направлены прежде всего на то, что он считал ее определяющим принципом — дуализм. Вот как Герцен характеризует романтизм в серии статей под названием «Дилетантизм в науке» (1843):

> Основа романтизма — спиритуализм, трансцендентность. Дух и материя для него не в гармоническом развитии, а в борьбе, в диссонансе. <...> Жизнь, постигнув себя двойственностию, стала мучиться от внутреннего раздора и искала примирения в отречении одного из начал [Герцен 1954–1966, 3: 31–32].

Эту же точку зрения он повторяст в своем главном философском произведении этого периода, «Письмах об изучении природы» (1845):

> ...дуализм смиренно сходит со сцены в виде романтического идеализма — явления жалкого, бедного, безжизненного, питающегося чужою кровью. <...> [Он] тщетно рвется

---

1 Мартин Малиа утверждает, что взгляды Герцена в 1840-х годах оставались, по сути, идеалистическими (в том смысле, что он верил в развитие человечества и Вселенной, которое представляет собой развертывание рационального принципа, или Идеи), хотя в этот период Герцен занимает во многом рационалистическую, атеистическую и монистическую позицию, которую часто принимают за домарксистский материализм [Малиа 2010].

> к чему-то иному, недосягаемому, несуществующему, к прекрасным девам без тела, и горячим объятиям без рук, к чувствам без груди... [там же: 111]

Как и Белинский, Герцен связывает романтический идеализм прежде всего с пренебрежением к телесному, с неспособностью признать и принять физическую основу возвышенных эмоций — в частности, как показывает эта цитата, страстной любви.

Следует отметить, что борьба Герцена с романтическим дуализмом имела также, помимо философских и личных, идеологические корни[2]. Как отмечает Мартин Малиа, дуалистическое мировоззрение представляло угрозу скорее политическим идеалам Герцена, чем его философским взглядам:

> Герцен с такой яростью осуждает «дилетантов» за то, что те не смогли признать единство вселенной, что можно подумать, будто это дуализм, а не самодержавие является основным препятствием прогресса в России. Причиной этой обеспокоенности было то, что дуализм предоставлял философский базис для всех уходов от действительности в абстрактный идеализм и религию... которые, в свою очередь, оправдывали существующий политический порядок [Малиа 2010: 336][3].

---

[2] Как неоднократно отмечала Л. Я. Гинзбург, молодой Герцен (как и Белинский) в 1830-е годы находился под сильным влиянием романтического идеализма и поэтому был лично заинтересован в борьбе с романтизмом [Гинзбург 1963; Гинзбург 1982]. Дуалистическая интерпретация любви («земная любовь» против «идеальной, платонической, небесной») была распространена в кругу Герцена в 1830-х годах и выражена в его частных письмах к своей невесте. См. [Гинзбург 1982: 240–242].

[3] Другие ученые также отмечают редуктивный взгляд Герцена на романтизм и его едва ли не одержимость дуализмом как наиболее характерной чертой романтического мироощущения, несмотря на то что некоторые романтические философы (например, Шеллинг) и поэты (Кольридж) стремились преодолеть дуализм. Они также приходят к выводу, что причину следует искать в политических взглядах Герцена. Как предполагает Гинзбург, нападки на «запоздалый романтизм» в литературе и «шеллингианство» славянофилов в философии были в 1840-е годы необходимым полемическим ходом для утверждения новой идеологии (материализма, политического либера-

Как и в пореформенный период, когда вопросы философского, научного и даже романтического порядка оказались сильно политизированы, в России 1840-х годов проблемы взаимодействия души и тела, связи психических явлений с физиологическими механизмами и природы любви были неразрывно связаны не только с философскими исканиями постромантического поколения, но и с идеологической борьбой либеральной интеллигенции против деспотического режима.

В романе «Кто виноват?» Герцен продолжает атаку на романтический дуализм и идеализм, используя как открытую полемику, так и более тонкие дискурсивные стратегии. Примечательно, что романтическая любовь — часто приводящая к болезни — занимает важное место в этом романе, полном философских споров о природе человека, о роли материальной и идеальной сфер в личности и о смысле жизни. «Кто виноват?» представляет читателю трагический любовный треугольник: провинциальный учитель Дмитрий Круциферский, возвышенный идеалист, его возлюбленная, впоследствии жена, Люба (полное имя которой, Любовь, довольно символично) и владелец соседнего имения, утративший вкус к жизни Владимир Бельтов. Последний, вернувшись в свое имение после долгих лет, проведенных в Петербурге и за границей в тщетных попытках реализовать свои многочисленные таланты и амбиции, завязывает дружеские отношения с семьей Круциферских, влюбляется в Любу и вызывает аналогичные чувства у этой доселе счастливой жены и матери.

лизма и «новой морали»). Показательно, что для своей характеристики романтизма Герцен выбирает наиболее спиритуалистические — и политически консервативные — его черты, включая увлечение Средневековьем и тесную связь с католицизмом [Гинзбург 1963]. Современный российский исследователь Руслан Хестанов показывает, что Герцен воспринимал дуализм на более универсальном уровне — как фундаментальную перцептивную и дискурсивную модель европейской цивилизации, секуляризованную форму христианского мифа, основу главных метафор, а также философских и социальных доктрин Запада. Он также отмечает политические последствия дуалистического мировоззрения для Герцена: «Дуализм стал, по мнению Герцена, универсальным и легитимирующим основанием всех современных форм насилия над человеческой личностью» [Хестанов 2001: 273].

Эта запутанная ситуация причиняет страдания каждому из участников романтического треугольника и остается неразрешенной, как и вопрос, вынесенный в заглавие романа и оказавшийся в центре внимания исследователей[4]. Литературное изображение романтической любви и ее последствий, однако, представляет проблему для антидуалиста Герцена. На деле три «истории болезни», отображенные в романе, показывают, что, несмотря на кажущийся антиромантический пафос произведения, предложенное писателем лечение болезней души (как в медицинском, так и в литературном смысле) глубоко укорене-

---

[4] Воспринимаемый как продукт литературной практики «натуральной школы», роман часто интерпретировался как иллюстрация принципа социального детерминизма в действии. Как писал в 1865 году критик А. К. Шеллер: «Читатель, вероятно, уже понял, кто виноват в несчастии всех этих лиц... Виноваты люди, виновата среда. Она плохо воспитала своих детей, она не давала им дела, она враждебно относилась к ним — везде и всюду отзывалось на их судьбе. С таким тысячеголовым чудовищем трудно или, лучше сказать, невозможно бороться отдельной личности...» (цит. по: [Путинцев 1953: 169]). Эта социологическая интерпретация романа стала особенно популярной в советской науке, которая, помимо среды, обвиняла в бедственном положении героев институт крепостного права и политический строй (монархию). См., например, [Эльсберг 1956: 155]. Более поздние критики, однако, отвергли такое редуктивное прочтение романа и настаивали на открытости поставленного в нем вопроса: «Отвечая на вопрос „кто виноват?“... Герцен говорит: никто. Каждый прав и каждый виноват, но не личной виной, а отложившими в нем прежде обстоятельствами и нормами поведения» [Манн 1969: 266]. В. М. Маркович также утверждал, что роман, благодаря своей диалогической структуре, предлагает альтернативу принципу детерминизма и объясняет затруднительное положение героев как результат врожденной сложности и противоречивости человеческих отношений [Маркович 1982]. Сабина Мертен также утверждает, что в романе «Кто виноват?» (особенно во второй части) Герцен преодолевает ограниченный детерминизм «натуральной школы», отказывается выносить моральный приговор своим героям и демонстрирует, что исследование общества в литературе возможно только через психологический анализ отдельных персонажей [Merten 2003: chap. 7]. Светлана Гренье, однако, убедительно доказывает, что это кажущееся отсутствие суждения со стороны автора — эффект повествования, созданный Герценом, который на самом деле использует ряд конкретных риторических стратегий, чтобы подавить идею морального выбора в этой ситуации и тем самым подорвать традиционную мораль (в данном случае — супружескую верность) [Grenier 1995: 14–28].

но в дуалистической «психологической» традиции любви как болезни и в значительной степени наследует романтическому и предромантическому дискурсу эмоций. Стремление Герцена достичь равновесия между своими философскими принципами и доступными литературными приемами, особенно его попытки найти новый язык для описания романтической любви и ее разрушительных последствий, наиболее ярко отображают переходный характер ранней постромантической эпохи русской культуры.

Случай Круциферского и борьба романа с романтизмом

В романе «Кто виноват?» циничный постромантический «век» олицетворяется фигурой доктора Крупова — добросовестного, трудолюбивого врача, который придерживается крайне приземленного, трезвого и практичного взгляда на жизнь, любовь и человечество и на протяжении всей книги критикует романтические ценности своего молодого протеже и друга, наивного идеалиста Дмитрия Круциферского. С первой же встречи Герцен изображает их как представителей двух противоположных идеологических лагерей. Даже внешность и телосложение соответствуют их убеждению и мировоззрению. Так, Крупов представлен в романе как мужчина средних лет, у которого было «здоровое, краснощекое и веселое лицо... черты его выражали эпикурейское спокойствие и добродушие» [Герцен 1954–1966, 4: 35]. Это описание не только подчеркивает физическое здоровье и эмоциональную стабильность Крупова, но и намекает на его философскую позицию: отсылка к эпикурейству косвенно указывает на материализм его мировоззрения, безразличие к духовным вещам, которое он будет пропагандировать на протяжении всего романа. Такая характеристика явно призвана создать резкий контраст с молодым романтиком Круциферским, который ранее описывается как «бледный» и «жиденький», а в истории болезни подчеркивается его болезненное и хрупкое телосложение [там же: 10]. Повествование не оставляет факт слабой конституции без объяснения:

в духе натуральной школы Герцен показывает ее обусловленной, в данном случае биологически, как результат стресса, пережитого матерью во время беременности[5]. Именно врожденной физической организацией и «нервной раздражительностью» доктор Крупов объясняет меланхоличный нрав и идеалистическую философскую ориентацию Круциферского. Во время одного из споров героев в конце романа Крупов замечает:

> Вы, Дмитрий Яковлевич, от рождения слабы физическими силами; в слабых организациях часто умственные способности чрезвычайно развиты, но почти всегда эдак вкось, куда-нибудь в отвлеченье, в фантазию, в мистицизм [там же: 131].

Таким образом Крупов подчеркивает влияние телесной сферы на эмоциональную, а не наоборот. Чтобы подкрепить свой аргумент, доктор приводит пример, когда не только индивидуальный, но и национальный характер определяется физическими факторами:

> Посмотрите на бледных, белокурых немцев, отчего они мечтатели, отчего они держат голову на сторону, часто плачут? От золотухи и от климата; от этого они готовы целые века бредить о мистических контроверзах, а дела никакого не делают [там же: 131–132].

Представление о «врожденной мечтательности» немцев составляло одно из клише того времени, но в то же время могло иметь особое значение для медицинского материалиста Крупова из-за негативной репутации немецкой физиологии в 1840-х годах. Главным недостатком немецкой физиологии и медицинской на-

---

[5] Манн отмечает склонность Герцена приписывать несчастья своих героев неким отсроченным последствиям причин, лежащих вне нравственной природы персонажей и часто удаленных во времени: «[Герцен] переносит центр тяжести с непосредственного, прямого влияния среды на влияние длительное, отложившееся в героях неким потенциальным зарядом и действующее теперь в основном через них» [Манн 1969: 263]. Манн не рассматривает физиологический аспект этого «влияния», поскольку его анализ в основном касается вопроса *социального* детерминизма, но в обоих случаях мы ясно видим один и тот же принцип в действии.

уки считался преимущественно умозрительный подход, который она приобрела под влиянием натурфилософии Шеллинга. Когда в 1840 году в Петербурге вышел перевод немецкого учебника по физиологии («Ручная книга физиологии человека» Эбле), рецензия в «Библиотеке для чтения» поставила под сомнение целесообразность всего проекта:

> Можно вообще сомневаться в пользе переводов руководств к физиологии с немецкого. Отдавая всю справедливость познаниям, любви к истине и добросовестности германских ученых, нельзя не признаться, что из числа европейских физиологов немецкие менее всех других способны к сочинению полезной книги о физиологии. Они слишком неположительны для этого... народная германская мечтательность тотчас увлекает их в туманные области умозрения, они с удовольствием пускаются в опасные умствования, в смелые выводы из выводов, факты заменяют словами без фактического знания, и все под их пером превращается в неразглядный хаос[6].

В споре с Круциферским доктор Крупов не просто ссылается на клише немецкой мечтательности, а указывает на корни этой национальной черты: как на внешние обстоятельства (климат), так и на врожденную физическую слабость представителей нации. Идея о том, что климат влияет на национальный характер или даже формирует его, была далеко не новой: она восходит к корпусу Гиппократа (трактат «О воздухе, водах и местностях»), была развита Шарлем Луи де Монтескьё и Иоганном Готфридом Гердером и стала общим местом в русском критическом и философском дискурсе, начиная с конца XVIII века[7]. Еще более пока-

---

[6] Библиотека для чтения. Т. 42. 1840. С. 41–42.

[7] Радищев высказывает эту мысль в своем трактате «О человеке, о его смертности и бессмертии» [Радищев 1938–1952, 2: 59, 63; см. также комментарии к с. 373, 377–378]. Пушкин, среди прочих, упоминает о влиянии климата на национальный характер в своей статье «О народности в литературе» (около 1825 года); см. [Пушкин 1977–1979, 7: 28–29]. Доктор Крупов, однако, адаптирует и расширяет эту старую идею, чтобы усилить свою антиромантическую позицию.

зателен медицинский диагноз Крупова, который определил немецкую «национальную болезнь» как золотуху. Золотуха, туберкулез лимфатических узлов, понималась в России XIX века как «прирожденная болезнь худосочия, в которой особенно болеют железы» [Даль 1880–1882, 1: 715]. Склонность немцев к мечтательности и мистицизму, по мнению Крупова, — наследственная болезнь, передающаяся из поколения в поколение через физическое расстройство, золотуху, и усиленная внешним воздействием климата страны.

Интерпретация доктором Круповым духовного состояния или предрасположенности в терминах патологии бросает вызов романтизму и его риторике, которая, напротив, переняла медицинскую терминологию для выражения типично романтических душевных состояний. В романтическом дискурсе термины медицинского происхождения, такие как «сплин» («селезенка»), «меланхолия», «ипохондрия» или «любовный недуг», «возвысились» и стали обозначать определенные эмоциональные или даже философские склонности, а понятия из эмоциональной или моральной сферы («скука», «эгоизм» и «разочарование») подверглись «медикализации» и приобрели статус метафорических «болезней души». Физиологическая аргументация доктора Крупова в итоге лишает эту квазимедицинскую терминологию ее духовного аспекта и провозглашает чисто соматическую, органическую природу романтических состояний.

Таким образом, нападки на немцев являются частью антиромантической полемики героя Герцена. Крупов, как мы видели, устанавливает прямую связь между индивидуальным примером Круциферского — его врожденной слабостью и вытекающей из нее склонностью к фантазии и идеализму — и обобщением о типичных чертах немцев. Это сопоставление заставляет читателя вспомнить, что мать Круциферского — немка (как, что интересно, и мать Герцена) и что именно перенесенный ею стресс стал причиной физической и, как следствие, эмоциональной хрупкости героя. Более того, в данном разговоре Крупов упоминает «бледных» и «белокурых» немцев в тех же выражениях, в которых ранее был описан Круциферский — «молодой человек, лет двадцати трех-четырех, жиденький, бледный, с белокурыми волосами» [Герцен 1954–1966, 4: 10]. И телосложение, и происхождение Круциферского, таким образом, указывают на его связь с ярко выраженной немецкой чувствительностью. В какой-то момент повествования Крупов уничижительно называет своего молодого друга «немкой» — еще одно косвенное напоминание о происхождении Круциферского и роли матери в формировании его характера [там же: 68][8].

Очевидно, что в 1840-е годы вышеупомянутые качества немцев — нации романтического идеализма и мистической мысли — означали не просто черты национального характера, но и отсылали к определенной культурной и философской традиции. Другими словами, Крупов предполагает, что романтический идеализм сам по себе — продукт чисто физических факторов, как внешних, так и внутренних, и, более того, представляет собой своего рода патологию: «Неуменье жить в настоящем, ценить будущее, отдаваться ему — это одна из моральных эпидемий, наиболее развитых в наше время» [там же: 130]. Язык заявления Крупова перекликается с прямым выпадом против романтизма из повести Герцена «Доктор Крупов» (1847), в которой одноименный герой называет романтизм «духовной золотухой» и «одной из злотворнейших психических эпидемий» [там же: 267]. Этот другой доктор Крупов, в отличие от своего тезки из романа, — психиатр, а не обычный врач, и использует физические болезни в качестве метафор для психических патологий. Наш доктор Крупов, напротив, менее склонен к метафорическому языку и прибегает к довольно буквальному медицинскому подходу к романтическому чувству:

> Признаюсь, эту высоту я принимаю за физическое расстройство, за нервный припадок; обливайтесь холодной водой да делайте больше движения — половина надзвездных мечтаний пройдет [там же: 131].

---

[8] Крупов использует этот термин, чтобы подчеркнуть женоподобность Круциферского, когда пытается оспорить решение молодого человека жениться на Любе — женщине слишком волевой и страстной, чтобы быть счастливой с кротким мечтателем Круциферским, согласно Крупову. О гендерной инверсии в романе см. в [Merten 2003: 120–121].

В романе «Кто виноват?» романтизм, по мнению доктора Крупова, есть не что иное, как телесное расстройство, которое можно вылечить элементарными физиотерапевтическими методами. Как мы видели выше, это заболевание может быть наследственным или врожденным и неизбежно сопровождается хрупким физическим состоянием.

Неудивительно, что практичный доктор Крупов использует такой же откровенно материалистический подход и к романтической любви. Сцена диагностики, на которую я ссылалась во вступительной части этой главы и которая представляет собой обширное медицинское обследование, заслуживает подробного обсуждения и цитирования:

> — <...> Ну, дайте-ка вашу руку пощупать.
> — Я, слава богу, здоров, Семен Иванович.
> — Вот вам и слава богу, — продолжал доктор, подержав руку Круциферского, — я знал это: усиленный и неравномерный. Позвольте-ка... раз, два, три, четыре... лихорадочный, жизненная деятельность сильно поднята. Вот с таким-то пульсом человек и решается на всякие глупости: бейся пульс ровно, тук, тук, тук, никогда бы вы не дошли до этого. Мне там, внизу, почтеннейший мой, говорят: «Хочет-де жениться», — ушам не верю; ну, ведь малый, думаю, не глупый, я же его и из Москвы привез... не верю; пойду, посмотрю; так и есть: усиленный и неравномерный; да при этом пульсе не только жениться, а чорт знает каких глупостей можно наделать. Ну, кто же в лихорадочном состоянии решится на такой важный шаг? Подумайте. Полечитесь прежде, приведите орган мышления, т. е. мозг, в нормальное состояние, чтоб кровь-то ему не мешала. Хотите, я пришлю фельдшера пустить вам кровь, ну, так, чайную чашечку с половинкой?
> — Покорнейше благодарю; я не чувствую никакой нужды.
> — Где же вам знать, что нужно и что нет: ведь вы медицине совсем не учились, а я выучился. Ну, не хотите кровопусканья, примите глауберовой соли... [там же: 65–66]

Следуя романтическому подходу к эмоциям, Круциферский хочет сохранить различие между любовью и болезнью, настаивая на том, что он совершенно здоров и не нуждается в медицинской помощи. Доктор Крупов, напротив, сразу же медикализирует переживания своего друга и интерпретирует возвышенное состояние влюбленности как патологию. В соответствии с медицинской моделью любви как болезни, он подчеркивает свою профессиональную компетентность как необходимую для решения проблемы: «Где же вам знать, что нужно и что нет: ведь вы медицине совсем не учились, а я выучился». Процесс диагностики доктора Крупова довольно традиционен: для анализа любви как болезни он полагается на показания пульса пациента, как было предложено еще Авиценной. Биение пульса, однако, не помогает раскрыть тайны сердца влюбленного. Для Крупова он обнаруживает чисто физиологический процесс: приток крови к мозгу. Интересно, что доктор отдельно отмечает присущий его молодому другу здравый смысл («малый, думаю, не глупый»). Значит, нынешнее иррациональное поведение Круциферского не может быть результатом работы его *ума*: оно должно быть, и действительно оказывается, результатом *телесного* расстройства, проявляющегося в нерегулярном пульсе. В его подходе к влюбленности — как и в общем взгляде на «душевные» состояния — именно тело влияет на разум, а не наоборот, как утверждали традиционные теории любовной болезни. Этот прямолинейный и односторонний материализм позже критикуется рассказчиком: «Может быть, он был хороший врач тела, но за душевные болезни принимался неловко» [там же: 69]. Однако сама логика рассказчика несостоятельна, поскольку из предыдущей сцены очевидно, что доктор Крупов не признает никаких «душевных болезней» и рассматривает сильные эмоции и страсти исключительно в соматическом аспекте.

Это становится еще более очевидным с диагнозом, который он ставит молодому Круциферскому: «...это все — febris erotica; где человеку обсудить такой шаг, когда у него пульс бьется, как у вас, любезный друг мой?» [там же: 66]. Конечно, диагноз «любовная лихорадка» вряд ли можно рассматривать как серьезное медицинское заключение в научно-ориентированной атмосфере 1840-х годов. Однако использование квазимедицинской латыни, примененное к традиционному топосу любви как болезни, превращает клише любовной горячки в научный термин и придает диагнозу ауру профессионального авторитета. Термин «febris erotica», кроме того, вписывает диагноз Крупова в медицинскую традицию, выделяющую различные виды лихорадки: действительно, если есть «перемежающаяся лихорадка», «брыжеечная лихорадка» или «гнилостная лихорадка», то почему не может быть «любовной лихорадки», тем более что четких критериев для научно-теоретической классификации лихорадок в те годы не существовало[9]. В то же самое время, прибегая к терминологии, Крупов модернизирует традиционную медицинскую теорию о перегретой крови, поражающей мозг влюбленного, и лишает новый диагноз «лихорадка» его престижных, духовных коннотаций, распространенных в конце XVIII века (как показано в первой главе). Сведенная к разновидности лихорадки, страстная любовь теперь может быть вылечена с помощью простых очистительных процедур, предложенных доктором Круповым: кровопускания и слабительного[10].

---

[9] См. [Фуко 2010: 219]. В десятой главе Фуко также анализирует замену в медицине онтологического и классификационного подхода к болезням (и лихорадкам в том числе) изучением патологических реакций. Ключевую роль в этом переходе сыграл Франсуа Бруссе (1772–1838), который в начале XIX века объяснил феномен лихорадки не с точки зрения симптомов и органов, а как функциональное расстройство: воспаление ткани в ответ на раздражитель [Фуко 2010: 222–234]. В России, однако, нозологический подход к лихорадке был еще жив в 1840-х годах. В одной из библиографических заметок в «Отечественных записках» упоминается книга «Краткое сведение о водолечебном заведении в Лопухинке». Среди болезней, которые особенно успешно лечатся в этой лечебнице, перечислены различные виды лихорадок (Краткое сведение о водолечебном заведении в Лопухинке // Отечественные записки. 1846. Т. 46. С. 83).

[10] Из виталистской концепции лихорадки XVIII века логичным образом следовало, что ее нужно лечить очистительными процедурами, помогающими душе «изгнать» вредные вещества из тела, такими как кровопускание, слабительные и рвотные препараты [Мирский 1995: 51]. «Глауберова соль», или Sal glauberi, была традиционным средством от лихорадки. Его лечебный эффект упоминается в «Санкт-Петербургских врачебных ведомостях» в 1794 году (О трясучках или перемежающихся лихорадках // СПВВ. 1794. Ч. 2. № 44–48. С. 141).

Считая любовь разновидностью обычной физической болезни, доктор Крупов доводит медицинскую модель до крайности; античный вариант этой модели включал немедицинский элемент, поскольку лечение — консумация желания — в конечном итоге находилось за пределами компетенции медика. В ситуации XIX века, напротив, терапия исключительно клиническая, а в случае с кровопусканием требуется специализированная помощь: доктор Крупов предлагает: «Хотите, я пришлю фельдшера пустить вам кровь». Таким образом, болезнь в этом случае оказывается не следствием любви и тем более не метафорой; эти состояния также нельзя считать «омонимичными», как это представляют себе некоторые романтические герои; один конкретный («отчаянный») вид любви не рассматривается как патология, как это было в сентиментализме. По мнению доктора Крупова, скептика 1840-х годов, романтическая любовь — всего-навсего болезнь, соматическое расстройство, которое легко классифицируется и потенциально поддается лечению[11].

Следует подчеркнуть, что подход рассказчика к романтизму и романтической любви не полностью совпадает с медицинским материализмом Крупова: в отличие от пожилого доктора, нарратор, как мы видели, сохраняет дуалистическое различие между телесными и духовными болезнями[12]. Любопытно, что его харак-

---

[11] В русской литературе того времени взгляд на любовь как на патологию вновь встречается в «Обыкновенной истории» Гончарова (которая будет рассмотрена в следующей главе), а также в «Дневнике лишнего человека» Ивана Тургенева, написанном между 1848 и 1850 годами. Главный герой Тургенева записывает следующее наблюдение о любви: «...разве любовь — естественное чувство? Разве человеку свойственно любить? Любовь — болезнь; а для болезни закон не писан» [Тургенев 1978–2018, 4: 185].

[12] Поэтому я не могу полностью согласиться с интерпретацией, которую Малиа дал фигуре доктора Крупова, назвав его «одним из любимых персонажей, выражавшим авторскую позицию: по существу, это и был сам Герцен в минуты своего вольтерианства» [Малиа 2010: 372]. Хотя рационализм и практичность доктора Крупова действительно предлагают отрезвляющий и освежающий взгляд на возвышенный идеализм или глубокий самоанализ других главных героев, грубый эмпиризм его мировоззрения (по крайней мере, в том виде, в каком он представлен в романе) был неприемлем для

теристика доктора Крупова как хорошего врача тела, но не души, соответствует мнению городских дам, чей банальный «дуализм» тот же рассказчик изображает в явно ироническом свете:

> Я уважаю Семена Ивановича; но может ли человек понять сердце женщины, может ли понять нежные чувства души, когда он мог смотреть на мертвые тела и, может быть, касался до них рукою? [Герцен 1954–1966, 4: 72]

Аналогичное различие между телом и душой, кстати, проводится в мемуарах Герцена «Былое и думы» (1852–1868) в гораздо более серьезном контексте: критикуя свое невнимание к душевным страданиям жены, которая в итоге преждевременно умерла, рассказчик (автобиографическая личность самого Герцена) заявляет: «Если б за ее больной душой я вполовину так ухаживал, как ходил потом за ее больным телом... я не допустил бы побегам от разъедающего корня проникнуть во все стороны» [Герцен 1954–1966, 10: 226]. Этот язык, вызывающий ассоциации с романтическим дуализмом, явно противоречит заявленной Герценом антидуалистической позиции. Более того, в тех же мемуарах, описывая свой знаменитый «теоретический раздор» с профессором Московского университета Тимофеем Грановским, рассказчик страстно отстаивает «нераздельность духа и материи», на что Грановский возражает: «...я никогда не приму вашей сухой, холодной мысли единства тела и духа; с ней исчезает бессмертие души» [Герцен 1954–1966, 9: 209][13]. Это расхождение между теоретическими взглядами Герцена и его литературной практикой подчеркивает своеобразную дилемму, с которой столкнулся Герцен-писатель в это переходное время: как сохранить верность своим монистическим философским взглядам, пытаясь описать

Герцена почти так же, как мечтательный идеализм людей, подобных Круциферскому. И в «Дилетантизме в науке», и в «Письмах об изучении природы» Герцен критикует односторонний эмпиризм (хотя другую крайность — романтический идеализм — он атакует еще более яростно).

[13] Этот раздор, описанный в четвертой части «Былого и дум», Герцен относит к 1846 году, в котором также был закончен роман «Кто виноват?».

эмоциональные страдания своих героев в дискурсе, преимущественно сформированном романтической риторикой дуализма?[14]

Переходный характер романа «Кто виноват?» проявляется в противоречивом тоне повествования, тяготеющем то к романтической риторике, то к научному дискурсу. С одной стороны, физиологический и медицинский язык пронизывает повествовательную ткань романа: почти в каждой истории жизни героев указывается их состояние здоровья, врожденное или приобретенное, истинное или воображаемое. Этот акцент на физиологии ставит роман в оппозицию к романтизму и сближает его с эстетикой натуральной школы. Но при этом особенности физиологической предрасположенности каждого персонажа полностью соответствуют романтическим (или даже сентименталистским) стереотипам, при которых восприимчивость или невосприимчивость к психогенным физическим расстройствам свидетельствует, соответственно, об утонченной или грубой психической организации персонажа. В романе Герцена, что вполне предсказуемо, прозаические и бесчувственные персонажи либо оскорбительно здоровы (как Негров, родной отец Любы, или доктор Крупов), либо страдают от мнимых болезней (как Глафира Львовна, жена Негрова), в то время как более сложные и возвышенные герои и героини подвержены физическому воздействию сильных эмоций[15]. При эмоциональных потрясениях они зябнут и даже оказываются похожи на «мертвеца», они становятся «бледными как полотно» или «бледными как смерть»; испытывают слабость в ногах, шум в ушах, чувствуют, что кровь вот-вот

---

[14] Как показывает Ирина Паперно, молодому Николаю Чернышевскому пришлось столкнуться с подобной проблемой примерно в то же время. Записывая и анализируя свои эмоции в дневнике 1848 года, Чернышевский, стараясь преодолеть дуализм, присущий любовному дискурсу, часто прибегает к реализованной метафоре. Так, он буквализирует такие выражения, как «чувствующее сердце» или «движения сердца», интерпретируя сердце как анатомический орган, и превращает эти распространенные фигуры речи в описания физиологических процессов [Паперно 1996: 59–63].

[15] Мертен также отмечает озабоченность телом, характерную для пары Негровых, чья жизнь следует «механической схеме стимул-реакция» [Merten 2003: 116].

«хлынет ртом»; у них начинаются истерические припадки, сильный жар и т. д. Арсенал физических симптомов, которым владеет Герцен, хотя и не полностью свободен от предромантических и романтических клише, как видно из приведенного выше списка, все же полон нюансов, более разнообразен и физиологически конкретен, чем у его предшественников. Более того, он использует их с большей интенсивностью и частотой, что само по себе смещает акцент с абстрактных «движений души» на телесные реакции.

В соответствии с материалистической ориентацией психологии того времени Герцен избегает термина «чувствительность» с его спиритуалистическими и сентименталистскими коннотациями и неоднократно упоминает «нервную раздражительность» как физиологическую основу сильных эмоций[16]. Таким образом, феномен раздражительности играет решающую роль в формировании меланхоличного нрава Круциферского, а также особой разновидности любви, на которую он способен:

> ...но явилась любовь, так, как она является в этих организациях: не бешено, не безумно, но на веки веков, но с таким отданием себя, что уж в груди не остается ничего неотданного. Нервная раздражительность поддерживала его бес-

---

[16] К концу XVIII века физиологические исследования опровергли строгое распределение Галлером свойств чувствительности и раздражительности между нервами и мышцами. Было показано, что раздражительность присуща всем тканям, а не только мышечной. Чувствительность, напротив, оставалась более абстрактным и «психологическим» качеством, «осознанием изменений, вызванных инородными телами». Однако ее роль была значительно сокращена: физиологи теперь рассматривали чувствительность как вторичный феномен по отношению к раздражительности [Фуко 2010: 229–230]. Мертен отмечает, что под влиянием «органологии» Франца Йозефа Галля медицина XIX века стала определять болезнь как результат повышенной раздражительности органов, а также повышенной функциональности пораженных органов [Merten 2003: 70]. В России теория Галля все еще привлекала внимание в 1840-х годах. Статья под названием «Лафатер и Галль» появилась в «Библиотеке для чтения» в 1845 году и вызвала критический отклик в «Отечественных записках» в 1846 году (Волков М. Несколько слов о статье г. Куторги «Лафатер и Галь» // Отечественные записки. 1846. Т. 46. С. 131–135).

> прерывно в каком-то восторженно-меланхолическом состоянии; он всегда готов был плакать, грустить — он любил в тихие вечера долго-долго смотреть на небо <...> Нужно ли говорить, как такой человек должен был любить свою жену? [Герцен 1954–1966, 4: 157]

Последний вопрос этого отрывка риторический: согласно логике «физиологического детерминизма», ответ должен быть ясен читателю, поскольку эмоциональная жизнь героя легко выводится из физических данных, предоставленных рассказчиком, — его «нервной раздражительности» и особой «организации».

Идея особой «организации», или конституции, — это, конечно, наследие сентименталистской литературы и медицины (опосредованное через романтическую традицию). Однако замена традиционной чувствительности более техническим, точным и строго физиологическим термином «раздражительность» приводит к гораздо более материалистической картине человеческой психики, чем та, которую создал дискурс эмоций XVIII века. В обоих случаях, конечно, эмоции основаны на физиологии; однако в сентименталистской традиции сама физиологическая основа (включая нервы) не рассматривалась как чисто физическая, а имела значительную спиритуалистическую, виталистическую и в конечном счете поэтическую окраску. Физиологический дискурс Герцена, напротив, отрицает все нематериальные коннотации и пытается представить психические процессы как мотивированные исключительно физическими факторами. Однако его проект деромантизации эмоций удается лишь отчасти, поскольку, как мы уже видели, преодоление наследия романтической традиции оказывается для писателя довольно трудной задачей.

Бельтов: «культурный» романтик

Зависимость Герцена от предромантической и романтической парадигм проявляется не только в его случайных «соскальзываниях» в дуалистический язык, но и в культурных моделях, на которые он опирается при изображении страстной любви. Если доктор Крупов интерпретирует романтизм Круциферского как физиологически предопределенный, то рассказчик, хотя частично и поддерживает эту интерпретацию, наделяет склонность своего героя еще и литературной генеалогией[17]. Когда Круциферский влюбляется в Любу, рассказчик отмечает, что «он любил, как может любить нервная, романтическая натура, любил, как Вертер, как Владимир Ленский» [Герцен 1954–1966, 4: 51]. В этой парадигме отсутствует один герой, а именно Сен-Прё Руссо — и эта параллель особенно очевидна, учитывая статус Круциферского как воспитателя в доме Негровых и его любовное письмо Любе, напоминающее переписку влюбленных в романе Руссо. Глафира Львовна, однако, восполняет этот пробел в романтической генеалогии Круциферского, комментируя его предложение Любе: «Да это сцена из „Новой Элоизы"!» [там же: 64].

Характер Круциферского четко ассоциируется с предромантическими или раннеромантическими героями: наивными, чувствительными, возвышенными и хрупкими. Примечательно, что его любимый автор — Василий Жуковский, поэт, который привнес в русскую литературу раннеромантическое мироощущение и поэтику, в основном через свои переводы немецких и английских баллад. Бельтов, напротив, вписывается в другую романтическую модель — позднего романтизма с его культом разочарованного байронического героя[18]. Эти два типа романтизма, примерно сопоставляемые как немецкий идеализм / шиллерианство и английский байронизм, уже были проиллюстрированы в русской литературе пушкинскими Ленским и Онегиным соответственно и описаны в 1859 году литературным

---

[17] Кроме того, в какой-то момент Герцен вводит краткий социальный контекст романтической чувствительности Круциферского: его книжное воспитание и замкнутый образ жизни, приведший к недостатку знаний и опыта в реальном мире [Герцен 1954–1966, 4: 124–125].

[18] Для того чтобы «разочароваться», нужно для начала иметь иллюзии и идеалы. Биография Бельтова показывает его в молодости страстным идеалистом. Однако в «настоящем» романа мы видим в основном его «байронический» период.

критиком Аполлоном Григорьевым[19]. Каждому из этих двух типов присущ свой набор «духовных болезней»: если романтик «немецкого» культурного происхождения более склонен к влюбленности а-ля Вертер, то байронический герой обычно страдает от таких модных болезней позднего романтизма, как разочарование и скука. Примечательно, что доктор Крупов, который в принципе отвергает «болезни души», не делает различия между этими двумя разновидностями. Когда в разговоре с Круповым разочарованный Бельтов пытается оправдать свое нежелание вести здоровую, но бессмысленную жизнь, он ссылается на авторитет Байрона: «Байрон очень справедливо сказал, что порядочному человеку нельзя жить больше тридцати пяти лет. Да и зачем долгая жизнь? Это, должно быть, очень скучно» [там же: 154]. Крупов, который явно ассоциирует любой романтизм с Германией, в свойственной ему манере отвечает: «Вы всё из проклятых немецких философов начитались таких софизмов» [там же]. Такое отсутствие дифференциации, надо отметить, было характерно для медицинской мысли XIX века, которая критически относилась к романтическому культу страстей и модному среди молодежи разочарованию. В 1859 году шотландский врач Сэмюэл Смайлс выступил против того, что он назвал «зеленой болезнью», осудив «то недовольство, ту неудовлетворенность, апатию и мечтательность, то презрение в жизни, которое в Англии в свое время породило байронизм, а в Германии — вертеризм» [Смайлс 2000: 275].

Автор романа, однако, тщательно разделяет два вида романтизма, представленных соответственно Круциферским и Бельтовым. Белинский в своей рецензии с неудовольствием отмечает, что во второй части книги Бельтов напоминает другого байронического персонажа русской литературы — лермонтовского Печорина, метафизическая скука которого заменяет социально обусловленное бездействие Бельтова, изображенное в первой

19 Вторая часть статьи Григорьева 1859 года «Взгляд на русскую литературу со смерти Пушкина» посвящена вопросам романтизма [Григорьев 1967: 203–239].

части[20]. Хотя Герцен не проводит прямой аналогии Бельтова с Печориным, он определенно ассоциирует его с байроническими персонажами: Бельтов цитирует Байрона, как мы видели выше, в другой сцене читает его «Дон-Жуана», а также брошюру об Адаме Смите — намек на Онегина, который, как известно, предпочитал английского экономиста греческим поэтам [Герцен 1954–1966, 4: 150][21]. Байроновский интертекст усиливается, когда местные учителя, сплетничая о предполагаемой связи Бельтова с Любовью Круциферской, называют его «Дон-Жуаном» (или скорее «Тон-Шуаном», на ломаном русском языке немецкого учителя).

Романтизм Бельтова, в отличие от Круциферского, преимущественно культурный, а не «природный»: он романтик «по воспитанию», а не по генетической или физической предрасположенности[22]. В то время как большинство других персонажей, как мы

---

20 «...во второй части романа характер Бельтова произвольно изменен автором. Сперва это был человек, жаждавший полезной деятельности и ни в чем не находивший ее по причине ложного воспитания, которое дал ему благородный женевский мечтатель. <...> Мы думаем, что при этом автор мог бы еще указать слегка и на натуру своего героя, нисколько не практическую и, кроме воспитания, порядочно испорченную еще и богатством. <...> Но в последней части романа Бельтов вдруг является перед нами какою-то высшею, гениальною натурою, для деятельности которой действительность не представляет достойного поприща... Это уже совсем не тот человек, с которым мы так хорошо познакомились прежде; это уже не Бельтов, а что-то вроде Печорина. Разумеется, прежний Бельтов был гораздо лучше, как всякий человек, играющий свою собственную роль» [Белинский 1953–1959, 10: 321–322].

21 Ср. описание Онегина у Пушкина: «Бранил Гомера, Феокрита; / Зато читал Адама Смита, / И был глубокий эконом...» [Пушкин 1977–1979, 5: 10].

22 Если быть точнее, в романе неоднократно подчеркивается утонченный, чувствительный (или, скорее, «раздражительный») характер его матери, а о самом Бельтове говорится, что он обладает врожденными качествами, имеющими решающее значение для его дальнейшего развития: «...помимо внешних влияний, в ребенке были видимы несомненные признаки резких способностей и энергического характера» [Герцен 1954–1966, 4: 87]. Однако для Бельтова Герцен не устанавливает такой очевидной причинно-следственной связи между физическим состоянием героя или его родителей и чертами характера, как в случае с Круциферским.

видели, занимают определенное место на шкале здоровой/слабой конституции, биография Бельтова позиционирует его в «серой зоне» между двумя полюсами: «...ребенок рос и, если не был очень здоров, то не был и болен» [там же: 87]. Другими словами, повествование преуменьшает значение физиологии в формировании его личности, подчеркивая роль культурных факторов, таких как образование, образ жизни, чтение и различные внешние влияния. В соответствии с этой логикой, когда в ходе романа у него развивается болезнь, эта болезнь носит несоматический, духовный характер. Поэтому он скептически относится к медицинским и психологическим методам лечения своего друга-врача. Бельтов жалуется Крупову:

> Ох, Семен Иванович! Не торопитесь осуждать и не торопитесь прописывать душевное спокойствие и конский щавель: первое невозможно, а второе не может помочь. Мало болезней хуже сознания бесполезных сил. Какая тут диета! [там же: 155]

Острота состояния Бельтова, кроме того, заключается именно в том, что это не врожденная болезнь, как меланхолия Круциферского: это насильственное, внешнее вторжение, которое вступает в конфликт с его естественным нравом. Идея, лишь косвенно намеченная в биографии Бельтова, находит явную формулировку далее в романе:

> ...грусть его особенно поражала, потому что она не была в его характере, как, например, в характере Круциферского; внимательный человек понимал, что внешнее, что обстоятельства, долго сгнетая эту светлую натуру, насильственно втеснили ей мрачные элементы и что они разъедают ее по несродности [там же: 167].

В соответствии с его культурным типом, духовная болезнь Бельтова — это не *febris erotica*, а байроническая лихорадка скуки: «...такая тоска, такая скука, что мочи нет. Я, право, нездоров; во мне что-то вроде лихорадки, очень небольшой, но беспрерывно поддерживающей меня в каком-то напряженном состоянии» [там же: 153]. Реакция Крупова на жалобы пациента поначалу напоминает его лечение любовного недуга Круциферского. Доктор проводит свою традиционную процедуру (проверяет пульс) и оценивает состояние Бельтова при помощи явно неромантического языка — на этот раз с использованием механических метафор: «Пульс нехорош. Вы живете вдвое скорее, чем надобно, не жалеете ни колес, ни смазки — долго так ехать нельзя» [там же]. В то же самое время доктор Крупов не настаивает на своей исключительной профессиональной компетентности и не оспаривает «духовный» диагноз, поставленный пациентом самому себе. Его рекомендации также не строго клинические, как в случае с *febris erotica* Круциферского, и даже включают психологические методы: «Ложитесь вовремя спать, вставайте раньше, меньше чтения, меньше думать, больше гулять, разгоняйте печальные мысли, вина пить не много, крепкий кофе совсем бросить» [там же: 154]. В целом Крупов относится к психогенной болезни Бельтова с бóльшим сочувствием, чем можно было ожидать от его прямолинейного медицинского материализма, проявившегося в первой части романа. Иное отношение Крупова на этом этапе повествования отражает общую тенденцию автора к дефизиологизации характера Бельтова — тенденцию, которая в итоге приводит к большей романтизации этого героя, справедливо отмеченной Белинским.

Из всех психологических и непсихологических методов лечения, предложенных другом, Бельтов признает действенным только один: знакомство с Круциферскими и частые посещения их дома, «прописанные» Круповым, как выражается сам доктор[23]. Чувства, вызванные у Бельтова Любовью Круциферской, играют решающую роль в спасительном эффекте этих посещений. Во

---

[23] «Пойдемте-ка, Семен Иванович, к Круциферским, у них я раза два вылечивался от хандры; подобные средства помогают лучше всех декоктов.
— Вот и жди от вас спасиба да признания! А кто вам прописал их дом?» [Герцен 1954–1966, 4: 156].

время одной из частых бесед в доме Круциферских Бельтов, увлеченный исповедальным настроением разговора, намекает на потенциально терапевтическую силу молодой женщины:

> Действительно, странные вещи приходят в голову человеку, когда у него нет выхода, когда жажда деятельности бродит болезненным началом в мозгу, в сердце и надобно сидеть, сложа руки… а мышцы так здоровы, а крови в жилах такая бездна… Одно может спасти тогда человека и поглотить его… это встреча… встреча с…
>
> Он не договорил.
>
> Любовь Александровна вздрогнула [там же: 168].

В этой исповеди его «болезнь» — неспособность найти себе подходящее дело или занятие, — которой страдали многочисленные «лишние люди» русской литературы, наконец получает физиологическое обоснование. Парадоксальным образом ее причиной становится физическое здоровье и сила Бельтова, поскольку крепкая конституция создает физическую возможность для активной и осмысленной жизни, в то время как внутренние (психологические) и внешние (социальные, по мнению Белинского) факторы парализуют эту потенцию. Единственной достойной сферой применения внутренних ресурсов такого человека и эффективного лечения его болезни становится любовь — чувство, созвучное имени Круциферской.

В первой части романа Герцену, кажется, удается преодолеть и даже разрушить романтический любовный дискурс, приняв насмешливый научный взгляд на любовь. Описывая одержимость Глафиры Негровой — приемной матери Любы — Круциферским, Герцен шутливо буквализирует романтическую метафору любовного огня и представляет его как химический процесс:

> Глафира Львовна сгорала вечерним огнем своим… Обыкновенно думают, что толстые люди не способны ни к какой страсти, — это неправда: пожар бывает очень продолжителен там, где много жирных веществ, — лишь бы разгореться [там же: 55].

Ироническая оценка, данная доктором Круповым любовной болезни Круциферского, как мы видели, также депоэтизирует романтическую любовь, медикализируя ее. Однако, когда во второй части Герцен переходит к центральному любовному повествованию своего романа — трагической связи Круциферской и Бельтова, — у него, похоже, не остается другого выбора, как прибегнуть к романтической «психологической» модели. Он изображает болезнь Любови Круциферской, а точнее, ряд ее болезней, как вызванные исключительно психологическими факторами: именно ее любовь к Бельтову и последовавшие за ней страдания и морально-психологическое смятение в конечном итоге разрушают здоровье молодой женщины. Более того, в соответствии с романтической «психологической» традицией любовной болезни, ее состояние вводит в заблуждение тех, кто, подобно доктору Крупову, отвергает важность духовной сферы для здоровья человека.

Любовь Круциферская: проблемы самодиагностики

Ухудшение здоровья Круциферской происходит сразу после ее разговора с Бельтовым в публичном саду, в ходе которого он признается ей в страстной любви. Это признание заставляет Круциферскую осознать свою собственную любовь к Бельтову, которую она теперь должна примирить с привязанностью к мужу. Эмоциональное потрясение, вызванное этим осознанием, приводит к продолжительной болезни. Придя домой, она настораживает мужа своей «смертельной» бледностью и холодными руками — они также сравниваются с руками умирающего человека. Вскоре после этого у нее начинается горячка. Однако в ее случае доктор Крупов не узнает *febris erotica* и ставит ей диагноз другого вида лихорадки, довольно банального физического расстройства: «легонькая простудная горячечка». Причины ее болезни, по мнению Крупова, чисто внешние; врач использует популярную теорию миазмов для объяснения ее недуга: «Весенний воздух, кровь остра, талый лед испаряется, всякая дрянь оттаивает» [там же: 177][24]. Рассказчик, напротив, оценивает ее состояние как однозначно психогенное:

> Часа через два или три Любовь Александровна, наказанная угрызениями совести внутри и горчичниками снаружи за поцелуй Бельтова, лежала на постели в глубоком летаргическом сне или в забытьи. Потрясение было слишком сильно, организм не выдержал [там же].

Противопоставление внутреннего и внешнего в этом отрывке обнажает несоответствие между скрытыми нравственными причинами болезни героини («угрызения совести») и чисто медицинской, соматической интерпретацией ее состояния доктором Круповым, выразившейся в назначенной им внешней терапии.

Позднее в романе вновь возникает проблема ограниченности медицинского подхода к человеческой психике, сосредоточенного на внешнем и потому неизбежно поверхностного и неполного. Обвиненный Круповым в разрушении семейного счастья Круциферских, Бельтов страстно защищает свои чувства к Любови Круциферской и утверждает, что старый доктор не сумел понять характер молодой женщины так полно, как Бельтов: «К тому же, по вашей привычке морализировать, вы на нее смотрели доктрально, сверху вниз, а я, изумленный необычайной силой ее, я склонялся перед ней» [там же: 202]. Бельтов не создает такого же контраста между внутренним и внешним, как это делает рассказчик в ранее процитированном отрывке, — вместо этого он использует вертикальную ось, чтобы противопоставить свое отношение отношению Крупова. Тем не менее в его интерпретации взгляд врача снова ассоциируется с поверхностностью

---

24 Теория миазмов — ядовитых испарений, особенно дурных запахов — была распространенным объяснением инфекционных заболеваний до появления теории микробов во второй половине XIX века. О понимании миазмов в тот период можно судить по статье, опубликованной в «Отечественных записках» в 1845 году. В аннотации к книге о ядах и инфекциях, появившейся в подразделе «Ученые известия», миазмы определяются как «заразительныя начала», которые «зарождаютъ болезни» и как «продукт брожения и гниения какого-нибудь животного вещества» (Яды, язвы, заразы: Исследования Либиха // Отечественные записки. 1845. Т. 39. Отд. VIII. С. 133, 135).

и вытекающим отсюда отсутствием понимания истинной природы объекта. Симптоматично, что Бельтов устанавливает связь между склонностью Крупова к морализаторству и его врачебным взглядом: и моралистский, и медицинский подходы объективируют человека, к которому они применяют набор предвзятых правил и законов; и то, и другое, соответственно, приводит к ошибочному суждению (или к неправильному диагнозу)[25].

Более того, сама героиня поначалу не может правильно оценить свое состояние. Непосредственной физической реакцией Круциферской на перенесенную травму является «забытье» — термин, который в книге используется в значении сна, но этимологически напрямую связан с идеей забвения[26]:

> Она не смела понять, не смела ясно вспомнить, что было… но одно как-то страшно помнилось, само собою, всем организмом, это — горячий, пламенный, продолжительный поцелуй в уста, и ей хотелось забыть его… [там же: 176]

Использование безличной конструкции грамматически подчеркивает мысль о том, что это воспоминание — не сознательная ментальная операция, так как героиня выступает не активным субъектом по отношению к этому акту вспоминания, а объектом неподвластной ей силы. Поскольку память о поцелуе в основном физическая, то и забывание (или, скорее, подавление) воспоминания достигается через телесную реакцию героини — забытье и последующую болезнь.

Здесь Герцен создает собственный своеобразный механизм, который помогает ему решить проблему дуалистического раско-

---

[25] Мертен также отмечает, что медицинские науки ассоциируются в романе с проблематичным или моральным осуждением, и замечает, что, как показывает пример Бельтова, «нормативный дискурс социальной гигиены не способен распознать или разрешить социальные и личные парадоксы» [Merten 2003: 131–132].

[26] Даль приводит два значения этого слова: «забвенье, запамятованье» и «болезненная спячка» [Даль 1880–1882, 1: 572]. Герцен явно использует это слово во втором значении, но тема забвения косвенно присутствует благодаря этимологическим ассоциациям.

ла между разумом и телом, духом и материей. Физический опыт прелюбодейственного поцелуя входит в «организм» героини и вызывает физическую болезнь, которая есть не что иное, как внешнее проявление ее чувства вины и смятения[27]. Хотя в литературе существует давняя традиция представлять физическое состояние как результат и выражение морального и эмоционального потрясения, Герцен прилагает особенные усилия, чтобы показать промежуточную *физиологическую* стадию этого процесса, описать реальный механизм, с помощью которого эмоциональный опыт преобразуется в материальность тела. Другой пример такого механизма мы находим в начале романа, в описании Герценом последствий психологической травмы, пережитой матерью Бельтова, Софьей:

> Есть нежные и тонкие организации, которые именно от нежности не перерываются горем, уступают ему по видимому, но искажаются, но принимают в себя глубоко, ужасно глубоко испытанное и в продолжение всей жизни не могут отделаться от его влияния; выстраданный опыт остается какой-то злотворной материей, живет в крови, в самой жизни, и то скроется, то вдруг обнаруживается с страшной силой и разлагает тело [там же: 86].

Механизм, который использует Герцен, восходит к предромантической физиологии, а именно к сентименталистской концепции особой, «нежной и тонкой» организации, хрупкой одновременно и физически, и эмоционально. Однако в представлении Герцена такая организация иначе реагирует на интенсивное психологическое переживание: она не «перерывается горем», как это происходит с героями и героинями сентиментализма, а превращает эмоциональное потрясение в материальную субстанцию тела. «Опыт» становится «материей» и, будучи поглощен

---

[27] Здесь я несколько не согласна с интерпретацией Гренье. Интенсивная психогенная реакция Круциферской на свою неверность показывает, что Герцен не полностью освобождает своих героев от моральной ответственности: их физические реакции становятся способом (бессознательного) признания вины.

организмом, остается в нем как неотъемлемая часть физиологических процессов[28]. Так происходит с Круциферской, чья неверность проникает в ее «организм»; с матерью Бельтова Софьей, чья психологическая травма буквально впиталась в ее кровь и сохранилась там; и, собственно, с женой Герцена Натали, реакцию которой на гибель сына во время кораблекрушения писатель описывает в «Былом и думах»: «...она не выздоравливала больше. Испуг, боль остались, вошли в кровь» [Герцен 1954–1966, 10: 282]. Устойчивость этой схемы свидетельствует о ее идеологической значимости для автора. Это далеко не просто метафора, данный механизм предлагает Герцену философски удовлетворительный художественный метод и позволяет ему решить дилемму, о которой я говорила выше. Благодаря подобной физиологической трансформации ему удается изобразить эмоциональную и физическую сферы как смежные и взаимопроницаемые, если не полностью однородные, и тем самым преодолеть дуалистическое представление о человеке.

После первой, чисто соматической реакции на происшествие Круциферская пытается рационализировать ее в своем личном дневнике, который занимает значительную часть романа и документирует мучительный процесс самодиагностики героини. Сначала, как и доктор Крупов, она прибегает к прямолинейной логике медицинского материализма: «То происшествие в саду, оно ничего не значит, болезнь уже приготовлялась, и я была в особом расположении, нервы у меня были раздражены...» [Герцен 1954–1966, 4: 179–180]. Однако мотивация у нее другая:

---

[28] Идея Герцена об отсроченном соматическом эффекте эмоциональной травмы предвосхищает, что интересно, механизм истерии, предложенный в психоанализе. В книге «Исследования истерии» (1893) Йозеф Брейер и Зигмунд Фрейд подчеркивают, что при истерии психическая травма не просто, «как agent provocateur, вызывает симптом, который затем, обретя самостоятельность, остается неизменным». Скорее, настаивают они (в формулировке, поразительно похожей на герценовскую), «психическая травма или воспоминание о ней действует подобно чужеродному телу, которое после проникновения вовнутрь еще долго остается действующим фактором...» [Фрейд 2005, 1: 20].

медицинское объяснение Крупова отражает его философскую позицию, для Круциферской же это способ избежать моральной дилеммы. Ранее, когда ее бледность вызвала беспокойство мужа и медицинские рекомендации доктора Крупова, Круциферская отвергла медицинскую интерпретацию своего состояния: «Я не больна, я не больна» [там же: 177]. Однако позже, когда она сталкивается с необходимостью оценить истинный смысл происшедшего, медицинское объяснение оказывается слишком заманчивым. Примечательно, что соматическое понятие «нервная раздражительность» снова приходит на помощь, когда делается попытка объяснить острую эмоциональную реакцию как результат физического расстройства. По сути, чисто медицинское объяснение устраняет саму потребность в смысле («то происшествие в саду, оно ничего не значит») и тем самым приостанавливает интерпретации Круциферской. Привлекая науку в качестве своего сообщника и отрицая психосоматическую природу болезни, героиня временно отказывается от поиска смысла и откладывает решение своего внутреннего конфликта.

Однако по мере проводимого в дневнике самоанализа она постепенно движется к признанию правды. Для этого героине необходимо переосмыслить свою недавнюю болезнь как психогенную, а не исключительно физическую: только в этом случае она сможет увидеть истинную причину своей сильной физической реакции и в конечном итоге признать ее. Следующий шаг в этом процессе происходит, когда ее маленький сын Яша заболевает скарлатиной. Это чисто соматическое заболевание, успешно диагностированное и вылеченное доктором Круповым — который, как мы помним, обычно терпит неудачу при столкновении с «душевными болезнями» — создает скрытый контраст с состоянием самой героини, природа которого гораздо более уклончива и не так легко поддается идентификации и лечению.

Контраст становится явным, когда Яше наконец становится лучше, а Круциферской нет: «Все успокоилось, Яше гораздо лучше; но я больна, больна, это я чувствую» [там же: 182]. Конечно, Круциферская уже оправилась от «простудной горячки», но в этот момент она наконец понимает, что ее истинная болезнь не прошла с исчезновением лихорадочных симптомов:

> Сижу иногда у его кроватки, и вместо радости вдруг, без всякой внешней причины, поднимается со дна души какая-то давящая грусть, которая растет, растет и вдруг становится немою, жестокой болью; готова бы, кажется, умереть [там же].

На этот раз Круциферская не ищет физических причин своего состояния, таких как «нервная раздражительность» или теория миазмов; она знает, что причина находится внутри нее («без всякой внешней причины») — и, более того, что она не в теле, а на «дне души». Героиня признает, что физическая боль, которую она испытывает, — плод эмоционального состояния; снова происходит герценовская психофизиологическая метаморфоза, когда «грусть» превращается в физическое страдание.

С осознанием психогенной природы своего физического состояния приходит и более честное исследование самой себя: «...какой-то скорбный, мучительный голос звал меня заглянуть в свое сердце, и я не узнала себя» [там же]. Это столкновение со своим изменившимся «я» подготавливает героиню к финальному откровению. Интересно, что осознание истины Круциферской происходит не в форме рационализации или вербализации ее внутренних переживаний, а как символическое событие — событие, в котором материализуется источник ее «давящей грусти»: «Не знаю, долго ли я спала, но вдруг мне сделалось как-то тяжело, я раскрыла глаза — передо мною стоял Бельтов...» [там же]. Ее физическое пробуждение, что примечательно, совпадает с моментом откровения; другими словами, когда Круциферская «раскрывает глаза», она не просто пробуждается ото сна: она открывает глаза на правду и, наконец, смотрит ей в лицо, как в прямом, так и в переносном смысле. Именно в этот момент героиня окончательно пробуждается от того «забытья», отсутствия самосознания, в котором она символически пребывала с момента рокового поцелуя.

Круциферская не комментирует значение этого эпизода в своем дневнике, но он явно становится поворотным моментом в процессе ее примирения со своим положением. С этого момента ее признания становятся все более откровенными и касаются Бельтова, а также чувств, которые она делит между ним и Круциферским. Ее дневниковые записи показывают постепенный переход от первоначального отрицания к осознанию своей страстной и глубокой любви к Бельтову. Говоря схематично, она проходит путь от первоначального «это ничего не значит» до полуискреннего «я люблю Бельтова, как и Крупова; я люблю Бельтова как друга, я восхищаюсь им как человеком» до более точного, но неполного признания: «Я люблю и Бельтова, и мужа, но по-разному». Окончательное признание остается за пределами дневника и происходит в одной из заключительных сцен романа, где описывается прощальная встреча Бельтова и Круциферской: «Вольдемар, помните, что вы любимы беспредельно... беспредельно любимы, Вольдемар!» [там же: 205]. К этому моменту Круциферская окончательно приняла правду и теперь способна выразить ее вербально, хотя и использует пассивную конструкцию («вы любимы»), все еще отказываясь признать свою субъектность.

Однако героиня достигает этого мучительного осознания ценой физического саморазрушения. В сцене прощания Круциферская бледна, исхудала, ее снова лихорадит. Доктор Крупов делает мрачный прогноз относительно ее состояния: «Она будет в чахотке, за это я вам отвечаю» [там же: 200]. В первых главах романа, как это свойственно для герценовского детерминизма, содержится намек на изначальную предрасположенность Круциферской к этой болезни. Как предполагает рассказчик, ее неоднозначный статус в доме Негровых (незаконнорожденная дочь помещика и крепостной) в сочетании с лучшим образованием и более тонкой чувствительностью, чем та, которой обладала бы дочь крепостного, если бы воспитывалась в среде матери, вполне могли бы способствовать «дальнейшему развитию духа, а может быть, с тем вместе, развитию чахотки» [там же: 28]. В XIX веке было принято проводить связь между духовностью и туберкулезом: загадочная болезнь трактовалась как процесс морального очищения, во время которого разлагающееся тело уступает место скрытой до сих пор душе[29]. В своей классической книге «Болезнь как метафора» Сьюзен Сонтаг выделяет ряд основных факторов, которые способствовали культурной репутации туберкулеза как «интересного» и «духовного» заболевания, а именно, среди прочих: его загадочность (бацилла Коха, вызывающая болезнь, была открыта только в 1882 году, а лекарство найдено только в XX веке), ассоциация симптомов с воздухом и дыханием и, следовательно, духовностью, а также привилегированное расположение легких в верхней, возвышенной части тела. К последнему фактору можно добавить платоновское толкование легких в «Тимее» как органа, принадлежащего «страстной душе», чья функция заключалась в контроле и охлаждении страстного сердца. Туберкулез, разрушающий легкие, легко интерпретировался как болезнь страсти, поглощающей человека изнутри. Сонтаг также отмечает, что некоторые внешние симптомы болезни — лихорадка, а также быстрые, контрастные переходы от румянца к бледности — значительно усиливали эротический подтекст. В этом отношении туберкулез мог быть сексуализирован (например, в фигуре туберкулезной куртизанки) или, напротив, восприниматься как внешнее и соматическое проявление подавленной или отвергнутой страсти [Сонтаг 2016: 22–28][30]. Туберкулез, другими словами, в ту эпоху стал еще одной

---

[29] См. [Pohland 1990: 144–168].

[30] Кроме того, Сонтаг указывает на слияние старой традиции меланхолии и мифологии туберкулеза: «Миф о ТБ — это предпоследний эпизод в длительной истории стародавнего понятия о меланхолии... Меланхолический склад характера — или туберкулез — отличали особую личность: чувствительную, творческую, одинокую» [Сонтаг 2016: 34]. Туберкулез, следует добавить, заменяет меланхолию не только как болезнь творческой натуры, но и как форму любви как болезни. Как я утверждала в первой главе, традиционные симптомы любовной меланхолии постепенно превратились в условные атрибуты амурных страданий и не имели патологической специфики. Затем возникла горячка как более быстрая, драматичная и клинически конкретная форма любовного недуга. Однако меланхолия — медленный вариант любовной лихорадки, постепенно разрушающий здоровье влюблен-

клинической формой любовной болезни. Примечательно, что Онегин в последней главе пушкинского романа, тоскуя по замужней Татьяне, едва не заболевает именно чахоткой[31].

В романе Герцена доктор Крупов, похоже, разделяет культурную мифологию туберкулеза как болезни любви: при всем своем циничном материализме он прибегает к древнему *психологическому* методу лечения любовного недуга — удалению любимого объекта, — умоляя Бельтова уехать из города [Герцен 1954–1966, 4: 203][32]. Однако эта терапия оказывается тщетной:

ного, — все еще была востребована. Таинственный, широко распространенный и смертельный туберкулез, некоторые симптомы которого совпадали с симптомами любовной меланхолии (например, бессонница и анорексия), стал более актуальным, по-медицински специфическим диагнозом с богатым символическим и драматическим потенциалом.

31 «Онегин сохнет, и едва ль / Уж не чахоткою страдает» [Пушкин 1977–1979, 5: 154]. Даже научные исследования туберкулеза отдавали дань культурной интерпретации болезни, как видно из статьи С. Солошенко «Замечания о бугорковой чахотке», опубликованной в «Отечественных записках» в 1845 году. В ней автор обсуждает различные факторы, которые в то время считались причинами этого заболевания. Помимо патологического общего худосочия, в статье упоминается еще один важный фактор, вызывающий туберкулез, — «чахоточное устройство груди», малый размер легких, которые изнашиваются, пытаясь поспевать за другими функциями организма. Хотя это объяснение полностью физиологично, оно все еще несет следы культурного представления об «особой туберкулезной предрасположенности». Подобное описание «чахоточной конституции» в западной медицине см. в [Pohland 1990: 148].

32 Как я уже упоминала во введении, разлука с любимым объектом входила в число традиционных рецептов лечения любви как болезни с древности. В «Моей тайне» (1342–1343) Петрарки, воображаемом диалоге со святым Августином, построенном как разговор между пациентом и врачом, святой Августин предписывает именно такое лечение: «...я не могу сказать тебе ничего другого, как только стих Вергилия, несколько измененный: „Долов любезный беги, беги вожделенного брега“. Ибо можешь ли ты когда-нибудь найти безопасность в этих местах, где столь многочисленны следы твоих ран, где и вид нынешнего, и воспоминание о минувшем лишают тебя покоя? Как говорит тот же Цицерон, тебя придется лечить, „подобно выздоравливающим больным, переменою места“» (пер. М. Гершензона [Петрарка 1996: 367]). Бертон также упоминает удаление объекта любви как одно из лекарств от любовной меланхолии [Burton 2001, 3: 195].

в последней сцене романа мы встречаем «потухающую» Круциферскую, «несчастную жертву любви к нему [Бельтову]» [там же: 208]. Описание ее «умирающей красоты», впавших щек, блестящих глаз и худобы подтверждает прогноз доктора Крупова (и рассказчика) и не оставляет надежды на выздоровление героини.

Последний медицинский совет доктора Крупова обнажает парадокс, характеризующий позицию романа по отношению к романтизму. Несмотря на явную антиромантическую направленность романа, изображение Герценом любви как болезни не отдает предпочтение чисто медицинскому, телесно-ориентированному подходу. Его герои действительно страдают от физических недугов психологического происхождения, и эти болезни остаются недоступными для медиков и неизлечимыми строго клиническими методами. Однако психологическая модель любовного недуга с ее признанием «душевных болезней» создает проблему для Герцена-философа, поскольку рассматривает эмоциональный/духовный и физический аспекты человеческого существа как параллельные, а не единые. Чтобы избежать ловушки дуализма, Герцен использует, как мы видели, ряд приемов, подчеркивающих роль физиологии в эмоциональной жизни человека. Поэтому он отдает предпочтение «раздражительности» перед «чувствительностью» и, что особенно важно, «физиологизирует» эмоции и нравственные состояния, включая их в механизм телесных процессов. Для Круциферской (как и для других страдающих персонажей Герцена) «душевное» страдание сначала принимает материальную форму и локализуется в теле, а затем отражается на здоровье и вызывает соматические симптомы. Попытки Герцена примирить новый научный дух своей эпохи с романтическим наследием в изображении любви и ее последствий дают нам представление об идейном и эстетическом кризисе, с которым столкнулось поколение 1840-х годов, чье становление совпало с пиком развития романтизма в России. Клише любви как болезни вновь попадает в центр внимания, становясь точкой пересечения философских и художественных проблем определенного исторического момента.

Глава 4
«Обыкновенная история»: романтические пациенты Гончарова

«Обыкновенная история» Ивана Гончарова — еще один яркий пример раннего постромантического произведения, пытающегося свести счеты с романтическим наследием, в частности, путем медикализации любовной эмоции. Но в отличие от Герцена, Гончаров различает два типа романтической чувствительности в зависимости от пола и представляет «мужской» вариант такой чувствительности скорее продуктом культурного влияния, нежели врожденной физиологической склонностью. Мужской вариант любви как болезни, таким образом, становится по большей части выражением культурных кодов, а не «естественным», «биологическим» состоянием (что предсказуемо характерно для «женского» варианта топоса). Более того, как я покажу в этой главе, борьба Гончарова с романтизмом отличается от борьбы Герцена тем, что романтическое наследие не олицетворяет для первого дуалистическое мировоззрение и вытекающую из него пассивную позицию по отношению к действительности. Роман Гончарова атакует прежде всего преобладание в романтизме эмоций над разумом, его фиксацию на вечных ценностях (особенно на любви) и, наконец, его по сути мифологическую, антиисторическую концепцию времени, которую писатель считает несовместимой с духом Нового времени. Однако Гончаров также поднимает проблему продвижения капитализма, рационализма и прогресса за счет эмоций и юношеского идеализма и ставит под сомнение фундаментальные «современные» ценности России середины XIX века, используя своеобразный вариант топоса любви как болезни.

Тем не менее структурное и тематическое сходство романов Герцена и Гончарова поразительно; оно заставило критиков того времени пренебречь существенными различиями между подходами авторов к романтическим ценностям. Как и в случае с «Кто виноват?», значительная часть романа Гончарова посвящена теоретическим спорам между романтиком-идеалистом и прагматиком-материалистом. В «Обыкновенной истории» противопоставляются Александр Адуев — молодой, восторженный и наивный провинциал, который приезжает в Петербург, где переживает драматическое столкновение своих книжных идеалов с прозаической реальностью и последующую утрату юношеских иллюзий, и его дядя-рационалист Петр Иванович Адуев. Успешный предприниматель, олицетворяющий в книге антиромантический дух прагматичного «века», Адуев-старший на протяжении всего романа (вплоть до эпилога) высмеивает и дискредитирует напыщенный романтический язык и наивные устремления своего молодого племянника-идеалиста[1]. Не будучи врачом, в отличие от Крупова в «Кто виноват?», Адуев-дядя часто выступает в роли медика: он ставит диагнозы и прогнозирует, как будет развиваться «болезнь» племянника, а иногда вполне недвусмысленно принимает на себя роль терапевта: утверждает, что именно он «вылечил» Александра от поэтических амбиций и от первой петербургской любви [Гончаров 1997, 1: 349, 305][2]. В романе Герцена, для сравнения, доктор Крупов в своем отношении к семье Круциферских сравнивается с дядей: «Для Круциферских Крупов представлял действительно старшего в семье — отца, дядю, но такого дядю, которому любовь, а не права крови дали власть иногда пожурить

---

1 В своей монографии о Гончарове Милтон Эре дает подробный лингвистический и стилистический анализ техники Гончарова по подрыву напыщенного романтического дискурса своего главного героя [Ehre 1973: 114–122].

2 Роль диагноста, исполняемую дядей, отметил Илья Клигер, хотя он и не использовал явно медицинских терминов: «Каждое значительное событие в жизни Александра в Петербурге сопровождается разговором с дядей. Во время такого разговора Петр Иванович помогает племяннику осмыслить происходящее. Или, говоря проще и точнее, он в одностороннем порядке излагает смысл событий; он *рассказывает* Александру, что только что произошло, и, что еще обиднее, также рассказывает, что *случится* дальше» (то есть ставит диагноз и дает прогноз) [Kliger 2005: 2].

и погрубить...» [Герцен 1954–1966, 4: 133]. Тот факт, что оба автора выбрали именно такие роли для своих «скептических» персонажей, показывает глубокое функциональное сходство между этими двумя типами: дядя — член семьи, но достаточно далекий, чтобы предоставлять внешнюю, аналитическую точку зрения; семейный врач, будучи человеком со стороны, часто имеет доступ к частной жизни своих пациентов. По словам Крупова, «наша должность медика ведет нас не в гостиную, не в залу, а в кабинет да в спальню» [там же: 68]. Роль «дяди», кроме того, подчеркивает разрыв поколений: в обоих романах в результате своеобразной возрастной инверсии старший персонаж (дядя-доктор) олицетворяет современное, новое мироощущение конца 1840-х годов[3].

Эти два «скептика» используют несколько разные стратегии, оспаривая романтическое мировоззрение своих оппонентов, и в обоих случаях философские позиции персонажей раскрываются в их портретах. Оружием Петра Адуева против романтизма в целом и романтической влюбленности в частности служит не только медицинский материализм, но и вообще рациональный, взвешенный и прагматичный подход к жизни. Если портрет Крупова подчеркивает его здоровое, плотное телосложение, то в описании старшего Адуева акцент делается на чувстве меры, воздержанности, рациональной регулярности: «Он был высокий, пропорционально сложенный мужчина с крупными, правильными чертами смугло-матового лица, с ровной, красивой походкой, с сдержанными, но приятными манерами» [Гончаров 1997–, 1: 193–194]. Характеристика, которую дает себе сам Адуев, также подчеркивает его сбалансированность и умеренность: когда Александр в письме к другу описывает дядю как «умного» и «доброго», Петр Иваныч заставляет его изменить эти эпитеты на «не глуп и не зол» [там же: 217]. Для романтического мироощущения,

---

[3] Такой возрастной переворот можно объяснить тем, что романтизм ассоциируется с молодостью (и действительно, из повествования мы понимаем, что дядя Адуев, как и его племянник, когда-то приехал в столицу наивным провинциальным романтиком). Как я показываю ниже, в романе Гончарова этот переворот также отражает взгляд на романтическое мировоззрение как на «предсовременное» и, следовательно, «более молодое».

оперирующего полярностями, такая позиция кажется демонической; недаром Александр в том же письме сравнивает дядю с «пушкинским демоном»[4]. Петр Иваныч, однако, незамедлительно отвергает подобную романтизацию своей личности в исправленном варианте письма, который он диктует племяннику: «Дядя мой ни демон, ни ангел, а такой же человек, как и все» [там же]. Практичный и взвешенный подход Адуева-старшего, кажется, торжествует в эпилоге романа, когда Александр превращается в еще более циничную и прагматичную версию своего дяди.

Из-за этого финального преображения роман Гончарова почти повсеместно воспринимался современными ему критиками как программно антиромантическое произведение. В письме к Василию Боткину (от 17 марта 1847 года) Белинский восторженно хвалил «Обыкновенную историю» за ее якобы антиромантическую направленность: «А какую пользу принесет она обществу! Какой она страшный удар романтизму, мечтательности, сентиментальности, провинциализму!» [Белинский 1953–1959, 12: 352][5] В своей рецензии на роман Гончарова Белинский более подробно анализирует романтизм Александра Адуева и особенно его культурные и, что важно, физиологические корни. Литературная родословная, приписанная им Адуеву, идентична той, которую Герцен дает Круциферскому, — он также возводит его линию к образцовому влюбленному-идеалисту предромантической традиции: «Родоначальник их [адуевских характеров] на Руси, — утверждает Белинский, — Владимир Ленский, по прямой линии происходящий от гётевского Вертера» [там же, 10: 328]. Примечательно, что там, где Герцен проводит сравнение («[Круциферский] любил, как Вертер, как Владимир Ленский»), Белинский напрямую использует язык генеалогии, подчеркивая тем самым преемственность определенной литературной традиции.

---

[4] В романтической поэме «Демон» (1829–1839) Лермонтов описывает Демона именно как существо, находящееся «посередине»: «Он был похож на вечер ясный: / Ни день, ни ночь, — ни мрак, ни свет!..» [Лермонтов 1979–1981, 2: 384].

[5] Помимо Белинского, роман Гончарова считали антиромантическим произведением Алексей Галахов и Аполлон Григорьев, а также ряд советских критиков [Манн 1969: 246].

Чтобы обосновать такую литературную генеалогию, Белинскому нужно утвердить универсальность подобного романтического мироощущения, и он делает это с помощью физиологического аргумента. Признавая роль внешних, культурных факторов в формировании романтического характера («[Александр Адуев] был трижды романтик — по натуре, по воспитанию и по обстоятельствам жизни» [там же: 332]), критик тем не менее отдает предпочтение природным: «Нет, не перевелись и не переведутся никогда такие характеры, потому что их производят не всегда обстоятельства жизни, но иногда сама природа» [там же: 327–328]. Затем Белинский переходит к анализу типажа романтического героя, используя однозначно зоологическую терминологию — говоря о нем, как «не новой, но все еще интересной породе, к которой принадлежит этот романтический зверек» [там же: 332]. В подходе к объекту своего исследования критик явно использует метод и риторику литературной «физиологии», которая пыталась создать типологию человека или общества в соответствии с биологической моделью Линнея[6]. Предсказуемо, что корни такого типажа (или «породы», говоря языком Белинского) прежде всего биологические и лежат в особой нервной организации: «Эта порода людей, которых природа с избытком наделяет нервическою чувствительностию, часто доходящею до болезненной раздражительности (susceptibilité)» [там же][7].

---

[6] В «Предисловии к человеческой комедии» (1842) Бальзак описывает свой метод социального анализа как применение принципа таксономии животных к человеческому обществу: «...я понял, что... Общество подобно Природе. Ведь общество создает из человека, соответственно среде, где он действует, столько же разнообразных видов, сколько их существует в животном мире» [Бальзак 1960, 1: 22].

[7] Белинский, что интересно, считает необходимым пояснить русский термин «раздражительность» и делает это, заключая в скобки французское слово «susceptibilité». В XIX веке слово «susceptibilité» определялось как «способность получать впечатления, приводящие в движение органическую деятельность» («capacité de recevoir les impressions qui mettent en exercice les actions organiques») и как «повышение физической чувствительности, наблюдаемое при нервных расстройствах» («exaltation de la sensibilité physique observée dans les affections nerveuses») (см. «susceptibilité» в [Larousse 1866–1877]).

Использование Белинским терминов «чувствительность» и «раздражительность», при котором второе качество — это всего лишь более высокая степень первого, значительно отличается от их первоначальных научных определений (см. главу 1), но оно в то же время демонстрирует поразительную жизнеспособность дискурса физиологии XVIII века. Однако если в литературе сентиментализма и позднего романтизма эти физиологические понятия (особенно «чувствительность») приобрели в основном положительные коннотации, то Белинский интерпретирует их как патологические, что позволяет ему представить романтическое мироощущение ненормальным и нездоровым, как это сделал герценовский доктор Крупов:

> Кто в молодости не мечтал, не предавался обманам, не гонялся за призраками, и кто не разочаровывался в них <...>? Но здоровым натурам полезна эта практическая логика жизни и опыта: они от нее развиваются и мужают нравственно; романтики гибнут от нее... [там же: 341]

По мнению Белинского, болезнь заключается во врожденной склонности таких людей анализировать мельчайшие нюансы своей внутренней жизни, прежде всего, отдаваться во власть воображения. В результате они оказываются неспособными к естественным, спонтанным эмоциям и вместо этого разыгрывают свои страсти по придуманным ими моделям. И действительно, в романе Гончарова даже такое якобы «естественное» и отчасти физиологическое состояние, как любовный недуг, «проживается» Александром Адуевым в соответствии с романтическим кодом любви как болезни.

Однако источник искусственной, сконструированной природы эмоциональных переживаний молодого Адуева кроется не во врожденной склонности. Увлекшись обобщениями о «романтической породе», Белинский упускает из виду особенности главного героя романа. В отличие от герценовского Круциферского, Александр Адуев не вписывается в модель природного детерминизма, предложенную критиком. При первом появлении Александра в романе мы видим «белокурого молодого человека в цвете лет, здоровья и сил» [Гончаров 1997–, 1: 176]. Когда же по ходу романа его внешность меняется и становится более соответствующей романтическому стереотипу, автор подчеркивает приобретенный характер его болезненного вида: «В Александре, напротив, все показывало слабое и нежное сложение <...> Он был среднего роста, но худ и бледен, — бледен не от природы, как Петр Иваныч, а от беспрерывных душевных волнений...» [там же: 351]. Его изначальная наивность и романтическая экзальтация, как можно заключить из скудной биографии, представленной в романе, полностью обусловлены буколической атмосферой детства, чтением романтической литературы и запоздалым идеализмом провинциального университета. Природа, по мнению Гончарова, действительно играет определенную роль в становлении героя, но эта роль существенно отличается от той, которую отводит ей Белинский: «Природа так хорошо создала его, что любовь матери и поклонение окружающих подействовали только на добрые его стороны, развили, например, в нем преждевременно сердечные склонности, поселили ко всему доверчивость до излишества» [там же: 180][8]. Эта довольно абстрактная отсылка к природной предрасположенности далека от псевдонаучного языка невроло-

---

[8] Как отмечает Е. А. Краснощекова, столкновение двух сил — «натуры» и «воспитания» — играет решающую роль в концепции человеческой личности в романе Гончарова (и в его творчестве в целом). Вопрос о том, какому из двух факторов писатель отдает предпочтение, остается предметом дискуссии [Краснощекова 2012: 52]. М. В. Отрадин соглашается с Белинским и утверждает, что «Гончаровым характер понимается как результат сложных сочетаний природных данных и „влияний“» [Отрадин 1994: 32]. Следует подчеркнуть, что ученый использует понятие «натуры» в довольно расплывчатом психологическом смысле: как определенный тип личности, не имея в виду врожденную физическую конституцию человека. Понимание же Белинским «натуры» включает в себя физиологическую основу определенного типа характера. Ю. В. Манн, напротив, оспаривает мнение Белинского: «Неправильно считать, что в Александре не заключались предпосылки последующей метаморфозы. Он вовсе не был „романтиком по натуре“ <...> В каком направлении он будет развиваться дальше, зависит не столько от него, сколько от „*обстоятельств*“» [Манн 1969: 251]. Манн, однако, не подкрепляет этот вывод исчерпывающей аргументацией.

гии Белинского, используемого им для преувеличения романтических склонностей молодого человека. Именно этот детерминистский подход мешает Белинскому принять радикальное преображение романтика Адуева в расчетливого карьериста в эпилоге романа: «Его романтизм был в его натуре; такие романтики никогда не делаются положительными людьми» [Белинский 1953–1959, 10: 342–343][9]. Сама предпосылка этого логического рассуждения, а именно врожденная романтическая «натура» Адуева, явно выдумана самим Белинским. Текст «Обыкновенной истории» не дает никаких оснований для такого прочтения. Более того, финальная сцена романа предлагает противоположную интерпретацию — в ней дядя Адуев, впечатленный успехом племянника, объясняет такой триумф их биологическим родством: «И карьера, и фортуна! <...> И какая фортуна! <...> Александр! <...> ты моя кровь, ты — Адуев!» [Гончаров 1997–, 1: 469]. То, что Белинский называет «странной» оплошностью талантливого писателя, на самом деле — ошибочный домысел самого критика, который определил его ожидания относительно развития персонажа. Эта логическая ошибка не случайна, а оказывается следствием тенденции того времени к научному осмыслению культурных феноменов, укоренению социальных настроений и эмоциональной предрасположенности в физиологии, а также несколько обманчивого сходства между романами Герцена и Гончарова и их идеями.

---

[9] Далее критик строит гипотезы о том, какой исход был бы более подходящим для такого персонажа, неоднократно используя понятие «естественности», под которым он подразумевает соответствие персонажа своему типу (как культурному, так и биологическому): «Еще бы лучше и естественнее было ему сделать его мистиком, фанатиком, сектантом; но всего лучше и естественнее было бы ему сделать его, например, славянофилом. Тут Адуев остался бы верным своей натуре» [Белинский 1953–1959, 10: 343]. Л. Я. Гинзбург справедливо замечает, что в своем анализе Александра Адуева Белинский нападает не столько на этого конкретного литературного персонажа, сколько на романтический идеализм своего времени как таковой, во всех его разновидностях [Гинзбург 1982: 243]. Эта скрытая (и в основном личная) заинтересованность Белинского объясняет искаженное представление критика о главном герое романа.

На самом деле, другой влиятельный литературный критик того периода, А. А. Григорьев, также воспринимал главного героя Гончарова в соответствии со стереотипом слабого, худого и болезненного романтического героя а-ля Круциферский. В 1859 году он описал характер младшего Адуева в очень герценовских терминах: «Автор вывел две фигуры: одну — жиденькую, худенькую, слабенькую, с ярлыком на лбу: „романтизм quasi-молодого поколения“» [Григорьев 1967: 331]. Позже в статье он еще раз применяет к Александру Адуеву эпитет «жиденький» — определяющий признак телосложения Круциферского в романе Герцена [там же: 332]. Как и Белинский, Григорьев подошел к роману Гончарова с предубеждением относительно стереотипной внешности романтического героя (или, скорее, псевдоромантического, по мнению Григорьева). На самом деле, как мы видели, Гончаров преуменьшает роль физических факторов в становлении героя. Акцент писателя на социальной и культурной сфере проявляется в использовании им особой разновидности топоса любви как болезни для изображения страданий Александра. Любовный недуг Александра представлен в романе в основном как риторическая поза, культурная маска. Следовательно, Гончаров в своей трактовке этого топоса сосредоточивается на его семиотическом и дискурсивном, а не физиологическом аспекте.

Александр Адуев: романтическая влюбленность как перформанс

Любовная болезнь настигает молодого Адуева, когда его первая петербургская любовь — Наденька Любецкая — внезапно теряет к нему интерес и увлекается блестящим графом Новинским. Первые приступы ревности сразу же отражаются на физическом состоянии молодого героя: «Он похудел, сделался бледен. Ревность мучительнее всякой болезни, особенно ревность по подозрениям, без доказательств» [Гончаров 1997–, 1: 275]. Желая наказать неверную возлюбленную, Александр на время прекращает свои визиты на дачу Любецких. Через две недели он наконец возвращается, и мать Наденьки, простодушная женщина, не подозревающая о его душевной травме, спрашивает о причине длительного отсутствия. Языковая двусмысленность, определившая значительную часть последующего разговора, уже содержится в невольно ироничном вопросе, который Любецкая задает отвергнутому любовнику: «...разлюбили, что ли, нас?» Александр прибегает к традиционной отговорке и мрачно отвечает, что был болен [там же: 276]. Поскольку болезнь, о которой он говорит, может подразумевать как обычное физическое недомогание, так и возвышенное душевное расстройство, его ответ положил начало целой серии каламбуров. Мать Наденьки, классический «наивный толкователь», конечно же, понимает его ответ в физическом смысле — тем более что вводящие в заблуждение «омонимичные» симптомы предлагают именно такую интерпретацию: «Да, это видно: вы похудели и бледные такие!» [там же]. В соответствии с «физическим» подходом, Любецкая предлагает ему еду, от которой герой, конечно, отказывается — отсутствие аппетита служит еще одним типичным симптомом болезни, от которой он на самом деле страдает. Напряжение между психологической (романтической) природой его недуга и ее обыденной интерпретацией в соматических категориях продолжает нарастать по мере детального обсуждения состояния молодого человека:

> — <...> Ну а вы чем это заболели?
> — Я не знаю... у меня что-то грудь болит... — сказал он, прижав руку к сердцу.
> — Вы ничего не принимаете?
> — Нет.
> <...> Что ж вам, ломит, что ли, ноет или режет?
> — И ломит, и ноет, и режет! — рассеянно сказал Александр.
> — Это простуда; сохрани Боже! не надо запускать, вы так ухóдите себя... может воспаление сделаться; и никаких лекарств! Знаете что? возьмите-ка оподельдоку да и трите на ночь грудь крепче, втирайте докрасна, а вместо чаю пейте траву, я вам рецепт дам [там же: 278–279].

Этот диалог представляет собой своеобразную разновидность диагностической сцены, в которой «наивный толкователь» берет на себя роль врача (примечательно, что само слово «рецепт» в русском языке может относиться как к кулинарии, так и к медицине[10]). Как типичный врач в медицинской модели любви как болезни, мать Наденьки анализирует симптомы, ставит диагноз (простуда) и предлагает лечение — все это подразумевает соматическую природу недуга. Романтический герой, поддерживая медицинскую интерпретацию, использует ее лишь в качестве прикрытия, что становится возможным благодаря полисемии языка и симптоматики любви как болезни. Двусмысленность природы состояния героя пронизывает весь диалог, который разворачивается одновременно на двух уровнях. Каждый ответ Александра может быть истолкован и буквально, и метафорически, он одновременно истинен и ложен. Он действительно болен, но не той болезнью, которую имеет в виду Любецкая, чуждая романтической культуре. Он на самом деле страдает от боли в груди, но это не физическая боль и не в самой груди, а в «душе», которая предположительно там располагается («У меня что-то грудь болит… — сказал он, прижав руку к сердцу»). Он и вправду не принимает никаких лекарств, но не потому, что пренебрегает здоровьем, а потому, что в соответствии с психологической моделью никакие лекарства не могут облегчить его состояние. Наконец, он безусловно испытывает все перечисленные симптомы («И ломит, и ноет, и режет!»), ибо его страдания настолько сильны и непреодолимы, что их невозможно разбить на ряд конкретных физических ощущений. Противоречие между «истинной» (психологической) и «ложной» (медицинской) интерпретациями состояния героя подчеркивает несоответствие между внутренним и внешним, эмоциональным и физическим, и помогает Александру провозгласить загадочный и исключительный характер своего расстройства. В соответствии с романтической версией психологической модели любви как болезни Гончаров делает акцент на культурном коде топоса и неспособности «на-

---

10 Словарь Даля определяет рецепт как «предписанье, ярлык врача» и «вообще, всякая записка, наставленье, из чего и как составить какую-либо смесь». В качестве примера он приводит «пивоварный рецепт» [Даль 1880–1882, 4: 95].

ивного» толкователя его расшифровать. Однако выставляя недопонимание между Александром и Любецкой в комическом свете, он одновременно и дискредитирует романтическую концепцию любовной болезни, обозначив ее как искусственную конструкцию и закостеневший набор вербальных и поведенческих клише.

Гончаров добивается аналогичного эффекта, противопоставляя романтическую влюбленность Александра ироничному взгляду его циничного дяди. Философия любви Петра Адуева, как мы узнали ранее, соответствует его умеренному, «промежуточному» подходу к жизни: «Ты будешь любить, как и другие, ни глубже, ни сильнее...» — напоминает он Александру [там же: 240]. Любовь, по его мнению, ни полностью материальна, ни чисто духовна: «В любви равно участвуют и душа и тело» [там же: 299]. Но поскольку романтизированное представление Александра о любви явно тяготеет к идеальному, духовному полюсу, дядя Адуев часто дает ей откровенно материалистическую интерпретацию, чтобы более эффектно подорвать позицию племянника и приземлить его высокопарные рассуждения. Так, он насмешливо предлагает научное объяснение того, что Александр называет «небесным» поцелуем: «...влюбленные — все равно что две лейденские банки: оба сильно заряжены; поцелуями электричество разрешается, и когда разрешится совсем — прости любовь, следует охлаждение...» [там же: 239][11].

В одном из первых разговоров с племянником на эту тему Адуев-старший сразу же отвергает понятие платонической (или «священной», говоря языком Александра) любви, раскрывая сексуальную природу страсти, и безжалостно высмеивает классические сентиментальные сувениры, подаренные Александру Софьей, его возлюбленной, оставшейся в деревне, — прядь волос и кольцо. Александр, что характерно, называет эти сувениры «вещественными знаками невещественных отношений» [там же:

---

[11] Как показывает М. В. Отрадин, аналогичное «научное» объяснение любви было предложено чертом в рассказе Осипа Сенковского «Записки домового» (1835). Этот интертекст вновь подчеркивает «демонический аспект» Адуева-дяди [Отрадин 1994: 51].

213] — определение, которое не только напоминает о дуалистическом расколе между физической и духовной сферами в романтизме, но и прямо указывает на семиотический аспект романтизма Александра. Зависимость героя от символов в сердечных делах параллельна (и предшествует) его в высшей степени ритуальному и закодированному перформансу любовных страданий. Примечательно, что дядя сосредотачивается исключительно на материальном аспекте этих символов, используя органы чувств для определения их ценности: он их осматривает, нюхает прядь, взвешивает кольцо в руке — а затем выбрасывает и то и другое в окно, отрицая тем самым любой «метафорический» смысл и дополнительное значение, которыми они должны обладать.

«Вещественным знакам невещественных отношений» племянника — традиционным знакам не менее традиционных чувств и страданий — дядя противопоставляет знаки иного рода: физиологические выражения биологических потребностей организма, не скрывающие за собой никаких возвышенных мотивов и эмоций. Так, старший Адуев заказывает ужин, а затем демонстративно зевает или засыпает во время «искренних излияний» племянника или чтения им своих литературных произведений. Постоянные жалобы дяди на больную поясницу в конце романа играют аналогичную стратегическую роль: это не просто ворчание прозаически настроенного стареющего человека, но еще один идеологический инструмент, который он использует для борьбы с романтическими склонностями племянника[12]. Когда жена спрашивает Петра Иваныча, не жалко ли ему Александра, страдающего от трагической утраты иллюзий, тот отвечает в свойственной ему манере: «Нет. Вот если б у него болела поясница, так я бы пожалел: это не вымысел, не мечта, не поэзия, а реальное горе...» [там же: 423]. Этот комментарий, несмотря на его шутли-

---

[12] Характерно, что после того, как Александр возвращается в деревню из Петербурга, дядя замечает, что боль в пояснице утихла. Хотя он говорит об этом в шутку, указывая на общее облегчение, которое принес ему отъезд Александра, этот комментарий все же связывает уменьшение боли в спине с отсутствием оппонента и подтверждает роль физического дискомфорта как полемического приема.

вый тон, имеет программное значение: здесь «реальность» противопоставлена «мечте» и «поэзии», телесная боль — выдуманным, книжным страданиям души, и, наконец, реализм — романтизму.

Боль в пояснице занимает довольно низкое положение в романтической иерархии болезней. Важно отметить, что, пережив разочарование, Александр с особым отвращением наблюдает за озабоченностью людей «прозаическими болезнями» — «тоской в ногах», ревматизмом или геморроем — как символом их сосредоточенности на физической сфере[13]. О том, что такая романтическая иерархия болезней существовала в европейской литературе задолго до первого романа Гончарова, свидетельствует роман Джейн Остин «Чувство и чувствительность» (1811): когда романтически настроенная Марианна с презрением говорит о ревматизме полковника Брэндона, ее сестра Элинор отвечает: «Если бы он слег в горячке, ты презирала бы его куда меньше! Ну, признайся, Марианна, ведь воспаленное лицо, потускневшие глаза и частый пульс горячки таят для тебя особую привлекательность, не так ли?»[14] Горячка здесь явно противопоставляется приземленному ревматизму как «романтическая» болезнь.

Несмотря на брезгливое отношение Адуева-дяди к символизму, его боль в пояснице постепенно приобретает в романе метафорическое значение. В своем исследовании творчества Гончарова Милтон Эре интерпретирует мотив ревматизма как «символ провала ультрарационалистической, расчетливой и эмоционально стерильной жизни дяди» [Ehre 1973: 127]. Однако с точки зрения дяди боль в пояснице, хотя и доставляет явный дискомфорт на физическом уровне, имеет положительное значение в переносном смысле. Он сам прямо указывает на семиотическую

---

[13] «Ему странно казалось, как это все не ходят сонные, как он, не плачут и, вместо того чтоб болтать о погоде, не говорят о тоске и взаимных страданиях, а если и говорят, так о тоске в ногах или в другом месте, о ревматизме или геморрое. Одно тело наводит на них заботу, а души и в помине нет!» [Гончаров 1997, 1: 392].

[14] Перевод И. Г. Гуровой.

ценность своего недуга, называя его «знаком отличия у всякого делового человека» [Гончаров 1997, 1: 417]. Таким образом, для старшего Адуева, противопоставляющего дело и любовь (фантазию, отвлекающую от дела), боль в пояснице — это престижный знак светского успеха, прямая связь с действительностью и, главное, «реальное горе» — мощный противовес эстетизированным духовным страданиям романтизма.

Учитывая скептическое отношение Адуева-дяди к романтической любви и «страданиям души», нельзя ожидать от него особого сочувствия к любовному недугу племянника. И действительно, в ситуации с любовной болезнью Александра Петр Адуев берет на себя роль «циничного толкователя», который, в отличие от «наивного толкователя», хорошо знаком с этой культурной концепцией, но не придает ей большого значения. В этой ситуации Александр, отчаянно нуждающийся в утешении и совете, выбирает иную риторическую стратегию, нежели в разговоре с матерью Наденьки. Прекрасно понимая, что дядя обладает необходимой культурной компетенцией, чтобы правильно оценить его состояние, он пытается расшифровать, а не закодировать семиотику любовной болезни для своего собеседника. На вопрос дяди, здоров ли он, Александр отвечает утвердительно, но «слабым голосом»: «Да... двигаюсь, ем, пью, следовательно, здоров» [там же: 292]. Придерживаясь, казалось бы, чисто медицинского представления о здоровье как о выполнении основных жизненных функций, Александр надеется намекнуть собеседнику на «более глубокое», менее буквальное понимание своего состояния (для этого он разоблачает упрощенную логику, лежащую в основе такого понимания здоровья: «Двигаюсь, ем, пью, следовательно, здоров»). Эта стратегия не срабатывает, поскольку старший Адуев, как всегда невосприимчивый к романтическим «излияниям» племянника, намеренно придерживается медицинской точки зрения и предлагает Александру обратиться к врачу. Тогда Александру не остается ничего другого, как прямо представить психологическую модель любви-болезни: «Мне уж советовали и другие, но никакие доктора и оподельдоки не помогут: мой недуг не физический...» [там же]. Однако Петр Адуев вновь отказывается следовать «романтической» логике, навязанной ему Александром, и иронически предполагает, какая из «душевных болезней» мучает его племянника: потеря денег, проигрыш в азартной игре или неприятности дома. Наконец он приходит к долгожданной «истине»: «...там следует вздор, любовь, я думаю...» [там же: 293] — тем самым он отвергает значимость любовного недуга, хотя и признает его как понятие.

Петр Адуев, отстаивающий умеренность, предсказуемо считает страсти патологией, «ошибками, уродливыми отступлениями от действительности, чем-то вроде болезней, для которых со временем явится своя медицина» [там же: 314]. Поэтому он с самого начала называет увлечение Александра Наденькой «горячкой» и «бредом» и настаивает на своем понимании любви как патологии, когда вынужден иметь дело со страдающим от любви Александром: «Да неужели ты от любви так похудел? Какой срам! Нет: ты был болен, а теперь начинаешь выздоравливать...» [там же: 293]. Здесь дядя Адуев предпринимает новую попытку подорвать топос, поменяв местами традиционные представления о здоровье и болезни: болезнь — это любовь, а не отсутствие любви; любовная болезнь на самом деле не болезнь, а выздоровление, обнадеживающий признак преодоления патологической страсти. Чтобы завершить исцеление, старший Адуев применяет к своему «пациенту» психологический метод лечения. Однако дядина терапия — трезвая, рациональная и самокритичная оценка ситуации — хотя и вполне соответствует его философии разума, предсказуемо не способна вылечить разбитое сердце идеалиста племянника.

Гончаров использует аналогичную схему на более позднем этапе романа, когда у Александра развивается другая традиционная романтическая болезнь — разочарование. Он снова сопровождает «духовное» состояние главного героя двумя медицинскими интерпретациями, представленными двумя типами «толкователей». Дядя успешно определяет состояние Александра в соответствии с романтическим кодом («Да ты, Александр, разочарованный, я вижу...»), но вновь, демонстрируя свое знакомство с культурой романтизма, отвергает ее предпосылки.

«Душевным страданиям он [дядя] мало верил...», поэтому старик начинает беспокоиться, «не кроется ли под этим унынием начало какого-нибудь физического недуга» [там же: 387]. После «циничного» прочтения ситуации, предложенного дядей, Гончаров вводит взгляд «наивного» толкователя. Когда Александр, подавленный, бледный, худой и лысеющий, возвращается в свое загородное имение, его мать начинает расследование с целью выяснить, чем вызвана такая резкая перемена в ее некогда здоровом и цветущем сыне. В итоге камердинер Александра вспоминает диагноз, который он услышал в Петербурге: «Разо... разочарованный, точно так-с, вспомнил!» [там же: 436]. Этот диагноз озадачивает всех, поскольку ни один из участников разговора — ни сам камердинер, ни мать Александра, ни ключница Аграфена — не знаком с этим понятием. Последующее обсуждение посвящено лингвистической расшифровке. Мать гадает, не означает ли этот термин какую-нибудь болезнь; Аграфена предполагает возможность сглаза («Ах, да не испорчен ли это значит, сударыня?»), а сосед Антон Иваныч позже приписывает недуг молодого человека плохому питанию. Интерпретации состояния Александра, медицинские или наивно-магические, остаются, таким образом, за пределами романтической сферы. Когда Адуева наконец решается прямо спросить сына, что у него болит, тот, как и в разговоре с Любецкой, дает намеренно двусмысленный ответ, указывая на органы тела, имеющие в романтическом лексиконе символическое значение:

> — Болит и тут, и здесь. — Он указал на голову и сердце.
> Анна Павловна дотронулась рукой до его лба.
> — Жару нет, — сказала она. — Что ж бы это такое было? стреляет, что ли, в голову?
> — Нет... так... [там же: 441].

Александр вновь опирается на обманчивую семантику душевных болезней, чтобы помешать наивному толкователю понять его и подчеркнуть свою трагическую изоляцию романтического героя.

Эти два медикализированных подхода к любви как болезни и «душевным расстройствам» в целом — наивно-физический и искушенно-циничный — представляют собой два разных взгляда. Для первого истинное значение недуга скрыто, тогда как для второго — слишком легко доступно; один остраняет его, а другой сознательно отвергает. Однако в любом случае результат один и тот же: обе точки зрения с двух разных позиций подчеркивают искусственный и условный характер этого понятия. Более того, поведение Александра в обеих ситуациях соответствует тому, что современные социальные психологи называют «драматическим» исполнением эмоциональных эпизодов, то есть выражением определенных эмоций в рамках ролей, построенных по образцу литературных или мифологических стереотипов[15]. Эти «драматические роли», как объясняет Теодор Сарбин, служат для «поддержания или усиления самости или идентичности» [Sarbin 1986: 91]. Александр разыгрывает «душевную» болезнь любви (а также разочарование), чтобы упрочить и сохранить свою романтическую идентичность, поставленную под угрозу циничным современным городским миром Петербурга, с которым он сталкивается. Идея драматического представления находит свое выражение и в структурной организации произведения. Псевдодиагностические сцены романа, которые я анализирую выше, носят явно театральный характер и включают не только диалоги, но и жесты (Александр указывает на голову и сердце), как будто действительно следуя некоему драматическому сценарию. Важно отметить, что в XX веке «Обыкновенная история» была переработана в пьесу известным советским драматургом Виктором Розовым. Относительная легкость, с которой роман поддается сценической адаптации, связана не только с его диалогической, драматической структурой (многочисленные споры дяди и племянника), но и в значительной степени с тем, что внутренняя эмоциональная жизнь персонажа выражается вербально и кинетически, а не постига-

---

[15] Например, моделирование ревности по образцу Отелло или драматической мести по образцу Гамлета и т. д. См. [Sarbin 1986].

ется через внутренние монологи протагониста или вторжение рассказчика в психику героя.

Гончарова, однако, нельзя назвать последователем социального конструктивизма, а приверженность Александра культурным образцам поведения, как утверждают некоторые исследователи, не уменьшает и не отменяет искренность его эмоций[16]. Иногда он действительно сознательно надевает ту или иную культурную маску (например, изображает мученика после разрыва с Наденькой или играет роль байронического героя с Лизой — молодой, впечатлительной девушкой, которую он почти соблазняет в конце романа), но его страдания по большей части представлены как подлинные. Однако формы, которые принимают его терзания, меняются по мере того, как он сбрасывает романтическую маску и обнажает свою «естественную» личность. Читатель понимает всю глубину боли, которую испытывает Александр в результате «предательства» Наденьки, не когда герой говорит идеальным и клишированным поэтическим языком о «больном сердце», которое ищет исцеления или «благородной, колоссальной страсти», а когда начинает горько плакать и едва способен донести свою мысль неполными, оборванными предложениями: «Мне душно, больно... тоска, мука! я умру... застрелюсь...» [Гончаров 1997–, 1: 309]. Другими словами, когда возвышенные страдания Александра комически противопоставляются в романе их обыденным интерпретациям, мишенью становится не сам герой, а избитые формы выражения, на которые он опирается. Отрезвляющий, подчеркнуто прозаический физиологический взгляд на любовь как на болезнь оказывается особенно эффективным приемом для разоблачения условности этих форм.

Но цель Гончарова более амбициозна, чем просто критика «запоздалого романтизма» (так Л. Я. Гинзбург назвала провинциальное романтическое мироощущение 1840-х годов). Как признает Гинзбург, намерения Гончарова были шире: «Он хотел нанести удар вообще современному романтизму, но не сумел определить идеологический центр» [Гинзбург 1982: 235]. Однако

---

16 См. [Отрадин 1994: 40–43; Краснощекова 1997: 77].

я не считаю, что выбор Гончаровым молодого Адуева в качестве представителя романтического мировоззрения — результат просчета писателя, ошибочно обозначившего эпигонский, провинциальный идеализм «идеологическим центром» романтизма. Скорее, как я предположила ранее, в противостоянии с романтизмом Гончаров (в отличие от Герцена или Белинского) поставил на карту не философские вопросы дуализма и идеализма и их политические последствия, а борьбу за современность. И действительно, роман сталкивает племянника и дядю не только как представителей романтической и постромантической идеологии соответственно, но, более того, как приверженцев досовременных (идиллических) и современных ценностей и мировоззрений, что также станет центральным конфликтом написанного позже и, возможно, лучшего романа Гончарова «Обломов» (1859). Если Александр, изнеженный барин, был родом из феодального мира сельской России, то его дядя, преуспевающий капиталист, живет в городе, и не просто в городе, а в Петербурге — символе российской модернизации. В отличие от Александра, который ставит на первое место семейные связи, Адуев-старший отдает приоритет деловым отношениям. Что еще важнее, у обоих героев принципиально разное представление о времени[17]. Дядя прямо указывает на отказ современной жизни от природных ритмов, которым продолжает подчиняться взрастивший Александра идиллический мир, и отстаивает идею линейного, исторического времени в противовес вневременному мифологическому миру буколической деревни:

> По-твоему, живи день за днем, как живется, сиди у порога своей хижины, измеряй жизнь обедами, танцами, любовью да неизменной дружбой. Все хотят золотого века! Уж я сказал тебе, что с твоими идеями хорошо сидеть в деревне, с бабой да полдюжиной ребят, а здесь надо дело делать; для

---

[17] И. Клигер предлагает глубокий анализ темпоральности в романе и отмечает, что «становление Александра в романе состоит в основном из перехода от деревенского времени к городскому», от циклического времени идиллии к линейному времени современности [Kliger 2005: 2].

этого беспрестанно надо думать и помнить, что делал вчера, что делаешь сегодня, чтобы знать, что нужно делать завтра... [Гончаров 1997–, 1: 249][18]

Дядя, как мы помним, обосновывает свой беспощадно аналитический и прагматичный взгляд на человеческие страсти и отношения, ссылаясь на «наш век», то есть Новое время, как на условие, которое требует такого взгляда.

Важно также отметить, что для Адуева-дяди любовь, наряду с «неизменной дружбой», относится к числу романтических понятий, составляющих то идиллическое, явно архаическое, мировоззрение, которое он намерен дискредитировать. Его упор на сдержанность и меру в любви, а также неприятие идеи «вечной любви» с ее вневременностью также свидетельствуют о приверженности духу Нового времени. Как показали историки эмоций, путь западной цивилизации к современности традиционно осмыслялся как эволюция к сдержанности и умеренности эмоциональных выражений. В основе этого «метанарратива» истории эмоций лежит гидравлическая модель — представление об эмоциях как о жидкости внутри человека, стремящейся вытечь наружу. Барбара Розенвейн утверждает, что эта модель была заменена двумя альтернативными взглядами — теорией когнитивной психологии об эмоциях как «части процесса восприятия и оценки, а не... сил, стремящихся к освобождению», и социальным конструктивизмом только в 1960-х годах [Rosenwein 2002: 821–845, особенно 834–837]. Примечательно, что в романе Гончарова Адуев-старший рассматривает человеческие эмоции именно в соответствии с такой гидравлической моделью: он напрямую уподобляет избыток страстей пару, который должен регулироваться клапаном, то есть рассудком[19]. Романтическая

---

18 Дядя также отмечает ранее: «У вас встают и ложатся по солнцу, едят, пьют, когда велит природа <...> У тебя вон слипаются глаза, а я еще за работу сяду...» [Гончаров 1997–, 1: 210].

19 Моя бывшая студентка из Колумбийского университета Елена Недув проанализировала образы воды и огня в романе и пришла к выводу, что в теории чувств Адуева-дяди человеческое сердце работает по образцу парового

идеология, воплощенная его племянником, напротив, приписывает избытку, особенно избытку страсти, положительную ценность[20]. Романтизм с культом эмоций, таким образом, представляет для Адуева-дяди (и в некоторой степени для Гончарова) явно устаревшее, неактуальное мироощущение, которое препятствует вхождению России в Новое время.

С этой точки зрения любовь как болезнь представляет собой особую опасность, поскольку она свидетельствует о полном отказе «гидравлического» механизма — о неисправности «клапана-рассудка» как управляющего устройства, что приводит к соматическому срыву перед лицом всепоглощающей страсти в большей степени, чем другие романтические эксцессы. Таким образом, любовь как болезнь становится в романе идеальным образцом романтического состояния, воплощающим все проблемы романтизма, начиная с его «неестественности» и заканчивая сопротивлением идеям разума и прогресса.

Юлия Тафаева: романтическая истеричка

Если при помощи персонажа Александра Адуева Гончаров изобличает романтический идеализм как исторически отсталую и риторически избитую систему ценностей, то история Юлии Тафаевой обнаруживает его физически разрушительную и нездоровую (в буквальном смысле) природу. Роман Александра с Юлией завязывается через год после неудачного опыта героя с Наденькой и становится еще одним этапом его разочарования в идеале блаженной вечной любви. Молодая вдова страстно влюбляется в Александра, который отвечает ей взаимностью, но

двигателя. Как отметила Недув, Александр в какой-то момент прямо сравнивает своего дядю с паровозом: «...вы мыслите, чувствуете и говорите точно как паровоз катится по рельсам...» [Гончаров 1997–, 1: 308].

[20] См. [Сонтаг 2016: 45–46]. Сонтаг переворачивает традиционную хронологическую схему и представляет романтический культ сильных эмоций как следующий за «выработанным еще до Нового времени», по словам самой Сонтаг, акцентом на умеренности.

в конце концов уединенный образ жизни, который ведет Юлия, а также однообразное постоянство и интенсивность ее чувств наскучивают молодому человеку, и он с ней расстается. В романе Юлия предстает как идеальное воплощение романтической героини: чрезмерно чувствительной, меланхоличной и обязательно физически хрупкой, о чем свидетельствует ее бурная физическая реакция на расставание с Александром. Гончаров, таким образом, распределяет модели «романтической» влюбленности по предсказуемым гендерным линиям. Романтизм Александра находит свое выражение в основном в «диком языке» и преувеличенно эмоциональном поведении, а его любовная болезнь принимает формы языковой игры и культурного перформанса, в то время как романтический идеализм Тафаевой проявляется в основном через слабое телосложение — то есть в «естественной», физиологической сфере.

Юлия Тафаева введена в повествование если не как пациент, то как некий психофизиологический тип. Впервые она упомянута в эпизоде, где Адуев-дядя делится с Александром своими опасениями по поводу влюбленности его делового партнера Суркова в молодую и привлекательную вдову, что чревато для него большими тратами. Дядя просит Александра поухаживать за вдовой и влюбить ее в себя (что, по его мнению, быстро охладит пыл влюбленного Суркова). Адуев-старший верно предсказывает, что эмоциональная и психологическая предрасположенность Юлии сделает ее весьма восприимчивой к романтическому позерству и пафосу Александра. Дядя, отметив ранее привлекательную внешность Юлии, описывает ее как «чувствительную... должно быть, слабонервную» и склонную к симпатии и излияниям [Гончаров 1997, 1: 348].

Таким образом, одна из первых характеристик Юлии в романе — это диагноз: несколько уничижительный эпитет «слабонервная», выбранный Адуевым-старшим, указывает на патологическое состояние гораздо яснее, чем более нейтральные термины «нервная» или «нервическая». Этот эпитет, что интересно, следует сразу же за описанием Юлии как «чувствительной» — и такой переход имеет стратегическое значение. Предромантическая и романтическая традиции действительно могли частично эстетизировать нервы, но резкий переход Адуева-дяди от культурно отягощенной лексики чувствительности к физиологическому дискурсу нервных расстройств переводит идею романтического мироощущения в область медицины и патологии. Таким образом, этот ироничный «перевод» служит еще одним инструментом, который помогает дяде в очередной раз попробовать ослабить и подорвать романтический дискурс и ценности.

Рассказчик впоследствии уточняет характеристику Юлии, давая более взвешенное описание героини, но и он подтверждает ее нервную организацию и, более того, относит ее к типу «нервных женщин». Представительницы этого типа обладают определенным набором черт характера, а также собственной физиогномией:

> ...она была робка, мечтательна, чувствительна, как бóльшая часть нервных женщин. Черты лица нежные, тонкие, взгляд кроткий и всегда задумчивый, частию грустный — без причины или, если хотите, по причине нерв [там же: 354].

В этом описании, как и в последующей более подробной зарисовке, посвященной нраву и личности Юлии, Гончаров отдает дань культурной традиции меланхолии, которую он несколько модернизирует, вводя язык нервов и раздражительности. И действительно, пессимистическое мировоззрение Тафаевой, ее склонность к одиноким прогулкам по темным аллеям, частые мысли о смерти и почти карикатурное избегание веселья и смеха — все это типичные качества меланхоличного героя[21]. Однако «в другое время», по словам рассказчика, героиня ведет и чувствует себя несколько иначе, и это альтернативное эмоциональное состояние предполагает другую медико-культурную парадигму, которую не так просто определить. Симптомы этого «другого» состояния — перепады настроения, томление и «какая-нибудь

---

[21] Описание ритуализированного поведения меланхоличного героя в России XVIII века см. в [Виницкий 1995: 44–49].

обольстительная мечта», с которой она «внутренно боролась», — наводят на мысль об эротических фантазиях и подавленном сексуальном желании и, как я утверждаю ниже, отсылают к традиции истерии[22]. Обе традиции, меланхолия и истерия, что немаловажно, подчеркивают загадочный характер ее состояния (вспомните грусть Юлии «без причины»): определение меланхолии как беспричинной печали и страха, сформулированное Робертом Бертоном [Бертон 2005: 618], из раза в раз повторяется в рассуждениях о меланхолии, а истерия, часто «sans cause connue»[23], нередко заводит исследователей этого состояния в эпистемологический тупик[24].

В описании личности Юлии преобладает мотив ее необъяснимости. В самом первом косвенном появлении героини в романе — в описании Адуева-старшего и рассказчика — ее характер представлен как потенциальная проблема или загадка, которую нужно решить, «угадать» или объяснить. «Петр Иваныч угадал», — комментирует рассказчик характеристику Юлии, данную

---

22 Эти две парадигмы, конечно же, пересекаются. На самом деле в XVIII веке оба состояния воспринимались в рамках традиции меланхолии. А. Т. Болотов в своем трактате об ипохондрии 1785 года писал, что «меланхолическую болезнь обыкновенно разумеют под общим названием скуки или боли сердечной, а у женщин под названием матки» (Болотов А. Т. О ипохондрии // Экономический магазин. 1785. Ч. 27. С. 235).

23 «без известной причины» (фр.). — *Прим. пер.*

24 Радден выделяет четыре темы, неизменно присутствующие в работах о меланхолии на протяжении веков, среди которых «страх и печаль без причины как мучительная субъективность, наиболее характерная для меланхолических состояний» [Radden 2000: 4, 10–12]. Французский врач XIX века Жан-Луи Браше приводит случай истерии «без известной причины» («sans cause connue») в своем труде «Traité de l'hystérie» [Brachet 1847: 168]. Джен Мэтлок обращает внимание на эпистемологический вызов, бросаемый истерией: «Истерия маркирует пространство отсутствия знания — либо со стороны лечащего врача, либо со стороны самого пациента». Она также отмечает, что истерия сопротивляется языку и смыслу, наложенному на нее врачами; хотя врачи и описывают случаи своих пациентов, создавая, на первый взгляд, причинно-следственные связи, в конечном итоге смысл, который они приписывают этим случаям, проистекает из их собственных систем убеждений и предрассудков [Matlock 1994: 143–144].

Адуевым-дядей; позже Юлия замечает, что Александр ее «угадал», и добавляет: «Из мужчин никто, даже муж, не могли понять хорошенько моего характера» [Гончаров 1997, 1: 354]. Но в то же самое время рассказчик рассеивает этот ореол таинственности и сводит загадку характера нервной женщины к простому неврологическому объяснению.

> Всё нервы! А послушать этих дам, так чего они не скажут! слова: *судьба, симпатия, безотчетное влечение, неведомая грусть, смутные желания* — так и толкают одно другое, а кончится все-таки вздохом, словом «нервы» и флакончиком со спиртом [там же].

Все термины, которые перечисляет рассказчик, графически и стилистически выделены: они безошибочно принадлежат к романтической лексике. Более того, в каждом из них, в большей или меньшей степени, заложена семантика необъяснимого, не имеющего очевидной причины. Этот набор романтических символов находит подкрепление в материальной и телесной сферах: физической реакции (вздох), химическом веществе (спирт) и физиологическом механизме (нервы). Однако категоричность этого объяснения оказывается иллюзорной. Ведь «нервы», как и вездесущий «флакончик со спиртом», были такими же условными атрибутами «чувствительного» женского поведения, как «смутные желания» и «неведомая грусть» — романтической лексики. И «нервы», несмотря на свою отличную от возвышенной романтической риторики природу, остаются всего лишь словом («...кончится все-таки вздохом, словом „нервы“...»), то есть еще одним знаком. Таким образом Гончаров высмеивает не только язык романтического идеализма, но и язык неврологии и, показывая, что научный дискурс — это такая же лингвистическая конструкция, подрывает его претензии на истинность. Нервы — слишком удобное объяснение загадки Юлии: например, когда ранее рассказчик использует клише «грусть без причины», он быстро добавляет «или, если хотите, по причине нерв». Оговорка «если хотите» ставит под сомнение достоверность такого толкования. Гончаров выдвигает идею о том, что чисто физиологическое объяснение хрупкой и чувствительной натуры романтической женщины, каким бы традиционным и распространенным оно ни было, все же недостаточно, что далее подтверждает экскурс в прошлое Юлии.

Повествование о прошлом героини изобилует риторикой причинности (выраженной в таких конструкциях, как «вот отчего») и бросает вызов традициям, которые постулировали необъяснимость меланхоличного (и истерического) нрава: «Вот отчего эта задумчивость и грусть без причины, этот сумрачный взгляд на жизнь у многих женщин...» [там же: 361]. Однако механизм, предложенный Гончаровым для объяснения нынешнего состояния Юлии, далеко не нов и не оригинален: он явно обязан популярным в то время концепциям женственности, среди которых в том числе и идея о хрупкой нервной системе женщин — несмотря на скептицизм, с которым рассказчик вводит версию «нервов». В романе подчеркивается, что конституция Юлии изначально слаба просто потому, что она принадлежит к женскому полу, а также существенно подорвана ее идеализмом и неспособностью принимать реальность такой, какая она есть. Последнее стало продуктом хаотичного воспитания героини и ее увлечения романтической литературой:

> Отсюда родилась мечтательность, которая создала ей особый мир. Чуть что-нибудь в простом мире совершалось не по законам особого, сердце ее возмущалось, она страдала. Слабый и без того организм женщины подвергался потрясению, иногда весьма сильному. Частые волнения раздражали нервы и наконец довели их до совершенного расстройства [там же].

Таким образом, личность и физиология «нервной» женщины в романтизме развиваются по следующей схеме: сперва внешнее воздействие — чтение — создает определенный образ действительности; затем происходит сравнение этого идеализированного образа с реальным положением вещей; негативный результат такого сравнения влияет на и без того хрупкую нервную систему, что в конечном итоге приводит к хронически нездоровому состоянию (феномен раздражительности играет в этом процессе значительную роль). Это физиологическое расстройство, в свою очередь, определяет эмоциональный настрой женщины. Ее пессимистический взгляд на мир приводит к еще более решительному отказу от реальности и погружению в мир фантазий: «...вот, одним словом, отчего пугает их действительность, заставляя строить мир, подобный миру фатаморганы» [там же]. Так создается порочный круг, из которого нет выхода. Эта схема повторяется позже в развитии любовной болезни Юлии, организм которой переживает глубокий шок из-за того, что реальный исход романа с Александром не соответствует ее литературным романтическим ожиданиям.

Хотя Гончаров и использует клише о врожденной женской хрупкости, подробный рассказ о воспитании Юлии наводит на мысль, что ее повышенная чувствительность и неспособность принимать реальность стали в значительной степени результатом полученного ею образования. Важно отметить, что рассказчик называет целью ее образования опять-таки стремление к поиску причин — «открыть ему [ее юному уму] *всех вещей действа и причины*» [там же]. Но педагоги Юлии (француз, немец и русский), а также ее кузен, снабжавшие ее книгами, оказались не в состоянии справиться с этой задачей: они либо совсем не затронули эмоции и интеллектуальное любопытство героини (как в случае со скучным немцем), либо сумели пробудить только воображение и вместе с ним чувственность. Это привело к опасному дисбалансу между «интеллектом» и «сердцем», разумом и эмоциями — дисбалансу, напоминающему нам о гидравлической модели, хотя и не к такому явному, как в случае с Александром. Гораздо важнее то, что это несоответствие между рациональной и эмоциональной сферами в психике Юлии отражает в интернализованной форме «внешний» конфликт всего романа, в котором сталкиваются слишком рациональный Адуев-старший и его чересчур чувствительный и эмоциональный племянник.

В медицине и трудах по нравственности XIX века было принято считать, что романы губительны для женского целомудрия и психического здоровья. Гончаров затрагивает другой аспект этой проблемы: он предполагает, что чтение может быть опасным только в том случае, если интеллект остается в ходе этого процесса в стороне; более того, в протофеминистическом духе он однозначно возлагает вину за одностороннее развитие женщин на мужчин. Во фрагментах, посвященных воспитанию молодой девушки, автор мастерски исследует тему соблазнения через образование как в прямом, так и в переносном смысле. Особенно это касается французского наставника, который знакомит Юлию с классической мифологией, представленной в виде романтической истории, без какого-либо глубокого смысла, в результате чего героиня воспринимает «всё это так, как оно написано, и не подозревая никакого другого значения в этих сказках» [там же: 362]. Более того, француз отмахивается от любых проявлений интеллектуального любопытства своей ученицы: когда Юлия спрашивает о религии древних, он игнорирует ее вопрос и говорит, что это все «глупости» («des bêtises»). Вместо этого он предлагает ей подумать о литературе как о модели для собственной жизни, когда кокетливо спрашивает, «потрепав ее по руке», что бы она сделала на месте Венеры (имея в виду амурную историю Венеры, Марса и Вулкана, которую она прочла для урока). «Она ничего не отвечала, но в первый раз в жизни покраснела по неизвестной ей причине» [там же: 363]. Излишнее поощрение романтического воображения Юлии и подавление ее интеллектуального любопытства совпадают с этим моментом подсознательного («по неизвестной ей причине») осознания себя как сексуального объекта. Неудивительно, что следующим шагом учителя становится знакомство ученицы с французской «новой» школой — Жюлем Жаненом, Оноре де Бальзаком и Эженом Сю — авторами, произведения которых в то время считали особенно опасными для нравственности молодых женщин [Matlock 1994: 215]. Соблазнение ученицы с помощью литературы становится вполне буквальным в сцене попытки француза соблазнить героиню физически.

Не лучше обстоят дела и у русского наставника. Иван Иванович учит Юлию скучным правилам русской грамматики, а также устаревшей русской литературе XVIII века и представляет ей всемирную историю как романтическое приключение (она узнала, например, что Александр Македонский вел много войн и был «прехрабрым» и «прехорошеньким»). С современной русской романтической литературой, в частности с «Евгением Онегиным» и «Кавказским пленником» Пушкина, ее знакомит кузен (что существенно, еще один мужчина-«педагог»), но и он «не умел растолковать ей значения и достоинства этого произведения» [Гончаров 1997–, 1: 365]. Эти книги вновь пробуждают лишь воображение Юлии, а не ее интеллект; неудивительно, что она выбирает в качестве образца для себя пушкинскую Татьяну. Учитывая зависимость Татьяны от чтения и ее склонность строить свою реальность по литературным моделям, увлечение Юлии пушкинской героиней подчеркивает ее «вторичную» (или даже третичную) природу по отношению к реальности. По сути, она повторяет судьбу своей любимой героини. Как и Татьяна, Юлия появляется в свете девицей на выданье с «интересной бледностью» и там привлекает внимание почтенного чиновника гораздо старше ее, за которого в итоге она выходит замуж. Как и все остальные мужчины в жизни Юлии, Тафаев, «обыкновенный муж», а не герой ее фантазий, подводит ее: в разговоре с Александром она утверждает, что «из мужчин никто, даже муж, не могли понять хорошенько [ее] характера».

Таким образом, Гончаров предполагает, что один из ключей к разгадке тайны «нервной» женщины лежит в ее образовании. Биография Тафаевой так же репрезентативна для подобного типа женщин, как и ее поведение: описание Гончаровым «классического триумвирата» ее педагогов, которые представлены не просто как отдельные учителя, а как «три нации», а также комическая стереотипность их имен — француз Пуле, немец Шмидт и русский Иван Иванович — усиливают эффект обобщения. И все же, как мы видели ранее, предрасположенность женщины к нервной болезни нельзя объяснить одним лишь социальным аспектом: важную роль играет и ее врожденная телесная хрупкость. То есть женщина, которая в будущем станет «нервной», вдвойне обречена самой своей женственностью — особой физической конституцией, а также социальной и интеллектуальной зависимостью от образования, регламентируемого, контролируемого и предоставляемого ей мужчинами.

Это сочетание физических и социальных (в том числе гендерных) факторов выводит нас за рамки неврологии, которая предполагает чисто органическое расстройство, и указывает на традицию истерии — древнего диагноза, который пользовался особой популярностью в XIX веке[25]. Изначально считавшаяся расстройством матки (эта трактовка регулярно актуализировалась на протяжении всей истории заболевания), а затем — мозга и нервной системы, истерия, согласно распространенному мнению, была прежде всего «женским недугом», к которому женщины были биологически предрасположены[26]. Как утверждал Жан-Луи Браше в своем «Трактате об истерии», опубликованном в 1847 году — том же году, что и роман Гончарова, — «Страсти разного рода мучают мужчин не меньше [чем женщин], но тем не менее они редко вызывают у них истерию. В этом еще одна огромная разница между двумя полами» [Brachet 1847: 234].

Героиня Гончарова точно соответствует описаниям женщин с истерической предрасположенностью, популярным в тот период: в числе обстоятельств, обусловливающих развитие у пациенток истерии, обычно перечислялись «нервная конституция», «женский пол», молодость и «меланхоличный характер»[27]. Некоторые авторы, занимавшиеся проблемой истерии, связывали это состояние именно со «слабыми нервами» — как мы помним, определяющей характеристикой личности и физиологии Юлии, отмеченной Адуевым-дядей и подтвержденной рассказчиком[28].

---

[25] Историю истерии как медицинского заболевания см. в [Veith 1965]. Подробный обзор различных традиций интерпретации истерии, а также анализ истерии как метафоры см. в [Micale 1995].

[26] Анализ традиции истерии с позиции феминизма см. в [Showalter 1985: chap. 6].

[27] См. [Dictionnaire de médecine 1824, 11: 532–533] (цит. по: [Rothfield 1992: 24]).

[28] В своем «Трактате об истерии» Браше рассматривает различные теории истерии, включая теорию Уайтта, который подчеркивал «чрезвычайную слабость» нервной системы как основной фактор, предрасполагающий человека к истерии [Brachet 1847: 40]. За знакомство с трудом Браше я благодарна исследованию Дж. Мэтлок.

Статус Юлии как вдовы также мог бы выделить ее особую склонность к этому расстройству: истерия часто ассоциировалась с половым воздержанием, поэтому вдовы и девственницы составляли группу повышенного риска [Brachet 1847: 284]. Более того, некоторые медицинские авторы XIX века подчеркивали роль образования как решающего фактора предрасположенности к истерии. Эпиграф к «Трактату об истерии» Браше гласил: «Значительная часть женщин подвержена истерии в гораздо большей степени вследствие результатов пороков воспитания, чем вследствие пороков конституции»[29]. Считалось, что чтение и воображение играют решающую роль в формировании женской истерии. «Горе той девице, которая поглощает романы до того, как познает мир! — восклицал Браше. — Ее пылкое воображение обманет и собьет ее с пути, и она создаст для себя мир, который принесет много разочарований» [там же: 505]. Описание Браше по своей модели и языку точно соответствует процессу, изображенному рассказчиком Гончарова, — процессу, с помощью которого «нервные» и чувствительные женщины, такие как Юлия, строят «мир, подобный миру фатаморганы» и теряют связь с реальностью[30].

---

[29] Браше более подробно рассматривает роль образования далее в трактате [Brachet 1847: 88–94, 502–511].

[30] Исследования истерии во французском контексте (см., например, [Rothfield 1992; Matlock 1994]) показывают, что в середине XIX века истерия не была темой исключительно медицинского дискурса, а составляла часть литературного дискурса женственности. Французская романная традиция, конечно, была хорошо известна в русских образованных кругах, поэтому можно предположить, что Гончаров был знаком с дискурсом истерии через французскую литературу. Интересно, что словарь Даля (впервые изданный в 1860-х годах) выражает довольно пренебрежительное отношение к истерии, ставя под сомнение ее статус как серьезного медицинского заболевания: она определяется как «женская нервическая болезнь, известная бесконечным разнообразием припадков, более шумных, чем опасных» [Даль 1880–1882, 1: 58]. Однако к концу 1880–1890-х годов истерия становится одной из первостепенных медицинских проблем и начинает занимать видное место в российских медицинских и психиатрических публикациях. См. увлекательный анализ психиатрических нарративов, посвященных истерии, в России конца XIX века в [Popkin 2000].

Среди непосредственных «возбуждающих причин» истерических приступов важное место занимают страсти вообще и безответная любовь в частности[31]. Именно поэтому, когда очередной мужчина в жизни Юлии — и единственный, кого она любила, — обманывает ее ожидания, истерия наконец прорывается, выражаясь в соматических симптомах. Как и все предыдущие мужчины в ее жизни, Александр обрекает Юлию на жизнь по зову сердца (и тела, как мы можем предположить), но в конце концов этот дисбаланс ему наскучивает. Когда его поведение не оставляет сомнений в том, что чувства к ней угасли, Юлия реагирует «истерическим припадком» с характерными конвульсиями[32]. Этот эпизод Мэтлок называет основополагающей «фантазматической сценой» дискурса истерии: «ужасающая сцена телесных судорог, вызванных бесконтрольной одержимостью ощущениями и желаниями» [Matlock 1994: 8]. Что примечательно, это одно из последних появлений Юлии в романе. Оправившись от припадка (за которым последует тяжелая болезнь), она спрашивает, уехал ли Александр, получает подтверждение, а затем навсегда исчезает из повествования. Читатель узнает, что Адуев-старший навещал ее, но больше никогда не видит героиню. Истерическое тело Юлии, таким образом, остается ее последним физическим присутствием в романе.

О том, что чрезмерная эмоциональность может быть вредной, свидетельствует не только истерика Юлии, вызванная разбитым сердцем, но и ее неспособность контролировать

---

31 См. примечание 18 в [Rothfield 1992: 197], а также [Brachet 1847: 234–238].

32 В английских переводах романа Гончарова обычно используется слово «hysterics» («истерика»), а не «hysteria» («истерия») — такой выбор сделали и К. Гарнетт, и И. Гувер. См. [Goncharov 1894: 192; Goncharov 1994: 144]. Хотя русское прилагательное «истерический» допускает обе интерпретации, мы явно имеем в этом случае дело с конкретной традицией истерии как болезни хрупких, сверхчувствительных и впечатлительных женщин, попавших под влияние литературы и неправильного воспитания. Таким образом, Юлия Тафаева упреждает Эмму Бовари в качестве «архетипа литературной истерички», как М. Микале называет героиню Гюстава Флобера [Micale 1995: 190].

даже положительные эмоции. Во время счастливой фазы отношений с Александром героиня демонстрирует свою физическую уязвимость перед избытком страсти: и когда она с волнением ожидает своего возлюбленного, и когда испытывает блаженство от его присутствия, эмоциональное перевозбуждение значительно утомляет и изнуряет ее[33]. В обоих случаях причиной ее «болезненного томления» называется интенсивная нервная деятельность. Представление о неумеренности романтического восприятия — отстаиваемое Адуевым-дядей и до сих пор по большей части поддерживаемое рассказчиком — находит в примере Юлии свое буквальное, физиологическое выражение. Фигура истерической женщины противопоставлена «культурному» романтику Адуеву и вносит свой вклад в достижение предполагаемой цели романа — дискредитации романтизма не только как набора избитых клише, но и как патологической чувствительности[34].

---

33 «Когда Александр подъехал, она, бледная, опустилась в кресла от изнеможения — так сильно работали в ней нервы» и далее: «Нервы так сильно действовали, что и самый трепет неги повергал ее в болезненное томление: мука и блаженство были у ней неразлучны» [Гончаров 1997, 1: 367, 373].

34 Из-за гендерного разделения, проводимого Гончаровым при изображении двух разновидностей романтического чувства, я не могу полностью согласиться с утверждением Краснощековой о том, что биография Юлии восполняет пробел в описании воспитания самого Александра: «...в его [Гончарова] романистике действует своего рода принцип дополнения, когда „пропущенные страницы“ в судьбе одного героя компенсируются рассказом о судьбе другого <...> Именно такую дополняющую роль играет подробный рассказ об отрочестве и обучении Юлии Тафаевой, когда... создался тот „особый мир“, в котором, подобно Александру, пребывала героиня» [Краснощекова 1997: 102]. В романе действительно подчеркивается схожесть двух героев, но, как отмечает та же исследовательница, это психологическое сходство (а не физиологическое). Физиологический механизм, породивший в сочетании с внешними факторами чувствительность Юлии, уникален для нее как для женщины. Ее «физиологический двойник» — не столько Александр Адуев, сколько герценовский Круциферский, — как мы помним, доктор Крупов неоднократно высмеивает женоподобность своего молодого друга.

Эпилог романа: триумф психологической модели

Когда в эпилоге романа Александр предстает расчетливым циником и рационалистом, страдающим от той же «прозаической» боли в пояснице, которая мучила его дядю, победа Адуева-старшего над романтическим идеализмом кажется полной. Долгожданное объятие героев в конце романа символизирует не только признание племянника дядей, как предположил М. Эре, но и абсолютное принятие Александром антиромантических, современных ценностей и знаменует триумф Адуева-старшего [Ehre 1973: 126]. Однако «Обыкновенная история» не только сводит счеты с романтической идеализацией действительности и ее культом эмоциональности, но и ставит под сомнение противоположное мировоззрение, представленное Адуевым-дядей. Характерно, что Гончаров использует фигуру другой (квази-)страдающей от любви женщины, чтобы ниспровергнуть идеалы рациональности и эмоциональной сдержанности, проповедуемые Петром Иванычем. На протяжении всего романа идеи Адуева-старшего о любви и браке встречают сопротивление не только со стороны племянника-романтика, но и его собственной молодой жены Лизаветы Александровны, которая в спорах двух мужчин обычно принимает сторону Александра. Муж одерживает верх в этой «схватке», но дорогой ценой. Его теория брака основывается на привычке, выступающей суррогатом чувств, а также полном, хотя и скрытом, контроле мужа над жизнью жены; Лизавета Александровна как объект этой последовательно применяемой теории оказывается не только эмоционально подавленной, но и физически истощенной. В эпилоге, когда Петр Иваныч приближается к кульминации карьеры и становится свидетелем триумфа своей прагматической философии в успешной жизни племянника, он сталкивается с загадочным недугом жены и в конечном итоге вынужден взять за него ответственность.

Один из финальных эпизодов романа, что характерно, — сцена диагностики: Адуев-старший обсуждает состояние жены с доктором, который только что провел медицинский осмотр

Лизаветы. Металитературное описание врача выдает осознание Гончаровым условности подобной диагностической сцены:

> На кресле близ стола сидел невысокого роста, полный человек с крестом на шее, в застегнутом наглухо фраке, положив одну ногу на другую. Недоставало только в руках трости с большим золотым набалдашником, той классической трости, по которой читатель, бывало, сейчас узнавал доктора в романах и повестях [Гончаров 1997, 1: 453][35].

И действительно, дальнейшая сцена разворачивается в соответствии с классической психологической моделью. «Я сначала предполагал физиологическую причину, — признается врач, — у нее не было детей... но, кажется, нет! Может быть, причина чисто психологическая...» [там же: 454]. Доктор продолжает настаивать, что нет никаких явных физических доказательств наличия у его пациентки медицинской проблемы: «организм ее не тронут», она не сообщает ни о каких симптомах («ничего в себе не замечает»), и, кроме анемии и некоторого «упадка сил», физически с ней все в порядке. «Нездоровье ее отрицательное, а не

---

[35] Продолжение описания этого гипотетического «типичного» врача содержит поразительные параллели с герценовским доктором Круповым: «Может быть, доктору и пристала эта булава, с которою он от нечего делать прогуливается пешком и по целым часам просиживает у больных, утешает их и часто в лице своем соединяет две–три роли: медика, практического философа, друга дома и т. п. Но всё это хорошо там, где живут на раздолье, на просторе, болеют редко и где доктор — больше роскошь, чем необходимость. А доктор Петра Иваныча был петербургский доктор. Он не знал, что значит ходить пешком...» [Гончаров 1997–, 1: 453]. Есть основания интерпретировать этот отрывок как ироническую отсылку к роману Герцена, поскольку его первые главы, в которых доктор Крупов появляется с «бамбуковой палкой», были опубликованы в «Отечественных записках» до того, как Гончаров закончил «Обыкновенную историю» в 1846 году. Однако доктор Крупов (что показательно, провинциальный врач) почти дословно соответствует описанию Гончарова, проводя часы в доме Круциферских во всех трех перечисленных ролях (медика, философа и друга семьи), скорее, во второй части книги. Эта часть романа была опубликована только в 1847 году. По-видимому, Гончаров уловил тенденцию, которая вскоре была подтверждена врачом из романа Герцена.

положительное», — отмечает доктор [там же: 455]. Как мы уже знаем из «Эфиопики» Гелиодора, где Хариклея *не* «жалуется на внутреннюю боль», *не* страдает от лихорадки или головных болей и *не* проявляет дисбаланса гуморов, такое «отрицательное» состояние указывает на психогенное расстройство. Хотя врач не исключает возможности возникновения серьезной соматической проблемы в результате психологического расстройства, его прогноз — «Конечно, со временем оно может пасть на легкие...» — соответствует культурной мифологии XIX века о туберкулезе как «духовном» и психогенном заболевании.

Психологическая болезнь (или «нездоровье») Лизаветы, по сути, вдвойне отрицательна: не только из-за отсутствия определенных симптомов, но и из-за этиологии, которую врач, что примечательно, определяет в терминах недостатка («подавленные желания», «нужда» и «недостаток»). Первоначальное предположение доктора о физиологической причине расстройства Лизаветы (бездетность), хотя в итоге и было отвергнуто, также связывало болезнь с неким недостатком. В то же время заключение врача, упоминающее подавление, наводит на мысль о гидравлической модели эмоций, которую, как мы знаем, Петр Адуев отстаивал в своих дискуссиях с Александром и по-настоящему реализовал в своем браке. Однако Адуев, как обычно сопротивляющийся психологическому объяснению, делает вид, что понимает «диагноз» в экономических терминах: «Нужда, желания! — перебил Петр Иваныч, — все ее желания предупреждаются; я знаю ее вкус, привычки. А нужда... гм! Вы видите наш дом, знаете, как мы живем?..» [там же]. Это заявление выдает его стратегию контроля за желаниями жены и в конечном счете их устранения: действительно, если недостаток — основа желания, то усилия Адуева по постоянному удовлетворению потребностей женщины делают само ее желание бессмысленным. Характерно, что, когда Петр Иваныч с запозданием начинает интересоваться желаниями или предпочтениями жены, она заявляет, что у нее их нет; когда он продолжает настаивать, Лизавета высказывает лишь «отрицательное» желание, прося мужа отменить регулярные пятничные ужины, которые ее утомляют.

Хотя ни Адуев-старший, ни доктор, ни рассказчик не уточняют, какие именно желания и эмоции Лизавете приходилось подавлять с таким разрушительным для здоровья результатом, ее состояние явно представляет собой особую разновидность любовной болезни. Один из симптомов — резкое изменение внешности, свидетельствующее как о десексуализации, так и о недостатке: «блеск взоров» уступил место «матовому взгляду», некогда «пышные плечи» стали «плоскими», а «стройный бюст» — «гладким», так что теперь «блуза свободно и ровно стелется» по ним [там же: 455–456]. И в самом деле, Петр Адуев последовательно исключал из своей модели идеального брака страстную любовь, и именно она, по его мнению, могла бы теперь вылечить его жену:

> Ему что-то говорило, что если б он мог пасть к ее ногам, с любовью заключить ее в объятия и голосом страсти сказать ей, что жил только для нее, что цель всех трудов, суеты, карьеры, стяжания — была она <...> Он понимал, что такие слова были бы действием гальванизма на труп, что она вдруг процвела бы здоровьем, счастьем и на воды не понадобилось бы ехать.

Однако такое средство оказывается недоступно: «...порывшись в душе своей, Петр Иваныч не нашел там и следа страсти» [там же: 460] и посчитал невозможным предложить жене «лекарство», как он сам это называл, притворной романтической любви.

Но болезнь Лизаветы — это не традиционное «угасание» отвергнутой возлюбленной: она сама больше не способна любить. На полувопрос, полуутверждение мужа: «...а ведь ты любишь же меня...» — Лизавета отвечает: «Да, я очень... привыкла к тебе» [там же: 466]. Ее своеобразная форма любовной тоски возникает не столько из-за отсутствия взаимности со стороны любимого, сколько из-за внутренней эмоциональной пустоты (нашедшей свое отражение на физическом уровне в виде бесплодия) — недостатка страсти, вызванного холодным и расчетливым подходом мужа. Примечательно, что, когда Петр Иваныч выражает беспокойство по поводу здоровья Лизаветы, та отвечает, казалось бы, положительным утверждением, которое, однако, быстро превращается в отрицательное: «Я здорова, я ничего не чувствую» [там же: 457]. «Отсутствие чувств», если понимать его в эмоциональном, а не физическом смысле, как раз и стало корнем проблемы и причиной болезни жены Адуева.

Психическое расстройство Лизаветы, таким образом, ставит под сомнение обоснованность гидравлической модели, которую Адуев-старший взял за образец взаимодействия разума и эмоций. Чрезмерное использование «клапана» оказалось слишком эффективным для подавления пара страстей и привело к их полному улетучиванию наряду с серьезным повреждением самого «механизма». Кроме того, эпилог подрывает не только культ меры и рациональности, но и саму идею современности и прогресса, которую воплощает Петр Иваныч: состояние жены заставляет его отказаться от карьеры на самом ее пике и уехать за границу, то есть остановить поступательное движение к успеху в мире не так давно наступившего в России Нового времени[36].

* * *

Как и «Кто виноват?» Герцена, «Обыкновенная история» Гончарова, направленная, на первый взгляд, на подрыв поздних романтических ценностей, при пристальном анализе не оказывает однозначного предпочтения противоположному прагматическому и материалистическому мировоззрению. В обоих произведениях любовная болезнь не поддается медикализации, и психологическая модель диагностики в конечном итоге преобладает над более «современным» физиологическим подходом к любовному недугу. Финал романов остается открытым, что свидетельствует об их переходном характере: они не предлагают

---

[36] И. Клигер указывает на другие аспекты эпилога, которые подрывают идеалы рационализированного современного «века»: неуверенность дяди в будущем и возвращение «семейно-феодального дискурса», проявляющееся в признании дядей значимости семейных уз и, на экономическом уровне, в обретении Александром богатства через брак, а не через работу или карьеру [Kliger 2005: 7–9].

лечения для своих героинь, так же как и не выдвигают конкретной альтернативы отвергнутым ценностям романтизма.

Образ (потенциально) больной туберкулезом страдающей от любви женщины, который у Герцена и Гончарова служит своеобразной «лакмусовой бумагой», проверяющей торжество физиологической и рационалистической идеологии, начал играть более важную роль в русском романе 1860–1870-х годов, когда кампания против позднего романтизма уже утратила актуальность. Вместо этого более агрессивное продвижение позитивизма и научного материализма, вызванное новыми открытиями в области физиологии мозга, обострило противостояние двух моделей любви как болезни, в то время как спорный «женский вопрос» сместил фокус парадигмы любовного недуга на пациенток. В атмосфере политической и культурной поляризации не только стратегии диагностики, но и, что более важно, противоречивые методы лечения этого «недуга души», предлагаемые в литературе, отражали противоположные взгляды писателей на человеческую природу, положение женщины и роль науки в решении вопросов философского и морального характера.

Часть III

ТЕРАПИЯ

Глава 5
«Вопросы о душе» в эпоху позитивизма

8 февраля 1863 года Л. Н. Толстой записал в своем дневнике: «Или я забудь, что во мне душа и тело, а помни, что во мне тело с нервами. Для медицины — успех, для психологии — напротив» [Толстой 1928–1958, 48: 52]. Эта ремарка, при всей ее краткости, намечает основные противоречия и проблемы эпохи позитивизма, включая происходивший в то время фундаментальный сдвиг в рассуждениях о человеке. Замечание Толстого не только отражает растущую материалистическую направленность науки и культуры, в которых нервы (часть физиологии тела) взяли на себя роль метафизической души, но и указывает на соперничество между медициной и психологией за дискурсивную власть над природой человека[1]. Отмеченная Толстым конкуренция между двумя дисциплинами была

[1] Огюст Конт, основатель позитивной философии, отказал психологии в статусе самостоятельной науки и низвел ее предмет до уровня физиологии [Уткина 1975: 169]. Более того, споры вокруг статуса психологии в России в 1860–1870-х годах были отголоском и продолжением дебатов, начавшихся в 1840-х между сторонниками двух различных подходов к психологии в европейской науке — физиологически обоснованного (Вильгельм Гризингер) и более идеалистического (Эрнст фон Фейхтерслебен). См. об этом в [Holquist 1984: 366]. О том, как психиатрические взгляды Гризингера были восприняты в России, см. в [Murav 1992: 34–35]. В последней работе также показано, как в 1860-х годах физиологический жаргон проникал в повседневную речь и литературный дискурс [там же: 39–40].

спровоцирована сведением психологии к физиологии в позитивизме и достигла кульминации в 1860–1870-х годах, актуализировав в литературе две древние модели топоса любовной болезни. В этой напряженной атмосфере два противоположных подхода к душевному недугу приобрели не только философское или эстетическое, но и идеологическое измерение, а вопрос терапии (или решения), как в названии романа Н. Г. Чернышевского «Что делать?» (1863), мощно резонировал с политическими проблемами того времени.

Идея, которая некогда была источником эпистемологического оптимизма и художественного вдохновения для сентименталистов — единство тела и души и культ нервов как посредника между этими двумя сферами — вызвала настоящую «культурную войну» в пореформенной России. Русские радикалы и их печатные органы («Современник» и «Русское слово») пропагандировали фейербахианскую антропологию, философский материализм и культ естественных наук, в то время как более консервативные или религиозные мыслители и писатели выступали в поддержку дуализма или спиритуализма; обращались к принципу витализма в науке с его идеей особой жизненной силы, которая управляет органическими телами и таким образом не позволяет свести их функционирование к физико-химическим процессам; и, естественно, искали метафизическое обоснование психической жизни. Богослов и философ Памфил Юркевич отмечал в 1862 году:

> Вопросы о душе, ее изменениях и состояниях, также вопросы об отношении душевных явлений к телесному организму и к его различным частям слишком тесно связаны с многочисленными вопросами о нашем существовании и нашей цивилизации, и, может быть, вследствие этого они поднимают целый ряд страстей и предубеждений... [Юркевич 1990: 362]

Юркевич сетовал на продолжающуюся политизацию этой сложной философской и научной проблемы, ставшей «в нашей современной литературе знаменем, по которому каждая партия с глупою легкостию узнает своих и открывает противников» [там же: 363], но его собственное участие в дебатах, по иронии судьбы, способствовало идеологической поляризации вопроса[2].

Чернышевский и Юркевич

Памфил Данилович Юркевич (1826–1874), тогда малоизвестный профессор Киевской духовной академии, сам открыл дискуссию по «вопросу о душе» в труде «Сердце и его значение в духовной жизни человека по учению слова Божия», опубликованном в журнале академии в 1860 году. В этой работе киевский богослов возрождает древнее соперничество между мозгом и сердцем за статус места обитания души. В то время как физиология была склонна размещать центр всей жизни и психической деятельности в мозге, библейская традиция, утверждает Юркевич, всегда справедливо считала, что истинное место пребывания души — это сердце. Мозг действительно служит центром рациональных способностей человека, но, настаивает Юркевич, человеческую психику нельзя сводить только к мышлению. Он принимает физиологические данные, согласно которым «душевные действия» разворачиваются в мозгу, но возражает против логики, которая на этом основании приписывает этому органу местонахождение души:

---

[2] Как показывает Д. Джоравски, ситуация была сложнее, чем можно предположить по противостоянию двух радикальных лагерей. Многие фигуры нельзя однозначно отнести ни к одному из лагерей (например, либерала Ивана Сеченова — Джоравски вполне убедительно подрывает его образ убежденного материалиста); более того, некоторые споры о взаимодействии души и тела могли разворачиваться в рамках одного лагеря, как в дебатах Сеченова и Кавелина, о которых я кратко расскажу ниже. Однако замечание Юркевича служит доказательством того факта, что поляризация проблемы души и ее отношения к телу воспринималась современниками как историческая реальность и, следовательно, не была мифом, созданным историками-сталинистами, на чем настаивает исследователь [Joravsky 1989].

> ...хотя деятельность головного мозга есть необходимое условие для того, чтобы душа могла рождать ощущения и представления, однако мы не видим необходимости, по силе которой душа должна бы для этой цели пребывать в головном мозге как своем месте [там же: 79].

Хотя «сознательная жизнь» души на физическом уровне и проявляется в деятельности мозга, сердце, по мнению Юркевича, остается нравственным и духовным источником движения души.

Эта работа, относительно полемическая по своему тону и аргументации, была лишь началом острой конфронтации между «идеалистами» и «материалистами» в вопросах природы человека и статуса науки. Противостояние между двумя «лагерями» наиболее резко проявится после того, как в 1860 году в «Современнике» анонимно будет опубликована провокационная статья Чернышевского «Антропологический принцип в философии». Антропологический принцип, на который ссылается Чернышевский (и который он возводит к Людвигу Фейербаху, не называя открыто имени философа, которого в те годы нельзя было упоминать в российской печати), подразумевает в первую очередь монистический взгляд на человеческую натуру, которая должна рассматриваться как неотъемлемая часть материального природного мира[3]. По несколько неуклюжему определению Чернышевского,

> Антропология — это такая наука, которая о какой бы части жизненного человеческого процесса ни говорила, всегда помнит, что весь этот процесс и каждая часть его происходит в человеческом организме, что этот организм служит материалом, производящим рассматриваемые ею феномены, что качества феноменов обусловливаются свойствами ма-

---

[3] Чернышевский часто подчеркивает, что животные обладают не только сознанием и способностью мыслить, но и эмоциями и другими «нравственными» реакциями [Чернышевский 1939–1953, 7: 274–282].

> териала, а законы, по которым возникают феномены, есть только особенные частные случаи действия законов природы [Чернышевский 1939–1953, 7: 294][4].

Основные положения аргументации Чернышевского вкратце можно изложить следующим образом: человек — такая же неотъемлемая часть органического мира, как животные и растения; природа человека неделима и материальна по своей сути («наблюдениями физиологов, зоологов и медиков отстранена всякая мысль о дуализме человека»); психическая жизнь порождается непосредственно физиологическими процессами организма, которые в свою очередь сводятся к химическим; наука психология, таким образом, подчинена физиологии; кажущееся качественным различие между неорганической и органической жизнью (а также между физическими и психическими явлениями) — всего лишь результат трансформации количественных различий и заключается исключительно в степени сложности («физиология и медицина находят, что человеческий организм есть очень многосложная химическая комбинация, находящаяся в очень многосложном химическом процессе, называемом жизнью»); естественные науки — главный авторитет в области человеческой природы и, более того, «дают много материалов для точного решения нравственных вопросов» (а «нравственные науки» со временем достигнут точности естественных наук и переймут их методы) [там же: 240, 268, 258][5]. И наконец, в сфе-

---

4 Радикальный критик Дмитрий Писарев провозгласит тот же принцип на страницах «Русского слова» в 1864 году: «...одни и те же химические и физические законы управляют и развитием простой клеточки и развитием человеческого организма» [Писарев 1981, 1: 332].

5 Как мы помним, термин «нравственный» в русском языке XIX века охватывал не только этическую, но и, более широко, нефизическую область. Примером такого использования может служить статья Чернышевского «Антропологический принцип в философии»: «Но при единстве натуры мы замечаем в человеке два различные ряда явлений: явления так называемого материального порядка (человек ест, ходит) и явления так называемого нравственного порядка (человек думает, чувствует, желает)» [Чернышевский 1939–1953, 7: 241–242].

ре этики люди, как и другие живые существа, руководствуются принципом утилитаризма в своих попытках достичь удовольствия и избежать боли. Однако, поскольку только то, что хорошо, доставляет удовольствие, действия в собственных интересах будут иметь положительный эффект для других:

> Когда человек не добр, он просто нерасчетливый мот, тратящий тысячу рублей на покупку грошовой вещи, тратящий на получение малого наслаждения нравственные и материальные силы, которых достало бы ему на приобретение несравненно бо́льшего наслаждения [там же: 291][6].

Как и следовало ожидать, эти спорные идеи вызвали негативную реакцию противоположного лагеря. Наиболее изощренная критика аргументации Чернышевского исходила от Юркевича, чья работа «Из науки о человеческом духе» была перепечатана в сокращенном виде в консервативном журнале «Русский вестник» в начале 1861 года[7]. В качестве альтернативы «антропологии» Чернышевского (как науке о человеке как неделимом существе, подчиняющемся законам природы) Юркевич предлагает другую науку — науку о человеческом «духе», или психологию. Надо заметить, что обе статьи, вовлеченные в полемику, в своих заглавиях называют альтернативные науки о человеке, и это подтверждает наблюдение Толстого о том, что противостояние дисциплин играло важную роль в дебатах того времени. На карту были поставлены не только онтологические вопросы о теле, душе или природе человека, но и эпистемологические (и идеологические): о том, как понять эти явления и какая дисциплина лучше всего подходит для получения этих знаний.

---

[6] Эта идея станет основой теории «рационального эгоизма» Чернышевского в романе «Что делать?».

[7] Нижеследующий анализ сосредоточен на отдельных аспектах работы Юркевича, имеющих отношение к моей теме. Я опускаю его пространный аргумент против идеи высокого развития сознания и нравственного чувства у животных, его критику утилитаризма Чернышевского, а также искусную деконструкцию логики и эпистемологии писателя.

Отвечая на ключевой пункт аргументации Чернышевского — его неприятие дуализма, — Юркевич, что интересно, не оспаривает монистический принцип как таковой, а, скорее, проводит различие между двумя видами дуализма. Метафизический дуализм, то есть онтологический раскол между телом/материей и духом, по мнению автора, действительно был отвергнут христианской мыслью (и, позднее, немецкой идеалистической философией), которая утверждала, что материя — продукт духа и поэтому сохраняет духовные элементы (такие как форма, цель и идея). Гносеологический же дуализм, настаивает Юркевич, не может быть преодолен:

> Сколько бы мы ни толковали о единстве человеческого организма, всегда мы будем познавать человеческое существо двояко: внешними чувствами — тело и его органы и внутренним чувством — душевные явления [Юркевич 1990: 114].

Отсюда следует принципиальное различие между физиологией и психологией, а также автономный статус последней: «Предмет психологии дан во внутреннем самовоззрении, естественные науки не могут дать ей этого предмета, не могут увеличивать этого материала» [там же: 111].

Главное возражение Юркевича против психологической теории Чернышевского состоит в исключении из нее агента, который преобразует физические явления в психические переживания, или, пользуясь терминологией материализма, количественные различия в качественные. Юркевич замечает:

> ...для акустики, которая развита математически, ухо есть только телесный снаряд, приходящий в правильные сотрясения, когда ударяют на него волны воздуха; но что душа слышит по поводу сотрясения этого снаряда, бой барабана или музыкальную мелодию, об этом акустика ничего не знает [там же].

Точно так же физиология нервной системы не может объяснить, как именно «движение нерва» преобразуется в психические переживания, такие как ощущение, представление или мысль. В соответствии с философской традицией субъективного идеализма, Юркевич критикует Чернышевского и других материалистов за выведение духовного начала из материального, «потому что самое это материальное начало только во взаимодействии с духом есть таково, каким мы знаем его в наших опытах» [там же: 132].

Ни в коем случае не выступая противником науки, Юркевич (который, наоборот, восхищается ее успехами и демонстрирует тесное знакомство с современными достижениями в области естествознания и психологии) озабочен, скорее, тем, как материалисты обращаются с научными знаниями. Материальное начало, которое естественные науки берут за основу тела (или «человеческого организма»), философией материализма распространяется, утверждает Юркевич, на всего человека [там же: 119]. Наше время, продолжает он, стало свидетелем создания опасной «новой мифологии» во имя науки, когда некоторые теоретические предположения выдаются за неоспоримые законы природы[8]. Дилетантизм автора «Антропологического принципа в философии», по мнению Юркевича, сделал его особенно уязвимым перед обаянием этой новой мифологии и заставил «искать изъяснения душевных явлений в химической лаборатории» [там же: 191].

Контратаки «Современника» сподвигли Юркевича (к тому времени уже ставшего заведующим кафедрой философии Московского университета) продолжить кампанию за независимость психологии в другой серии статей, название которых — «Язык физиологов и психологов» — однозначно выводило вопрос дискурса на передний план полемики[9]. Статьи были опублико-

---

[8] Один из таких мифов, по мнению Юркевича, — это «закон превращения количественного различия в качественное». «Это превращение... так же непостижимо, как превращения, о которых говорит Овидий» [Юркевич 1990: 125].

[9] Чернышевский дал довольно бессодержательный ответ на критику Юркевича в двух «коллекциях» «Полемических красот», опубликованных в «Современнике» в 1861 году (Т. 87. № 6. С. 447–478; Т. 88. № 7. С. 133–180; см. [Чернышевский 1939–1953, 7: 707–775]). Критика М. Антоновича в «Современной физиологии и философии» (Современник. 1862. Т. 91. № 2. С. 227–266) была более развернутой.

ваны в «Русском вестнике» в 1862 году и стали прямым ответом на рецензию М. Антоновича на популярную «Физиологию обыденной жизни» Дж. Г. Льюиса, в которой русский критик доказывал близость Льюиса к монистической позиции «Современника», а не ко взглядам Юркевича[10]. Юркевич предложил свой собственный анализ работы британского философа, оспаривая выдвинутую Антоновичем интерпретацию взгляда Льюиса на душу как на синоним жизни и поэтому несуществующее самостоятельное понятие. Именно различие между «жизнью» и «душой», по мнению Юркевича, оправдывает различие между физиологией (наукой о жизни) и психологией (наукой о душе) и устанавливает автономию обеих дисциплин.

Характерно, что для демонстрации разницы между языками двух дисциплин (как обещано в названии статьи) Юркевич описывает вымышленную сцену диагностики, в которой врач проводит наружный осмотр и наблюдение за физиологическими симптомами и в то же время расспрашивает пациента о его *субъективном* опыте переживания этих симптомов. Особенно показательно обсуждение боли пациента:

> — Как вы себя чувствуете? — спрашивает доктор больного.
> — Плохо, — отвечает больной,— голова болит нестерпимо.
> — <...> какая боль, острая или тупая?
> Больной молчит; он затрудняется обозначить качество боли.
> — Чувствуете ли вы, — спрашивает доктор, желая помочь больному в самопознании, — что в голове будто стреляет, или просто чувствуете тяжесть, будто туда кто-нибудь свинцу наложил?
> — Давит, гнетет, тяжело, как свинец, — отвечает больной после непродолжительного внимания к своему душевному состоянию.
> <...> Доктор посмотрел язык больного, пощупал пульс и исследовал кожу в разных местах тела. Язык оказался сухим, кожа также сухая, без испарины; удары пульса были неправильны [там же: 379].

---

[10] Как напоминает нам Г. Мурав, в «Преступлении и наказании» Достоевского даже необразованная Соня Мармеладова читала «Физиологию» Льюиса, что, безусловно, свидетельствует о популярности книги [Murav 1992: 39].

Юркевич использует этот эпизод, чтобы противопоставить внешнюю оценку физиологии и ее буквальность (сухой язык и кожа, неправильный пульс) внутреннему миру психологии с ее метафорическим стилем. Однако метафора также создает проблему для нашего пациента: он не может описать свою боль как «тупую» или «острую», поэтому врачу приходится прибегнуть к сравнению («будто стреляет» или «будто туда кто-нибудь свинцу наложил»). Примечательно, что русская романная традиция диагностики любовной болезни связывала метафорический язык с «наивным толкователем», каким была, например, Любецкая у Гончарова: «Что ж вам, ломит, что ли, ноет или режет?»[11] Однако в 1860-е годы, когда автономия психологии и ее предмета — души — оказывается под угрозой, такое наивно-субъективное описание боли приобретает авторитет профессионального языка именно потому, что психология, по мнению Юркевича, имеет дело с внутренним субъективным опытом. И хотя Юркевич признает, что на практике для постановки точного диагноза врачу необходимо сочетать оба подхода и оба языка, в теоретическом исследовании дистанция между «языками психологии и физиологии» должна сохраняться, поскольку физиолог смотрит на объекты своего изучения со стороны и «видит в них явления, которые существуют в пространстве и изменяются во времени, не имея никакого отношения к нашему сознанию» [там же: 464]. «Гносеологический дуализм» Юркевича приводит его к противопоставлению двух различных диагностических подходов к человеческому страданию, которые во многом параллельны двум моделям диагностики любви как болезни, уже разработанным литературной традицией. То, что он выбирает форму вымышленной сцены диагностики, чтобы донести свою мысль, только подтверждает полемический потенциал этого литературного приема, использованного в наиболее значимых романах периода.

---

[11] Обратите внимание на схожесть использования безличных конструкций в этих двух случаях.

Сеченов и Кавелин

Споры о статусе психологии по отношению к физиологии (и лежащая в их основе проблема статуса «души» в ее отношении к процессам, происходящим в организме) достигли своего пика после публикации научного труда Ивана Михайловича Сеченова «Рефлексы головного мозга» (1864, отдельное издание — 1866), в котором постулировалась исключительно физиологическая основа психических явлений. Полемическое введение Сеченова сразу же поместило его работу в контекст вековой философской дискуссии, которая всегда была неотъемлемой частью истории любви как болезни: «Вам, конечно, случалось, любезный читатель, присутствовать при спорах о сущности души и ее зависимости от тела» [Сеченов 1952–1956, 1: 7]. Сеченов, однако, сбрасывает со счетов философскую традицию, связанную с этим вопросом, как не имеющую отношения к физиологии, и, в противоположность Юркевичу, использует чисто функциональное определение души:

> Мы не философы и в критику этих различий входить не будем. Для нас, как для физиологов, достаточно и того, что мозг есть орган души, т. е. такой механизм, который, будучи приведен какими ни на есть причинами в движение, дает в окончательном результате тот ряд внешних явлений, которыми характеризуется психическая деятельность [там же: 9].

При изучении мозга русский ученый ставит перед собой цель открыть законы, лежащие в основе внешних проявлений психической деятельности.

Как следует из названия книги, в основе теории Сеченова о работе мозга лежит принцип рефлекса — непроизвольного нервно-мышечного или нервно-гландулярного ответа на внешние раздражители. Различные виды психической деятельности, отмечает Сеченов, имеют одну общую особенность: они все приводят к мышечному движению, и романтическая любовь не служит исключением:

> Смеется ли ребенок при виде игрушки, улыбается ли Гарибальди, когда его гонят за излишнюю любовь к родине, дрожит ли девушка при первой мысли о любви, создает ли Ньютон мировые законы и пишет их на бумаге — везде окончательным фактом является мышечное движение [там же].

Таким образом, не только самые заурядные и непроизвольные действия, но даже самые высокие виды психической деятельности могут быть описаны как простые рефлексы. Все они стимулируются внешним чувственным раздражителем, и все завершаются физическим действием или словесной активностью, то есть, по сути, мышечным движением[12].

Сеченов представил свое исследование как сугубо научную работу, не затрагивающую философские и уж тем более литературные вопросы, такие как любовная болезнь; вместе с тем работа явно была адресована той же широкой аудитории, что и литературные произведения в журнале, в котором Сеченов надеялся опубликовать свой трактат. Во введении ученый назвал своей целью «пустить в общество несколько мыслей относительно психической деятельности головного мозга» [там же: 8]. Написанная в популярном стиле, легко доступном неспециалисту, книга сразу же стала библией радикальной молодежи 1860-х[13].

---

[12] Когда такая мышечная реакция, казалось бы, отсутствует, мы все равно имеем дело с рефлексом, конечная фаза которого подавлена. Теория центрального торможения Сеченова, которая постулировала существование специальных нервных центров в мозге, способных подавлять рефлексы спинного мозга, была его наиболее оригинальным вкладом в нейрофизиологию. Однако идеологически она вызвала много споров, поскольку объясняла способность человека подавлять определенные рефлексы (например, реакцию на болевые ощущения) не действием нематериальной «силы воли», а физиологическим механизмом.

[13] Публичные лекции Сеченова, которые он читал в Санкт-Петербургской медико-хирургической академии весной 1860 года, также пользовались огромной популярностью у слушателей и оказали большое влияние на культуру того времени. Как утверждает М. Холквист, фактологический стиль изложения Сеченова повлиял и на литературную практику того времени, представив сциентизм не только как мировоззрение, но и как дискурсивную практику [Holquist 1984]. По словам Холквиста, Тургенев в романе «Отцы и дети» испытывает именно этот новый «язык».

Ученик Сеченова, выдающийся русский физиолог Н. Е. Введенский вспоминал впоследствии:

> Вероятно, не было ни одного образованного читателя в шестидесятых и семидесятых годах прошлого столетия, который не прочел бы этой книги. Среди университетской молодежи она пользовалась такой популярностью, что считалось обязательным для общего образования знакомство с этим сочинением. Естественно, что оно производило глубокое впечатление на читателей. Насколько оно привлекло и очаровало одних, настолько же пугало другую часть их, более консервативную и робкую по отношению к новой и оригинальной мысли, эти читатели смотрели на сочинение так же, как и правящие сферы (цит. по: [Каганов 1948: 17–18]).

Несложно догадаться, что именно в идеях Сеченова «пугало» консервативную читательскую аудиторию и правительство. Представление о том, что все виды умственной и эмоциональной деятельности действуют на основе рефлекса, бросала вызов христианской концепции души как данной Богом сущности, отличной от материального тела и превосходящей его. Утверждение Сеченова о том, что все действия человека берут начало во внешнем мире, вне его организма, и предопределены сторонними обстоятельствами, которые вызывают рефлекс, отменяет понятие свободы воли, столь важное для христианской этики. Анализируя поведение младенцев и детей и их переход от конкретного к абстрактному мышлению, ученый исчерпывающим образом показал, что даже такие высокие формы психической жизни, как идеалы, моральные принципы и страсти (включая любовь), по сути являются рефлекторными механизмами. «...в основе нашего страстного поклонения добродетелям и отвращения от порока, — утверждал Сеченов, — лежит не что иное, как чрезвычайно многочисленный ряд психических рефлексов...» [Сеченов 1952–1956, 1: 112]. Интересно, что, несмотря на попытку Сеченова придать эмоциям (или «страстям», как он их называет) чисто физиологическую основу, его научная теория любви во многом обязана литературным образцам. Эта тенденция, как я утверждаю в другой работе, проявляется как в романтическом дискурсе, используемом ученым при анализе влюбленности, так и в трехчастной повествовательной структуре, которую он применяет для описания ее развития [Sobol 2007: 54–74; Соболь 2020].

Потенциально (хотя, скорее всего, непреднамеренно) революционные последствия трактата Сеченова стали ясны властям практически сразу[14]. Первоначальное название работы ученого, однозначно представлявшее психические явления физиологически обоснованными, — «Попытка ввести физиологические основы в психические процессы» — было отвергнуто цензурой, и его исследование под новым заглавием «Рефлексы головного мозга» вышло не в широко читаемом «Современнике», для которого оно первоначально предназначалось, а в более специализированной газете «Медицинский вестник». Когда в 1866 году расширенная версия «Рефлексов головного мозга» вышла отдельной книгой, она была запрещена, а власти потребовали суда над ученым на том основании, что его «материалистическая теория» проповедует механический детерминизм, подрывает христианское представление о свободе воли и «ведет положительно к развращению нравов» [Терехов 1956: 66][15]. «Дело Сеченова» в итоге было прекращено, но последствия его научной теории не переставали беспокоить русское общество и вызывали литературные отклики в течение последующих десятилетий.

Известная дискуссия Сеченова и К. Д. Кавелина, развернувшаяся на страницах либерального журнала «Вестник Европы»

---

[14] Сеченов, сам умеренный либерал, позже в своих мемуарах сетовал на незапланированный взрывной эффект своего трактата: «Из-за этой книги меня произвели в ненамеренного проповедника распущенных нравов и в философа нигилизма» [Сеченов 1945: 115].

[15] Этот том серии «Научное наследие» (Т. 3, с. 56–77) содержит оригинальные материалы, документирующие позицию российской цензуры относительно работы Сеченова. Стереотип «материалист Сеченов» прочно утвердился в советской истории науки. Д. Джоравски возражает против этого ярлыка, поскольку Сеченов не отождествлял нейронные и психические процессы, хотя и стремился обусловить научную психологию физиологией мозга [Joravsky 1989: 131]. О роли Сеченова в истории русской психологии и культуры в целом см. в [Joravsky 1989: 53–63, 96–104, 125–134].

в начале 1870-х годов, — лишь один из примеров продолжающейся полемики вокруг трактата Сеченова. В пространной статье «Задачи психологии» (1872), посвященной, что примечательно, Грановскому, который, как мы помним (см. главу 3), был горячим сторонником идеи бессмертной души, профессор права Петербургского университета Константин Кавелин, отдавая должное открытию Сеченовым механизма центрального торможения, отверг детерминистское восприятие ученым психической жизни и зависимость психологии от физиологии. Провозглашая единство человеческой природы, Кавелин все же настаивал на относительной независимости человеческой психики и тем самым неизбежно скатывался к дуализму, который сам так яростно отвергал:

> В самом деле, если психические явления совершаются не вообще в теле, а только в известных его органах, образующих особую систему; если прочие части тела не имеют прямого отношения к психической жизни, не принимают в ней непосредственного участия, то отсюда следует, что различение материальной и психической жизни не есть выдумка или обман чувств, а положительный факт, удостоверяемый научными исследованиями [Кавелин 1897–1900, 3: 428][16].

Противоречивая работа Кавелина — своеобразная смесь позитивистских и идеалистических взглядов — стала объектом нападок как материалистов, так и идеалистов и вызвала вежливую, но жесткую критику со стороны самого Сеченова[17]. В статье с характерным названием «Кому и как разрабатывать психоло-

---

[16] В этой работе Кавелин не называет Сеченова напрямую, но явно реагирует на его научные взгляды.

[17] Консервативные идеалисты Николай Страхов и Юрий Самарин, например, критиковали Кавелина за его позитивистскую ориентацию. Матвей Троицкий, философ из лагеря эмпириков, обвинял его работы в чрезмерной метафизической составляющей, несовместимой с позитивизмом. Подробности полемики см. в [Уткина 1975: 177–180]. Ответы Кавелина Самарину и Сеченову, первоначально напечатанные в «Вестнике Европы», переизданы в его «Собрании сочинений» [Кавелин 1897–1900, 3: 650–874].

гию» Сеченов повторил, что только в руках физиолога психология имеет шанс стать «положительной наукой». «Человек, — заявлял Сеченов, — есть определенная единица в ряду явлений, представляемых нашей планетой, и вся его даже духовная жизнь, насколько она может быть предметом научного исследования, есть явление земное» [Сеченов 1952–1956, 1: 241].

* * *

Эта борьба за контроль над психологией как дисциплиной — над тем, кто должен определять ее предмет, масштаб и методы, то есть, действительно, «кому и как разрабатывать психологию», — отражала, конечно, более глубокую тревогу о природе человека и, на другом уровне, о статусе личности и ее месте в мире[18]. Эта тревога, как мы видели, была частью русской культуры и ранее, но никогда прежде устоявшееся представление о человеке как о существе, уникально наделенном нравственным чувством, свободой воли и сложным внутренним миром, не сталкивалось с таким серьезным вызовом, и никогда прежде, даже в 1840-х годах, научные и философские дебаты не были политизированы до такой степени.

В 1861 году «Русский вестник», ссылаясь на мнимый дилетантизм «Современника», пессимистично заявил, что «у нас нет ни психологии, ни физиологии, но есть литературные мечтания о том и о другом»[19]. Это категоричное заявление, воскрешая (и отменяя) вердикт Белинского в «Литературных мечтаниях» об

---

[18] Характерно, что в своей работе «Кому и как разрабатывать психологию» Сеченов отвергает само понятие самости на том основании, что оно маскирует тот факт, что истинные стимулы наших действий и побудители наших ощущений лежат вне нас. Сеченов объясняет: когда ребенок говорит: «мама зовет гулять», он справедливо приписывает причину своего действия внешнему агенту. Когда же ребенок говорит: «Петя хочет гулять», он ошибочно приписывает себе происхождение желания и в конечном счете самого действия [Сеченов 1952–1956, 1: 262–263].

[19] См. рецензию на работу Юркевича «Из науки о человеческом духе»: Русский вестник. 1861. Т. 32. С. 86.

отсутствии литературы в России, уничижительно упомянуло литературу как нечто противоположное профессиональным научным знаниям в соответствующих областях. Тем не менее это утверждение справедливо указало на ведущую роль литературы в развертывающихся дебатах. Литературные журналы предоставляли площадки для этой жаркой полемики, писатели превращались в журналистов (как Достоевский), а журналисты — в писателей (как Чернышевский); более того, литература предоставляла сами формы ведения философских и научных дискуссий того времени, о чем свидетельствуют использование Юркевичем вымышленной сцены диагностики в его трактате и многочисленные литературные пассажи в «Рефлексах головного мозга» Сеченова. Наконец, споры о границах и методах позитивистского исследования природы человека перетекали из религиозных, философских и научных изданий на страницы русских романов, в которых фигура врача появлялась все чаще, начиная с Базарова в 1862 году. Поэтому неудивительно, что в этой культурной атмосфере крупные русские писатели (эксперты в области психологии человека) вновь обращаются к полемическим, эпистемологическим и даже идеологическим валентностям топоса любви как болезни, чтобы косвенно решить те же вопросы, которые горячо обсуждались в журналах (и залах суда) того времени[20]. Языки, взгляды, методы и идеологии «физиологов и психологов» подверглись новому испытанию, столкнувшись с неподдающимся прочтению телом страдающих от любви персонажей.

---

[20] Юркевич утверждает, что писатели обладают более развитой психологической проницательностью, чем те, кто строит психологические теории: «...великие поэты, изображая только индивидуальную жизнь лица, всегда оказывались глубокими психологами, а великие философы, которые хотели указать нам общие законы душевной жизни, часто строили только гипотезы, в себе не основательные и не сообразные с действительностью» [Юркевич 1990: 105–106].

Глава 6
Что делать со страдающей от любви женщиной? Методика лечения Чернышевского

Большинство исследователей романа Чернышевского «Что делать?» сходятся во мнении о том, что он полон литературных клише, и объясняют это либо отсутствием у автора творческой оригинальности, либо его сознательной игрой с литературными условностями[1]. Среди таких общих мест можно назвать попытку соблазнения молодой невинной девушки циничным распутником; любовный треугольник, состоящий из мужа, жены и лучшего друга мужа; наконец, историю проститутки, вставшей на путь исправления и в конце концов умершей от туберкулеза[2]. Эпизод любви как болезни в предпоследней главе романа можно легко отбросить как еще один пример зависимости Чернышевского от заезженных сюжетных ходов (или их подрыва). Здесь дочь миллионера Катя Полозова тяжело заболевает из-за любви к одному из своих поклонников, которого, как она знает, отец никогда не одобрит. Самые разные медицинские «тузы» не могут правильно определить и вылечить ее болезнь, пока в дело не вмешивается один из главных героев романа — выдающийся молодой врач Алексей Кирсанов.

---

1 Первая точка зрения гораздо более распространена, особенно в западной критике. Альтернативную интерпретацию см. в [Drozd 2001: 63–67].

2 См. [там же]. О влиянии на Чернышевского Жорж Санд и о русской традиции любовных треугольников см. в [Klenin 1991: 376–405].

Несмотря на шаблонность ситуации, описанной Чернышевским, этот эпизод при ближайшем рассмотрении поднимает ряд тем, важнейших для произведения, среди которых: положение женщины в обществе того времени, приоритет рациональности, взаимоотношение теории и практики и, наконец, роль науки и ее методологии в социальной и нравственной сферах. Таким образом, Чернышевский обратился к традиции любовной тоски, чтобы исследовать актуальные для своего времени проблемы, которые также имели особое значение для его собственной идеологии. «Что делать?» использует топос любви как болезни, в частности, для того, чтобы оспорить биологические предпосылки гендерных различий, лежащие в основе господствующих взглядов на женское неравенство. Более того, Чернышевский стратегически превращает спальню страдающей от любви пациентки в место проведения психологического эксперимента, призванного продемонстрировать эпистемологическое и практическое превосходство «новых людей» 1860-х годов. В результате описанная им сцена диагностики во многом определяет ход дискуссии о конкурирующих эпистемологических и терапевтических моделях подхода к любовному недугу (и, шире, к сфере женской психики) — дискуссии, к которой затем присоединятся другие писатели, прежде всего Лев Толстой.

Классический случай любви как болезни у Кати Полозовой появляется в самом конце романа, но разрушительные последствия любви неоднократно рассматриваются в книге и ранее. Однако чаще всего симптомы любви как болезни не проявляются в те моменты, когда этого можно ожидать, и такое отсутствие показательно. Любовный треугольник в «Что делать?», в отличие от романа Герцена, избегает физического и эмоционального саморазрушения, которое мы наблюдали в «Кто виноват?», и, более того, разрешается, несмотря на довольно сложную ситуацию, счастливо. С этого треугольника и *отсутствия* любовной болезни у главных героев я начинаю обсуждение «Что делать?», после чего перейду к истории Кати Полозовой и ее столь же удачному исходу.

«Женщина говорит контральтом, мужчина — баритоном»

Любовный сюжет романа Чернышевского хорошо известен, и его последствия для феминистского движения в России широко исследовались[3]. Студент-медик Лопухов предлагает Вере Павловне — молодой, волевой и независимо мыслящей женщине — выйти за него замуж, чтобы вырваться из удушающей атмосферы родительского дома и избежать перспективы унизительного брака с человеком, который пытался ее обесчестить. Супружеские отношения Лопуховых весьма нетрадиционны (супруги уважают личное пространство друг друга, спят в разных спальнях и консумируют свои отношения только через три года после свадьбы) и явно служат образцом нового равенства между полами. Более того, когда Лопухов понимает, что его жена и его лучший друг Кирсанов, также специалист в области медицины и физиологии, невольно полюбили друг друга, он инсценирует самоубийство, чтобы устранить себя как препятствие для их счастья. Однако прежде, чем это решение будет найдено, герои должны принять свои чувства и найти компромисс между обуревающими их эмоциями и моральными принципами.

Из этих троих персонажей Кирсанов чуть не становится первой жертвой запретной страсти. Осознав свою зарождающуюся любовь к жене друга, он «умел так твердо сделать все, что было нужно, для остановки ее развития» — а именно, под разными

---

[3] См. [Стайтс 2004: 135–149]. Не стоит удивляться тому, что любовь и отношения между полами занимали столь заметное место в идеологии и литературе радикалов. Этот факт отражает не только озабоченность острым «женским вопросом» в социальной сфере, но и философскую программу преодоления дуализма и утверждения ценности реальности. Как справедливо отмечает Ирина Паперно, взгляды Фейербаха на любовь, изложенные в его «Сущности христианства» — работе, которую Чернышевский прочел еще в 1849 году, — сыграли свою роль: для Фейербаха «любовь являлась онтологическим доказательством существования внешнего объекта — единственным истинным критерием реального» [Паперно 1996: 57]. Любовь в философии Фейербаха гарантировала наиболее полный опыт инаковости и, следовательно, подтверждала объективный характер реальности как внешней по отношению к субъекту — идея, имеющая огромное значение для программы радикалов по преобразованию действительности.

предлогами перестал посещать Лопуховых [Чернышевский 1939–1953, 11: 149], и «...через месяц боль вовсе прошла, и осталось одно довольство своею честностью» [там же]. Когда болезнь Лопухова спустя три года вновь сводит Кирсанова с Верой Павловной, он опять пытается противостоять страсти, обосновывая свое решение удалиться не «честностью», а, в соответствии с теорией рационального эгоизма, действием в своих интересах:

> Мое положение вот какое: я люблю вино, и передо мною стоит кубок с очень хорошим вином; но есть у меня подозрение, что это вино отравлено. Узнать, основательно или нет мое подозрение, я не могу. Должен ли я пить этот кубок, или опрокинуть его, чтобы он не соблазнял меня? Я не должен называть своего решения ни благородным, ни даже честным, — это слишком громкие слова, я должен назвать его только расчетливым, благоразумным: я опрокидываю кубок. Через это я отнимаю у себя некоторую приятность, делаю себе некоторую неприятность, но зато обеспечиваю себе здоровье... Я поступаю неглупо, вот и вся похвала мне [там же: 164][4].

В этом рассуждении Кирсанова стоит отметить два момента. Во-первых, аргумент подрывает утилитарную точку зрения, которая представляет удовольствие и боль как диаметральные

---

[4] В романе Лопухов объясняет Вере Павловне, что каждый человек действует только в своих интересах, только для того, чтобы добиться того, что ему приятно [Чернышевский 1939–1953, 11: 65]. Однако, поскольку приятно только то, что хорошо, действие в своих интересах будет иметь положительный эффект для других. Об интерпретации Чернышевским теории рационального эгоизма и ее возможных источниках в английском утилитаризме и французском Просвещении написано очень много. Краткое изложение см. в [Drozd 2001: 101–112]. Э. Дрозд довольно убедительно доказывает, что этическая программа, отстаиваемая Лопуховым и Кирсановым, остается чуждой Вере Павловне на протяжении всего романа и не может считаться нравственным «посылом» произведения. В своей статье «Антропологический принцип в философии», изобилующей утилитарными заявлениями (подобными тому, что цитируется в главе 5 этой книги), Чернышевский, по мнению исследователя, «кажется, гораздо больше озабочен критикой статус-кво в русском обществе, чем распространением новой этической теории» [там же: 103]. Я нахожу этот последний аргумент менее убедительным.

противоположности: в случае Кирсанова то, что приятно (пить вино = продолжать видеться с Верой Павловной), может оказаться не только вредным, но и причинить боль. Поэтому простой утилитарный расчет невозможно применить к конкретной «жизненной» ситуации, в которой задействованы чувства, а не только разум. Кирсанову остается только отвергнуть принцип удовольствия, но делает он это, как и свойственно рациональным эгоистам Чернышевского, не на основе общепринятой морали (честности или самопожертвования), а по материалистическим и, казалось бы, эгоистическим соображениям. Однако рассказчик четко дает понять, что это логическое решение соответствует интуитивному нравственному порыву Кирсанова: «...честность говорит: поступай наперекор влечению, тогда у тебя больше шансов, что ты поступишь благородно. Это в переводе с теоретического языка на обыкновенный» [там же]. Однако, чтобы не противоречить своей теории, Кирсанов должен интерпретировать это моральное чувство как преследование эгоистических интересов; поэтому его внутренний монолог, процитированный выше, представляет собой обратный перевод — с обыкновенного языка на теоретический. Использование медицинской идеи здоровья в теоретическом обосновании своего решения, конечно, не случайно — оно изобличает лежащую в основе ситуации концепцию любви-как-болезни. Вся традиция любовной тоски держится на взаимозависимости удовольствия, связанного с присутствием любимого объекта, и боли от недостижимости этого объекта; именно это и не учитывает утилитарная теория.

Второй момент касается аналогии, которую Кирсанов проводит между страстью и отравленным вином. Эта параллель, конечно, довольно традиционна и отсылает нас не только к поэтической метафоре «любовь как яд», но и к волшебному «любовному напитку» из мифа о Тристане и Изольде, который Ружмон интерпретировал как парадигматический нарратив западной романтической любви[5]. Романтическая традиция, связанная

[5] См., например, стихотворение Баратынского 1825 года, в котором используется метафора любви как яда: «Мы пьем в любви отраву сладкую; / Но все отраву пьем мы в ней...» [Баратынский 1982: 92].

с аналогией любовь/яд, резко контрастирует с крайне рационалистическим и медикализированным подходом, выбранным Кирсановым. Если в средневековом романе напиток был наделен иррациональной и непреодолимой силой страстной любви, то Кирсанов делает это сравнение частью сложного логического процесса, который помогает ему прийти к правильному решению, при этом категорически отметая все возможные моральные последствия своего выбора. Его вторая попытка «самолечения» от любовной болезни путем прекращения визитов оказывается столь же успешной, как и первая: Кирсанов, признавая, что «трудновата была борьба на этот раз», остается «совершенно счастлив», бросая вызов условности, согласно которой безответная любовь обязательно должна порождать физические или эмоциональные страдания [там же: 174].

Настоящая жертва этой ситуации, Лопухов, который приходит к горькому осознанию того, что жена уважает его и восхищается им, но влюблена в его друга, тоже не остается с разбитым сердцем. Вместо этого он предлагает «тройственный союз», а когда эта идея не находит поддержки, убеждает Кирсанова возобновить свои визиты. Как и Кирсанов, Лопухов находит медицинское решение своей проблемы, но на этот раз вполне буквально: «Против морфия в достаточном количестве не устоит никакое крушение духа; на этот раз двух пилюль оказалось достаточно, вот уж одолевает дремота» [там же: 179]. Таким образом, душевная боль не только поддается логической оценке (как в случае Кирсанова), но даже измеряется математически и поэтому поддается контролю:

> Следовательно, крушение души своею силою приблизительно равнялось, по материалистическому взгляду Лопухова, четырем стаканам крепкого кофе, против которых Лопухову также было мало одной пилюли, а трех пилюль много. Он заснул, смеясь над этим сравнением [там же].

Характерное *отсутствие* сильной телесной и эмоциональной реакции героя на неудовлетворенную или безответную любовь примечательно не только потому, что оно бросает вызов традиции любовной болезни и ее способности как топоса едва ли не механически воспроизводить предсказуемые симптомы и ситуации — но и, что более важно, потому что подрывает саму концепцию страстной любви как внешней непреодолимой силы, которая овладевает человеком. И действительно, если слово *passion* (страсть), как напоминает нам Д. де Ружмон, буквально «означает *страдание*, нечто претерпеваемое, господство судьбы над свободным и ответственным человеком» (как предполагает родственный ему термин «passive» — «пассивный»), то сопротивление героев Чернышевского страданию также означает их более универсальный отказ быть пассивными в философском, а также идеологическом и политическом смысле [Rougemont 1983: 50][6]. Это противостояние страсти/страданию/пассивности в амурной сфере вполне соответствует политическому курсу романа, само название которого подчеркивает идею действия. В произведении, где мужчины освобождают женщин, Чернышевский сам «освобождает» своих героев-мужчин от разрушительной силы любви, разрывая причинно-следственную связь между страстью и страданием, присущую западной романтической традиции[7]. Симптоматично, что это освобождение возможным делает именно сила рассудка и медицинских знаний.

В то время как Кирсанов «совершенно счастлив», а Лопухов «смеется» во сне, Вере Павловне, которая в этот момент повествования осознает, что не любит своего мужа, не до шуток. Ее попытки подавить свою любовь к Кирсанову гораздо более мучительны по сравнению с усилиями двух друзей. Из всех участников треугольника она единственная обнаруживает некоторые физические симптомы, и, в соответствии с парадигмой любви как болезни, они могут быть ошибочно интерпретированы как

---

6 Для описания чувств Кирсанова к Вере Павловне используется слово «страсть», которое в русском языке также этимологически связано с понятием страдания.

7 Д. де Ружмон утверждает, что вся традиция любви в западной культуре построена на идее «взаимной несчастной любви», которая невозможна и разрушительна.

«легкое недомогание»: «Борьба была тяжела («тяжела», а не «трудновата», как у Кирсанова. — *В. С.*). Цвет лица Веры Павловны стал бледен. Но, по наружности, она была совершенно спокойна, старалась даже казаться веселою, это даже удавалось ей почти без перерывов» [там же: 189–190]. Вид страданий Веры Павловны убеждает Лопухова в том, что она не в силах искоренить свою любовь к Кирсанову, и подвигает его «сойти со сцены». Безвыходная, казалось бы, ситуация находит удачное разрешение: узнав, что самоубийство Лопухова было обманом, Вера Павловна, освободившись от чувства вины, быстро выходит замуж за Кирсанова[8].

Однако воспоминания о том, как она сравнительно легко поддалась любовной болезни, преследуют героиню даже в счастливом браке, где физиология любви и гендерные особенности реакции на нее становятся предметом частых разговоров между супругами. Сама идея счастливого брака, надо заметить, противоречит западной романтической традиции, где, по словам де Ружмона, «у счастливой любви нет истории» [Rougemont 1983: 52]. Однако Чернышевский изображает супружеские отношения Кирсанова и Веры Павловны не только гармоничными и удовлетворительными для обоих, но и наполненными страстью, которая с годами только усиливается[9]. Кирсанов предсказуемо дает физиологические объяснения их счастью, и «грубый материализм» его рассуждений провокационно подчеркивается ироничным рассказчиком. Любовь — «постоянное, сильное, здоровое

---

8 Критики романа не обошли стороной проблематичные моральные и юридические последствия этого поступка. В своем язвительном консервативном памфлете «Что делали в романе „Что делать?“» профессор Одесского университета П. П. Цитович называет это замужество браком «при живом муже и с подлогом» [Цитович 1879: 47].

9 Критики справедливо отмечают, что роман «Что делать?» выделяется на фоне предшествующей русской литературной традиции тем, что в нем изображены отношения между мужем и женой после брака. Дрозд упоминает аналогичные наблюдения современника Чернышевского Н. В. Шелгунова [Drozd 2001: 83] и работу советской ученой Н. Н. Наумовой [Наумова 1978: 55–56]. Я обсуждаю проблему развития романтической страсти в романе во взаимосвязи с теорией страстей Сеченова в [Sobol 2007; Соболь 2020].

возбуждение нерв», по определению Кирсанова, — укрепляет всю его нервную систему и в конечном итоге приводит к более активной нравственной и интеллектуальной деятельности[10]. Если даже несчастная любовь не повлияла на здоровье мужчины, то счастливая любовь может быть только физиологически полезной — что резко контрастирует с традицией сентиментализма, где, как мы видели ранее, сильная страсть, даже взаимная, возбуждает чувствительность влюбленного до такой степени, что может стать смертельной[11].

---

[10] «Это постоянное, сильное, здоровое возбуждение нерв, оно необходимо развивает нервную систему (грубый материализм, замечаем опять мы с проницательным читателем); поэтому умственные и нравственные силы растут во мне от моей любви. <...> И я чувствую, что исполню это ожидание [других людей]» [Чернышевский 1939–1953, 11: 266–267]. Любовь здесь, как в сентименталистской традиции и в философии Фейербаха, считается доказательством неразрывной связи между физиологией человека и моральной и интеллектуальной сферами. Однако, хотя Кирсанов и обращается к сентименталистской идее вибрации нервов, он описывает этот процесс на намеренно бездуховном и механистическом языке, совершенно чуждом изящному и поэтическому физиологическому дискурсу сентименталистов. Связь между любовью и деятельностью, упомянутая Кирсановым, также характерна для идеологии 1860-х годов. Способность к созидательной деятельности была главным критерием, по которому поколение Чернышевского определяло себя в сравнении с предыдущим либерально-романтическим. Как отмечает Паперно, традиционная «лихорадочная» романтическая любовь отвергается в романе как ассоциирующаяся с инертностью и слабостью, в то время как «холодная» и разумная любовь служит визитной карточкой энергичности нового поколения и его активного отношения к действительности [Паперно 1996: 150–151].

[11] Вспомните «Евгения и Юлию» Карамзина и случай со сладострастным мужем в «Санкт-Петербургских врачебных ведомостях» (глава 1). Следует отметить, что теория любви Кирсанова не полностью исключает нравственный фактор. В дальнейшем он утверждает, что «Сила ощущения соразмерна тому, из какой глубины организма оно поднимается. Если оно возбуждается исключительно внешним предметом, внешним поводом, оно мимолетно и охватывает только одну свою частную сторону жизни. <...> Наслаждение уже гораздо сильнее, когда корень его в воображении <...> Но это еще очень слабо сравнительно с тем, когда корень отношений, соединенных с наслаждением, находится в самой глубине нравственной жизни» [Чернышевский 1939–1953, 11: 268].

И снова мы наблюдаем в романе сопротивление традиции любви как болезни со стороны мужского персонажа — будь то страдание от безответной любви или восторг от вожделенной страсти. С женщинами же дело обстоит иначе, о чем говорит более сильная физическая реакция Веры Павловны на ситуацию с любовным треугольником и что подтверждается литературными примерами. Читая поэму Николая Некрасова «Коробейники» (1861), Вера Павловна признается мужу, что ее особенно трогает описание тоски девушки Кати по отсутствующему возлюбленному. Это замечание провоцирует продолжительную дискуссию на тему физиологических и социальных различий между полами, проявляющихся в том числе и в реакции на эмоциональные потрясения. В ходе этой дискуссии Кирсанов оспаривает широко распространенное представление о врожденной физической хрупкости женщин — аргумент, который часто использовался во времена Чернышевского мыслителями, стремившимися обеспечить «естественную», научную основу для своей антифеминистской по сути программы. Один из таких мыслителей, выдающийся французский историк Жюль Мишле, чей взгляд на женщину как на существо, больное от природы, подвергся активным нападкам «Современника», в своем труде «Женщина» («La femme», 1859) ссылается на профессиональный авторитет «ученого-анатома», слова которого цитирует: «Если бы знали, как нежны у женщины эти мускулы, как слабы у нее нервы движения и, напротив того, как развиты нервы чувствительности!» [Мишле 1997: 267][12]. Как бы отвечая на этот

---

[12] В другой своей работе, «Любовь» («L'amour», 1858), Мишле утверждал, что менструации и беременность ослабляют женщин и делают их неспособными к серьезной учебе и работе. Пьер-Жозеф Прудон ссылался на некоторые особенности женской анатомии (большие груди, широкие бедра и таз, а также относительно маленький мозг), утверждая, что женщины от природы уступают мужчинам в интеллектуальном плане и предназначены только для того, чтобы вынашивать детей. В конце 1850-х — начале 1860-х годов поэт и радикальный журналист Михаил Михайлов оспаривал эти взгляды в серии статей в «Современнике». См., в частности, пятое из его «Парижских писем» (1859. Т. 73. С 163–213). Прекрасный анализ вклада Михайлова в дебаты об эмансипации женщин см. в [Stites 1969: 178–199]; о той же теме в более широком контексте см. в [Стайтс 2004: глава 2].

аргумент, выдающийся физиолог Кирсанов утверждает, что и статистика (факт большей продолжительности жизни женщин), и физиология опровергают это предположение и что на самом деле женщины сложены сильнее мужчин: «Вероятно, у женщины нервы эластичнее, имеют более прочную структуру, а если так, они должны легче и тверже выдерживать потрясения и тяжелые чувства» [Чернышевский 1939–1953, 11: 254]. Если на практике мы видим обратное, объясняет Кирсанов, то это потому, что телосложение человека во многом зависит от психической предрасположенности, которая в свою очередь формируется под влиянием социальных условий и стереотипов, а они не способствуют формированию образа сильной женщины. «Это — сила предубеждения, дурная привычка, фальшивое ожидание, фальшивая боязнь. <...> Женщинам натолковано: „вы слабы“ — вот они и чувствуют себя слабыми, и действительно оказываются слабы» [там же][13]. Когда Вера Павловна интересуется, почему после разлуки с мужем она похудела и побледнела, а он, утверждавший, что любит ее так же глубоко, никак не изменился физически, его ответ вновь связывает проблему физической слабости с социальными факторами: «Я довольно легко выдерживал борьбу потому, что мне некогда было много заниматься ею. <...> Надобно было заниматься больными, готовиться к лекциям» [там же: 255]. Другими словами, обостренная физическая реакция женщин на эмоциональные переживания обусловлена не слабым телосложением, а маргинальным положением в обществе, которое не дает им возможности занять свои мысли. Важно отметить, что ранее, борясь со своими чувствами к Кирсанову, Вера Павловна пыталась «вылечиться», как она сама прямо говорит, более активным участием в делах своей швейной мастерской, но это отвлекло ее лишь на время. Смущенная очевидностью

---

13 Аналогичный аргумент используется в анонимной рецензии на «Заметки о женщинах» Д. Мацкевича, опубликованной в «Современнике» в 1854 году. Рецензия была приписана Чернышевскому (редакторы полного собрания сочинений писателя также рассматривали как потенциального автора Михайлова) и опубликована в [Чернышевский 1939–1953, 16: 281–283]. Мое внимание к этой рецензии привлек [Drozd 2001].

своих душевных страданий, проявившихся в этом инциденте, Вера Павловна в конце концов поймет, что ей нужно дело, которое поглотит все ее существо, включая эмоциональный мир, и решит начать медицинскую карьеру. Таким образом, героиня Чернышевского присоединяется к мужским персонажам в их протесте против любви как болезни, изменив свое социальное положение в патриархальном обществе.

В трактовке эмоциональности человека Чернышевский значительно отличается от своих предшественников: Герцена, который придавал огромное значение «природному детерминизму», опираясь на понятия «конституции» и наследственности, и даже Гончарова, который, несмотря на свою склонность объяснять эмоции социальными факторами, отдал дань традиции врожденной хрупкости женщины в описании истерии Юлии. Физиология играет чрезвычайно важную роль для Чернышевского в его монистическом видении психики, но он также добавляет важный социальный элемент в этиологию любви как болезни и других эмоциональных страданий. Это социальное влияние, что важно, — не случайные обстоятельства развития индивида (как в случае с Александром Адуевым), оно заложено в структуре общества в целом. Люди, и особенно женщины, как ясно дает понять Кирсанов, не запрограммированы на страдания своей биологической «организацией», они страдают в силу внешних ожиданий, которые интернализируют. «Что делать?» деконструирует как литературную традицию любви как болезни (Некрасов), так и физиологические аргументы, оправдывающие это понятие (например, доводы Мишле и Прудона), и раскрывает исключительно социальные и идеологические корни любовной болезни как «женского недуга».

Отрицание Кирсановым физиологического объяснения социального неравенства между полами перекликается с разговором в начале романа, в ходе которого Вера Павловна изобличает понятие женственности как социальной конструкции. В этой сцене она и Лопухов обсуждают свою будущую жизнь после «освобождения из подвала» через фиктивный брак («подвал» — тягостная обстановка родительского дома Веры Павловны и ее угнетенное положение). После полушутливого замечания Лопухова: «В вашей натуре, Вера Павловна, так мало женственности, что, вероятно, вы выскажете совершенно мужские мысли», — Вера Павловна взрывается:

> Ах, мой милый, скажи: что это значит эта «женственность»? Я понимаю, что женщина говорит контральтом, мужчина — баритоном, так что ж из этого? Стоит ли толковать из-за того, чтоб мы говорили контральтом? <...> Зачем же все так толкуют нам, чтобы мы оставались женственны? Ведь это глупость, мой милый? [там же: 90]

Таким образом Вера Павловна отвергает физиологическое различие между полами (выраженное в противопоставлении контральто и баритона) как основу гендерных различий[14]. Характерно, что, когда Вера Павловна сбрасывает навязанную ей «женственность» и начинает выражать то, что называет «мужскими мыслями», она тут же предлагает асексуальную картину их будущего брака: «Мы будем друзьями. Только я хочу быть первым твоим другом» [там же]. Этим последним высказыванием она заявляет о своем соперничестве с Кирсановым (нынешним «первым другом» и соседом Лопухова); мужской грамматический род русского существительного «друг» облегчает ее вхождение в гомосоциальный мир двоих друзей. Она даже использует существующие условия совместного проживания Лопухова с Кирсановым как модель для их будущей супружеской жизни. Более того, когда они с Кирсановым встречаются впервые незадолго до свадьбы с Лопуховым, Кирсанов в шутку приветствует

---

[14] В феминистской программе Михайлова гендерному различию также не придавалось большого значения и высказывалось убеждение о том, что в женщине не должно быть «ничего женственного, кроме ее пола. Все остальные черты должны быть не мужскими или женскими, а чисто человеческими» [Михайлов 1903: 221]. В «Преступлении и наказании» (часть 2, глава 2) Достоевский высмеивает эту линию аргументации, используемую сторонниками женской эмансипации, когда Раскольникову предлагают перевести немецкую статью, посвященную «женскому вопросу», для русского журнала; в статье рассматривается вопрос о том, человек ли женщина.

ее как романтическую соперницу: «Вера Павловна, за что же вы хотите разлучать наши нежные сердца?» [там же: 101]. Ответ Веры Павловны намеренно размывает значение слова «любить» и тем самым ставит ее отношения с Лопуховым наравне с мужской дружбой: «А сумею ли я любить его, как вы? Ведь вы его очень любите?» [там же]. Такое размытие четких гендерных границ и ролей подчеркивает сугубо социальные корни гендерных различий — убеждение, которое, как мы видели, накладывает свой отпечаток на трактовку Чернышевским топоса любви как болезни[15].

Любовная лихорадка или Atrophia nervorum? Случай Кати Полозовой

Представление Чернышевского о том, что женская предрасположенность к любовным страданиям социально обусловлена, подтверждается примером Кати Полозовой, которая, будучи дочерью миллионера, явно имела все возможности поддаться сильным эмоциям и их разрушительным последствиям.

> ...когда Кате было 15 лет, он [ее отец] даже согласился с нею, что можно обойтись ей и без англичанки и без француженки. Тут Катя уже и вовсе отдохнула, ей стал полный простор в доме. А простор для нее значил тогда то, чтобы ей не ме-

---

[15] Исследователи обсуждали и другие аспекты этой гендерной размытости романа. Д. Эйдельман приписывает стремление к андрогинности, проявившееся в русских повествованиях с любовным треугольником, влиянию Жорж Санд и справедливо подчеркивает его освобождающее значение [Eidelman 1994: 65]. Аналогичным образом Э. Кленин возводит идею тройственности к романам Санд (а именно «Консуэло» и «Графиня Рудольштадт»), которая, в свою очередь, переняла тринитарное мышление французских утопических социалистов, в частности Пьера Леру. «Что делать?», по утверждению Кленин, обязано своим утопическим откровением (как в идеологической, так и любовной сфере) именно этим источникам [Klenin 1991]. О. Матич показала влияние романа Чернышевского на теорию и эксперименты русских модернистов с гендерными ролями, гомосоциальностью и андрогинностью [Матич 2008: 28–29].

> шали читать и мечтать. <...> Так, читала и мечтала, и не влюблялась, но только стала она вдруг худеть, бледнеть и слегла [там же: 292][16].

Природа болезни Кати озадачивает всех, начиная с ее собственного отца и лечащего врача и кончая консилиумом «тузов» петербургской медицины, которых отчаявшийся Полозов в конце концов пригласил, когда его дочь «была уж на шаг от чахотки» [там же: 297][17]. Ситуация осложняется тем, что у пациентки нет никаких специфических симптомов, кроме общей депрессии и истощения: «...нет никакой болезни в больной, а силы больной быстро падают» [там же: 293]. Этот парадокс («нет никакой болезни в больной») только подчеркивает сложность проблемы с необъяснимым состоянием Кати, которое врачи не могут классифицировать и диагностировать. Однако для поддержания иллюзии профессионального знания и авторитета диагноз необходим, и лечащий врач предлагает «*atrophia nervorum*, „прекращение питания нервов“» — диагноз, безжалостно высмеянный рассказчиком: «...бывает ли на свете такая болезнь, или нет, мне неизвестно, но если бывает, то уж и я понимаю, что она должна быть неизлечима» [там же].

Это стремление предложить научно обоснованный (пусть и бессмысленный по сути) ярлык для загадочного состояния пациентки показывает силу научного дискурса в эпоху позитивизма с его жестко детерминистским взглядом на природные явления. В своем «Введении к изучению опытной медицины»

---

16 Богатство и болезнь, по мнению Чернышевского, идут рука об руку из-за праздного образа жизни, связанного с роскошью. См., например, соответствующие отрывки из «Антропологического принципа в философии» [Чернышевский 1939–1953, 7: 272, 292].

17 Термин «консилиум» в русском языке подразумевает обсуждение особо сложного медицинского случая одним или несколькими знаменитыми врачами. Сцены консилиума появляются, помимо «Что делать?», в романах Толстого «Война и мир» и «Анна Каренина» (последний будет подробно рассмотрен в следующей главе). Во всех этих случаях серьезность термина используется для ироничного подчеркивания бессилия и недостатка знаний врачей.

(1865) Клод Бернар, выдающийся французский физиолог и основатель экспериментальной медицины, признает, что:

> ...диагностика сделалась невозможна, как только дело дошло до болезней, в которых повреждения были недоступны для наших средств исследования и заключались в органических элементах. Тогда, не имея более возможности установить анатомическое соотношение, говорили, что болезнь существенна, т. е. без повреждения; что выходит нелепо, потому что это значит допустить действие без причины [Бернар 2010: 146–147].

Однако, настаивает Бернар, люди поняли, «что для того, чтобы найти объяснение болезней, нужно внести исследование в самые тонкие части организма, где кроется жизнь» [там же: 147]. Отсутствие диагноза в случае Кати Полозовой, таким образом, свидетельствовало бы о глубокой неспособности врачей логически соотнести симптомы и причины, локализовать болезнь и, как следствие, взять ее под контроль. Как снова с насмешкой замечает рассказчик романа, «пока доктор считал болезнь пустою, он довольствовался порицаниями танцев и корсетов, а когда он заметил опасность, то явилось „прекращение питания нервов“, atrophia nervorum» [Чернышевский 1939–1953, 11: 297–298]. Как показывает этот комментарий, серьезная болезнь, с точки зрения врачей, должна иметь органическую причину и подлежать локализации: обратите внимание на переход врача от внешних/социальных, и «несерьезных»/легкомысленных причин с явно женскими коннотациями («танцы и корсеты») к внутренним и физиологическим[18]. Малозначительная болезнь действительно

[18] Корсет в романе служит символом ограниченного статуса женщины: когда в конце четвертой главы Вера Павловна отказывается носить корсеты, она делает еще один шаг к эмансипации. Писарев в своей статье «Мотивы русской драмы» (1864) критикует традиционную эстетику, включая стереотипные стандарты женской красоты, такие как тонкая талия, и язвительно замечает: «...эти своеобразные понятия о красоте еще не вполне уничтожились и теперь, потому что Льюис восстает против корсетов в своей физиологии, а Чернышевский заставляет Веру Павловну упомянуть о том, что она, сделавшись умною женщиною, перестала шнуроваться» [Писарев 1981, 1: 335].

была бы «пустой» без физического основания и, следовательно, без необходимости придумывать ей название. При номиналистическом подходе врачей в больной действительно «нет никакой болезни», пока нет термина, которым можно обозначить ее состояние. В своей зависимости от языкового обозначения как эпистемологического инструмента врачи в романе придерживаются, скорее, диагностической практики ранней клинической (или протоклинической) медицины, когда, по словам Фуко, лингвистический компонент был добавлен к исследующему взгляду, доминировавшему до этого:

> ...взгляд, обозревающий страдающее тело, достигает истины, которой взыскует, лишь проходя через догматический момент *имени* <...>. Но это все же не взгляд сам по себе, обладающий возможностью анализа и синтеза, но истина дискурсивного знания, приходящая извне... [Фуко 2010: 83]

Однако название, данное лечащим врачом, создает лишь иллюзию истины. Латинский термин (латынь добавляет дополнительный слой лингвистического посредничества) скрывает истинную пустоту — отсутствие профессиональных знаний, проявленное в неспособности доктора найти органический очаг болезни.

Неспецифическая симптоматика состояния Кати, как мы уже знаем из традиции любви как болезни, — один из первых признаков психологической версии этого недуга: вспомните отсутствие «внутренней боли» у Гелиодора и стандартный «упадок сил», от которого страдает жена Адуева-старшего. Но для того чтобы понять, что болезнь Кати вызвана тайной любовью к Соловцову, ее поклоннику, которого отец категорически не одобряет и за которого никогда не позволит выйти замуж, потребуются усилия другого специалиста. Этим специалистом оказывается Кирсанов, молодая восходящая звезда физиологии, который учился на Западе и даже получил похвалу от великого Клода Бернара.

Следует помнить, что в момент своего первого появления в романе Лопухов и Кирсанов работали над докторскими диссертациями и «уничтожали громадное количество лягушек», а их специализацией, что характерно, была нервная система [Чернышевский 1939–1953, 11: 47][19]. В то время как Лопухов, женившись на Вере Павловне, вскоре оставляет медицинскую карьеру, Кирсанов продолжает свои научные изыскания и становится одним из передовых физиологов своего времени. Его имя ассоциируется с именами самых авторитетных современников, таких как Бернар и Рудольф Вирхов, основоположник теории клеточной патологии. Ироничный рассказчик не упускает возможности высмеять отсталость российских физиологов, все еще преклоняющихся перед механистами и гумористами, такими как Уильям Гарвей и Герман Бургаве. «...мы знаем их, а этих Фирховов да Клодов Бернаров мы не знаем, какие же они светила? <...> Так

---

19 Упоминание о лягушках сразу отсылает читателя романа Чернышевского к нигилисту Базарову из «Отцов и детей» Тургенева 1862 года — студенту-медику, который проводил свой досуг, препарируя лягушек. Кроме того, эксперименты на лягушках имели решающее значение для теории рефлексов Сеченова. М. Холквист даже предположил, что современники Сеченова воспринимали его как воплощение Базарова в реальной жизни — сходство подкрепляется фотографией Сеченова 1861 года, на которой великий физиолог изображен как «русоволосый молодой человек с пронзительным взглядом, сидящий за своим рабочим столом в Медико-хирургической академии, с горелкой Бунзена, электрическим зарядным механизмом и лабораторным зажимом, удерживающим, конечно, трех лягушек» [Holquist 1984: 363]. Образ «распятой» лягушки, часто встречающийся в критическом дискурсе того времени, а также в литературных произведениях, олицетворяет статус позитивистской науки как новой религии. Обратите внимание на мессианский тон высказывания радикального критика Писарева в 1864 году: «Молодежь... проникнется глубочайшим уважением и пламенною любовью к распластанной лягушке... Тут-то именно, в самой лягушке-то, и заключаются спасение и обновление русского народа» [Писарев 1981, 1: 354]. Тургеневский Базаров, как напоминают нам Холквист и И. Паперно [Паперно 1996], считает, что мы, люди, «те же лягушки, только что на ногах ходим» — определение, которое отменяет божественное происхождение человечества и утверждает вместо этого взгляд на человека как на часть природного мира [Тургенев 1978–2018, 7: 22]. Более того, в медицинских трудах того времени лягушка вызывала ассоциации с Ветхим Заветом и, по словам Бернара, была объявлена «Иовом физиологии» — это невинный страдалец, «животное всего более мучимое экспериментатором» [Бернар 2010: 150]. Эта интерпретация также указывает на божественный статус ученого-экспериментатора.

вот этот самый Клод Бернар отзывался с уважением о работах Кирсанова, когда Кирсанов еще оканчивал курс» [там же: 146]. Бернар, напомним, пользовался в России неоднозначной репутацией из-за своего отказа признать онтологическое различие между органическими и неорганическими явлениями и настойчивого стремления подчинить физиологические данные физическим и химическим законам[20]. Примечательно, что единственное научное исследование Кирсанова, которое упоминается в романе (кроме расплывчатых ссылок на его исследования «отправлений нервной системы»), — это попытка синтезировать белок, то есть получить органическое вещество искусственным путем. И Лопухов, и Кирсанов радуются этой перспективе: «...фабричное производство главного питательного вещества прямо из неорганических веществ. Величайшее дело, стоит ньютонова открытия» [там же: 180].

Знакомство с Бернаром, кроме того, связывает героя Кирсанова с реально существовавшим Сеченовым, который также изучал «нервную систему» и работал в лаборатории французского физиолога. Ассоциация усиливается сходством между ролью Кирсанова в браке его друга и известным любовным треугольником М. А. Обручева — П. И. Боков — Сеченов с идентичным исходом[21]. Многие читатели «Что делать?» однозначно воспринима-

---

[20] Вспомните знаменитый эпизод из четвертой части «Братьев Карамазовых» Достоевского, когда Митя неоднократно упоминает имя Бернара как олицетворение детерминизма и научного материализма. Как показывает М. Кац, Достоевский на самом деле уважал этого ученого, но использовал его имя символически с целью атаковать актуальную в то время тенденцию к универсализации научных теорий и методов и их применению ко всем областям существования [Katz 1988: 63–76, esp. 71–74]. Взгляды Бернара действительно не были столь ограниченными, как это может показаться, исходя из образа ученого, созданного в произведениях Достоевского: из его «Введения к изучению опытной медицины» следует, что, хотя Бернар и не верил в особую «жизненную силу», присущую только органическим телам, он считал органические процессы значительно более сложными и не так легко поддающимися количественному анализу, в отличие от неорганических.

[21] Доктор Петр Боков, друг Сеченова, женился на Марии Обручевой, чтобы освободить ее от контроля родителей и дать возможность посвятить себя изучению медицины. Позже Мария Бокова влюбилась в своего профессора,

ли Сеченова как прототипа Кирсанова[22]. Такое наивно-биографическое прочтение романа Чернышевского позже будет справедливо опровергнуто наукой; однако это не изменило прочной ассоциации Кирсанова с Сеченовым, что только укрепило образ Кирсанова как материалистически ориентированного ученого-экспериментатора[23].

Как ни странно, именно выдающийся физиолог и убежденный материалист Кирсанов, пытаясь поставить Полозовой диагноз, сразу отбрасывает физиологическое объяснение и верно распознает чисто психологическую природу недуга своей пациентки: «Кирсанову нечего было много исследовать больную, чтобы видеть, что упадок сил происходит от какой-нибудь нравственной

Ивана Сеченова. Боков, как и Лопухов в романе Чернышевского, не чинил никаких препятствий союзу Сеченова и Марии. Обстоятельный обзор этих отношений см. в [Паперно 1996: 113–116].

[22] А. Витмер в своих воспоминаниях категорически утверждает: «„Что делать?“ — роман, основанный на „истинном происшествии“»: «И все называли имена героев романа, Лопухова и Кирсанова, их настоящими именами: под псевдонимом Лопухова был изображен доктор Боков, недавно незаметно сошедший в могилу; а Кирсанова — известный физиолог, даровитый ученый Сеченов» (Витмер А. Святой человек // Исторический вестник. 1915. Вып. XII. С. 819).

[23] В 1975 году редактор и комментатор «Что делать?» С. А. Рейсер убедительно доказал, что Чернышевскому хронологически невозможно было взять в основу романа отношения Сеченова и Боковой, которые начались только после публикации книги (хотя «спасение» Обручевой Боковым произошло раньше и действительно могло вдохновить сюжетную линию освобождения Лопуховым Веры Павловны). Паперно справедливо называет параллели между сюжетом романа и отношениями Бокова — Обручевой и Сеченова «замечательным случаем взаимного влияния литературы и жизни. Задумывая сюжет романа, Чернышевский мог в качестве исходного материала использовать историю Обручевой и Бокова. Прототипы его героев — у которых, безусловно, была возможность узнать себя в действующих лицах „Что делать?“ и все основания отождествить себя с ними, — впоследствии могли использовать сюжет романа как модель для решения своего запутанного семейного конфликта» [Паперно 1996: 115]. Джоравски утверждает, что ассоциация с Кирсановым в свою очередь радикализировала Сеченова (умеренного либерала по своим политическим взглядам) в восприятии современников [Joravsky 1989].

причины» [там же: 298]. Медицинская модель, таким образом, отбрасывается, поскольку Кирсанов категорически отвергает обоснованность любых медицинских процедур, даже веря в возможность туберкулеза: «Они не понимают вашей болезни, — говорит он Кате. Слушать вашу грудь, давать вам микстуры — совершенно напрасно» [там же: 294]. Позже, когда Катя оправится от болезни, Кирсанов снисходительно вернет ее под опеку врача, который «хлопотал над прописываньем лекарств», еще раз подтверждая бесполезность медицинского вмешательства: «лечитесь у него; теперь никакие его снадобья не повредят вам, хоть бы вы и стали принимать их» [там же: 304]. Его мгновенное понимание сути ситуации — типично быстрая и непринужденная проницательность одного из положительных героев романа — выставляет в комическом свете постоянные попытки «тузов» врачебного мира справиться с болезнью Кати медицинскими средствами[24]. И все же, в отличие от древней психологической модели, где врач сам считал свои знания неактуальными, Кирсанов не отказывается от своих профессиональных полномочий, а сохраняет контроль над болезнью на всем ее протяжении, от постановки диагноза до гарантированного излечения.

В обеих древних моделях любви как болезни излечение могло произойти, только если можно было определить объект любви, и в обоих случаях, в меньшей или большей степени, был задействован родитель страдающих от любви пациентов. Кирсанов ссылается именно на эту традицию, когда говорит Кате: «Вы знаете, что сделал бы на моем месте почти всякий другой? Он пошел бы говорить с вашим батюшкою. Быть может, мой разговор с ним спас бы вас...» [там же: 294]. И действительно, у Плутарха, как мы помним, врач узнал имя возлюбленной и сообщил о результатах своих наблюдений отцу Антиоха (который затем пожертвовал своей любовью к жене, чтобы спасти умирающего от любви сына). У Гелиодора роль отца была еще более значительной: врач поручил ему найти объект любви Хариклеи. Таким образом, классический эпизод диагностики не бинарен (врач-пациент),

---

[24] К проблеме обретения знаний в романе я обращаюсь ниже.

а, скорее, троичен; важно отметить, что каноническая трактовка этой ситуации в изобразительном искусстве (картина романтика Опи, о которой шла речь во введении) помимо фигур влюбленной девушки и врача включает также члена семьи (фигура Купидона, напротив, исключительно аллегорична).

Однако в русской литературной традиции любви как болезни эта троичная структура начала использоваться только в 1860–1870-х годах, когда Чернышевский и Толстой ввели фигуру отца в свои сцены диагностики. В более ранних «диагностических» эпизодах русской литературы роль члена семьи и диагноста, как правило, совмещались в одном персонаже, как это было в случае с няней в «Евгении Онегине» и Адуевым-дядей в «Обыкновенной истории». Причину возрождения троичной структуры таких сцен в эпоху позитивизма можно найти в политизации как семьи, так и медицинской профессии, происходившей в период, когда медицина ассоциировалась с материализмом и политическим радикализмом, а семья отвечала за традиционные и консервативные ценности. Диагностический эпизод с тремя участниками был особенно полезен в то время, поскольку подчеркивал конкуренцию между этими двумя социальными сферами за понимание влюбленного тела (и/или души) и контроль над ним. Случай «нравственного» недуга ставил вопрос о том, кто лучше квалифицирован для оценки состояния больного — дилетант, который обладает (или должен обладать) интимными знаниями о пациенте, или посторонний человек, возможно, не знакомый с личными обстоятельствами, но вооруженный научными знаниями и профессиональной подготовкой; тот, кто эмоционально вовлечен, или тот, кто остается отстраненным.

Такая четкая оппозиция усложняется с появлением фигуры семейного врача, который принадлежит обоим мирам: вспомните утверждение доктора Крупова о том, что он досконально знает жизнь своих пациентов, и его статус «дяди» в семье Круциферских. В романе «Что делать?» лечащий врач Кати играет именно роль посредника: во время консилиума он авторитетно информирует приглашенных «тузов» о семейной ситуации пациентки и заверяет их, что в отношениях отца и дочери нет проблем, тем самым доказывая читателю (и Кирсанову) свою несостоятельность как причастной фигуры. Не лучше обстоят дела и у самого отца; его знания, по сути, оказываются в прямой зависимости от знаний лечащего врача: «А между тем отец не знает причины расстройства, потому что пользующий медик не знает...» [там же: 298]. Способность Кирсанова быстро разгадать загадку Катиного состояния утверждает его превосходство (и, соответственно, превосходство «новых людей» 1860-х годов) в обеих сферах, профессиональной и личной, поскольку его совершенные медицинские знания сочетаются с отцовской проницательностью[25]. Более того, лечение Кирсановым Кати, успешное отчасти благодаря манипулированию ее отцом, приведет к символическому освобождению героини от патриархального мира традиционных ценностей.

Диагностическая процедура Кирсанова, в ходе которой он, абсолютно чужой человек, становится доверенным лицом, вооруженным знаниями, которые ускользнули от отца пациентки и ее лечащего врача, заслуживает более пристального внимания. Ему потребовалось два часа, чтобы заставить Катю говорить, но в конце концов он добивается успеха, используя ряд довольно манипулятивных, но психологически эффективных приемов. Он вызывает ее сострадание и доверие, признаваясь, что тоже стал жертвой несостоявшейся любви и поэтому понимает ее ситуацию[26]. Он пробуждает любопытство Кати, действуя ровно противоположно традиционным ожиданиям — отказываясь говорить с ее отцом и оставляя ей безграничную свободу выбора: он даже предлагает ей быстродействующий яд, чтобы избежать долгих и бессмысленных страданий от туберкулеза в случае, если ее состояние будет безнадежным. Читатель понимает, что Кирсанов близок к успеху, когда первоначальная «насмешливая»

---

[25] Это сочетание ролей врача и отца в некотором смысле предвосхищает фрейдистскую идею переноса (женщина-истеричка переносит свое подавленное эдипово желание на психоаналитика).

[26] Этот эпизод хотя и расположен ближе к концу романа, хронологически происходит во время брака Веры Павловны с Лопуховым.

улыбка Кати уступает место «печальной» в ответ на его признание в собственной любовной неудаче, и особенно когда заинтригованная больная признается в конце разговора: «Вы странный человек, доктор», — подразумевая, что его индивидуальный подход к ее ситуации, кардинально отличающийся от других (или, можно сказать, подрывающий традиции диагностики любовной болезни), завоевал ее доверие.

Как и свойственно эпистемологии Чернышевского, диагност полностью полагается на логичное словесное повествование пациентки, задавая прямые вопросы, такие как «прошу вас, скажите мне причину вашей болезни» и «назовите мне человека, к которому вы чувствуете расположение» [там же: 294, 295]. Поскольку проблема полного осознания героиней собственной ситуации не поднимается, эта информация доступна и в конечном итоге предоставляется Кирсанову. Только после этого он, с разрешения Кати, сообщает о происходящем ее отцу, который в ответ ставит под сомнение саму идею любви как болезни: «Как же она умирает от любви к нему [Соловцову]? Да и, вообще, можно ли умирать от любви? Такие экзальтированности не могли казаться правдоподобны человеку, привыкшему вести исключительно практическую жизнь, смотреть на все с холодным благоразумием» [там же: 298], но они казались очень правдоподобны материалисту и рационалисту Кирсанову.

Кажется парадоксальным, что в романе Чернышевского, который обычно считается манифестом материализма, предпочтение отдается более идеалистической «психологической модели» любовной болезни[27]. Тот факт, что в романе не отвергается возможность чисто психогенного заболевания, не должен удивлять: идея о том, что эмоциональные расстройства влияют на тело, согласуется с непоколебимо монистическим взглядом писателя на природу человека. Более того, представление о неделимости

---

[27] В своем прочтении романа Дрозд приводит доводы против предположения, что Чернышевский одобряет материалистическое и научное мировоззрение, отмечая, что эти взгляды поддерживают его герои, а не рассказчик [Drozd 2001: 96–101].

человека делает неуместным само различие между медицинской и психологической моделями; в конце концов, в своем «Антропологическом принципе в философии» Чернышевский, как известно, утверждает, что «нравственные науки» (в том числе и психология) рано или поздно достигнут точности естественных наук и переймут их методы [Чернышевский 1939–1953, 7: 255–268]. Однако же категорическое неприятие Кирсановым (и откровенное высмеивание рассказчиком) медицинских методов и диагнозов — ослушивания, назначения лекарств, *atrophia nervorum* — и его общее пренебрежение к телу как возможному проводнику истины становятся неожиданностью, особенно когда следуют (в структуре, а не фабуле романа) за его долгими разговорами с Верой Павловной о физиологии эмоций и за его редуктивным определением любви как «возбуждения нерв». В постромантическом дискурсе, как мы видели, медикализация любовных эмоций была эффективным способом отстаивания новой идеологии, но Чернышевский не задействует эту возможность в сцене диагностики любовной болезни[28]. Более того, хотя Кирсанова приглашают в консилиум именно из-за его репутации передового ученого, он не использует свои знания в случае с Катей. Зачем

[28] И. Паперно отмечает: «Представление о человеке как о совокупности физиологических отправлений привело к тому, что романтическое понятие любви подверглось переосмыслению в реалистическом ключе» — и подчеркивает, что «из этого комплекса идей [т. е. позитивизма, антропологии Фейербаха и распространения науки] складывался словарь понятий, к которым представители нового поколения прибегали в процессе самоопределения и самовыражения» [Паперно 1996: 58]. Э. Байфорд, изучая взаимодействие научного и литературного дискурсов того времени, перечисляет ключевые слова, характерные для той или иной идеологической сферы: «Примеры из „научной/материалистической“ области включают „препарирование лягушек“, „препарирование трупов“, „лаборатория“, „нервы“, „физиология“, „анатомия“ и „скальпель“. Из „литературной/идеалистической“ области — „красота“, „душа“, „чувство“, „любовь“, „добродетель“, „идеал“ и так далее» [Byford 2003: 218]. Другими словами, можно было бы ожидать, что Кирсанов, занимаясь проблемой любовной лихорадки, будет широко использовать научную терминологию и прибегать к медицинским процедурам (как он делает в других сценах романа), чтобы соответствовать своему образу «нового человека» эпохи позитивизма.

же тогда на протяжении всего романа акцентировать внимание на достижениях Кирсанова в изучении нервной системы, если единственный раз, когда читатели имеют возможность оценить его глубокие медицинские знания, он лечит до боли знакомый и банальный случай любовной болезни?

Распространенный аргумент о «недостатке таланта» Чернышевского и его зависимости от художественных клише не может считаться продуктивным объяснением (хотя вполне вероятно, что предшествующая русская литературная традиция, последовательно тяготевшая к психологической модели даже в якобы «реалистических» и «антиромантических» произведениях, о чем говорилось во второй части этого исследования, оказала свое влияние). Эта книга пытается доказать как раз то, что клише используется по-разному, в зависимости от культурных предпочтений каждой эпохи и индивидуального набора идей и проблем каждого произведения. Похоже, что демедикализируя любовную тоску, Чернышевский вновь подчеркивает социальную, а не физиологическую природу этого явления. Более того, преуменьшение им значения научных методов и медицинских процедур в случае с Полозовой отражает тот факт, что в романе в целом наука не имеет абсолютной ценности, а вторична по отношению к политической программе.

При пристальном анализе становится ясно, что научная деятельность Лопухова и Кирсанова описана в книге весьма туманно (упоминание о препарировании лягушек маркирует их лишь как «нигилистов» 1860-х годов). Значение единственного конкретного исследовательского проекта, который упоминается в романе (синтез белка), в основном практическое и социальное: поскольку белковина (альбумин) использовалась в пищевой промышленности, считалось, что его синтез позволит производить больше продуктов питания по более низкой цене и, следовательно, улучшит положение бедных[29]. Более того, в нескольких случаях научные или медицинские интересы двух друзей подчинены проекту освобождения женщины. Когда Лопухов прини-

[29] См. примечание переводчика к с. 253 в [Chernyshevsky 1989].

мает участие в спасении Веры Павловны, Кирсанов, обеспокоенный тем, что это отвлечет друга от их совместного научного проекта, хочет убедиться, что молодая женщина достойна подобных усилий. Лопухов подтверждает, что она достойна, и Кирсанов дает свое согласие. Участие Кирсанова в деле Кати Полозовой, страдающей из-за любви, явно мотивировано не столько его профессиональными медицинскими интересами, сколько ее потенциалом как объекта в его проекте по эмансипации. Во время консилиума Кирсанов наблюдает за поведением Кати и поражается силе ее характера, а также тому, как стойко и спокойно она переносит ситуацию: «Кирсанов увидел, что такая девушка заслуживает, чтобы заняться ею...» [там же, 11: 298]. Даже несмотря на то что слово «заняться» здесь, несомненно, означает «проявить интерес в профессиональном плане», он, безусловно, берется за дело Кати из-за ее сильного характера, что вряд ли можно считать медицинским соображением; напротив, клинический подход обычно подчеркивает важность изучения болезней, а не лечения людей — индивидуальность пациента, таким образом, преуменьшается[30]. Более того, объясняя свой отказ обсуждать ситуацию Кати с ее отцом без ее разрешения, Кирсанов приводит чисто идеологическое обоснование своего решения и ясно дает понять, что его идеологические принципы превалируют над профессиональной этикой: «Я принимаю правило: против воли человека не следует делать ничего для него; свобода выше всего, даже и жизни» [там же: 294]. Его роль врача в случае с Катей во многом символична и вписывается в схему спасения женщин мужчинами в прямом и переносном

[30] Фуко объясняет разницу между более традиционной больницей и клиникой (новая практика изучения болезней у постели пациента, которая в Западной Европе начала развиваться в конце XVIII века) как разницу в отношении к болезни или к пациенту: «...в больнице имеют дело с индивидами, являющимися Безличными носителями той или иной болезни; роль больничного врача заключается в том, чтобы открыть болезнь в больном, и эта интернальность болезни делает ее всегда скрытой в больном, спрятанной в нем как криптограмма. В клинике, наоборот, озабочены болезнью, носитель которой безразличен: то, что представлено, — это болезнь сама по себе, в присущем ей теле, принадлежащем не больному, но истине...» [Фуко 2010: 81–82].

смысле (ср. спасение Веры из «подвала» ее семьи Лопуховым; спасение Рахметовым, изучавшим сначала естественные науки, а затем филологию, молодой вдовы, которую понесла лошадь; освобождение самим Кирсановым проститутки Насти Крюковой от развратной жизни).

Распределение ролей «спасатель»/«спасенный» и «врач»/«пациент» по гендерному признаку (как мужчина/женщина соответственно) несколько подрывает феминистскую направленность романа. Так, один из ранних критиков романа, радикал Николай Шелгунов, негативно оценивал Веру Павловну как образец эмансипированной женщины именно потому, что ее неоднократно спасают персонажи-мужчины [Drozd 2001: 17]. Ассоциация научного подхода и медицинского авторитета с мужественностью была заметна в трудах французских натуралистов того времени: в частности, у Эмиля Золя, как отмечает Э. Байфорд:

> ...образ «научного наблюдателя» и идеал научного «стиля» систематически почитаются за мужественность. Образ врача, который становится популярным персонажем эпохи, имел схожие коннотации. У Чернышевского он сочетается с ролью учителя и освободителя [Byford 2003: 219].

Таким образом, профессия врача обычно считалась сугубо мужским занятием; как провозгласил Мишле: «„Что такое женщина? Болезнь“ (Гиппократ). — Что такое мужчина? Врач» [Michelet 1893–1899, 34: 270][31]. Поэтому весьма символично, что Вера Павловна решает сделать медицинскую карьеру, чтобы обрести не только социальную и финансовую, но и эмоциональную независимость[32]. И все же факт остается фактом: по большей

---

[31] Примечательно, что в романах эпохи позитивизма пациентами, страдающими от любви, действительно последовательно изображаются женщины, чего не было раньше. Для сравнения, в персонажах-мужчинах 1840-х годов (Круциферский и Адуев) подчеркивалась их женоподобность.

[32] В пореформенной России медицинская карьера была самым распространенным способом для женщины достичь независимости и утвердить ее, а также заняться общественно полезным делом. Как отметил Г. М. Герценштейн в 1880 году в своем статистическом анализе участия русских женщин в из-

части в сюжете романа функции освободителей и лекарей, как буквально, так и метафорически, берут на себя мужчины.

Отмеченная Байфордом тройственная роль врача особенно ярко проявляется в эпизоде с Настей Крюковой. Во время своей первой встречи с проституткой Кирсанов проявляет себя прежде всего как медик: в отличие от осмотра Кати, он слушает грудь Насти и ставит ей диагноз «туберкулез». Однако он объясняет ее болезнь не столько физическими причинами, сколько изнурительным образом жизни и особенно связанным с ним чрезмерным пьянством — и тем самым косвенно высказывается о моральной неприемлемости ее занятия. Медицинское заболевание — туберкулез — предстает здесь не столько как физическое расстройство, сколько как внешнее проявление нравственного и социального недуга. Наконец, помогая Насте рассчитаться с хозяйкой публичного дома и начать самостоятельную и честную жизнь, Кирсанов берет на себя роль социального эмансипатора. Важно отметить, что медицинское вмешательство героя оказывается довольно неудачным: ему удается лишь задержать развитие болезни, которая в итоге убивает Настю. Однако его нравственное и социальное влияние на жизнь Насти глубоко: когда она появляется в романе в качестве одной из швей в кооперативе Веры Павловны, читатель видит уже исправившуюся женщину, отказавшуюся от

учении медицины: «...с самого возникновения т. наз. *женского вопроса* в России, он... принял несколько своеобразный и отличный от Западной Европы характер. Наши передовые женщины очень рано постарались стать на путь практически-житейской деятельности <...> мы ограничимся только указанием на стремление женщин к приобретению специальных знаний, которое резче всего проявилось в желании изучать медицину» (Герценштейн Г. М. Женские врачебные курсы (статистические материалы к истории их) // Врач. 1880. Т. 1. № 34. С. 553). Современный американский историк отмечает то же самое: «С самого начала медицина и радикализм были составляющими освободительного движения и часто конкурировали между собой в борьбе за внимание образованных женщин <...> изначальным импульсом, заставившим их [женщин] посвятить свою жизнь медицине, было служение народу» [Стайтс 2004: 129]. Исторический анализ стремления женщин к изучению медицины в России в 1860-х и 1870-х годах см. в [Стайтс 2004: особенно 90–91, 129–132].

своего позорного прошлого и зарабатывающую на жизнь честным трудом.

То, что эмансипационные усилия Кирсанова обусловливают его медицинскую методологию, несколько менее очевидно в эпизоде с Катей Полозовой, но и здесь мы видим, как процесс диагностики оборачивается пропагандой радикальных идей (вспомним его речь о свободе): другими словами, он одновременно лечит, воспитывает и освобождает девушку[33]. Отказ Кирсанова от традиционного тропа «разговор с отцом» следует рассматривать в том же ключе: писатель подрывает традицию с целью провозгласить «новую мораль» радикалов, при которой семейный авторитет должен быть низложен, чтобы человек (особенно женщина) стал действительно свободным. Примечательно, что именно способность Кати скрыть от отца истинную причину своего недуга служит Кирсанову доказательством силы ее характера, что он с удовлетворением отмечает во время консилиума. Катя никогда не восстает против отца, как Вера Павловна против матери, просто потому, что старый Полозов вызывает у читателя симпатию: это вовсе не деспотичный родитель, а, скорее, излишне снисходительный и упрямый. Вместо этого освобождение Кати от семейного влияния (и окончательное излечение от меланхолии) происходит более опосредованно — когда ее отец разоряется, девушка освобождается от груза его богатства, а затем и от фальшивых поклонников. Усилия Кирсанова по лечению/воспитанию/освобождению оправдывают себя, когда Катя вступает в ряды «новых людей»: она сближается с Верой Павловной, открывает аналогичный кооператив и выходит замуж за Лопухова, который в конце романа вновь появляется в образе американца русского происхождения Чарльза Бьюмонта.

---

[33] Знаменательно, что Соловцов, в которого влюблена Катя, оказывается Жаном из первой части романа, входившим в круг циничного Сторешникова — распутника, который пытался соблазнить Веру Павловну, а затем жениться на ней, и от которого она сбежала, выйдя замуж за Лопухова. Таким образом, Кирсанов не только вылечивает Катю от любовной лихорадки, но и спасает из ее собственного «подвала». Роли врача и освободителя, как справедливо отмечает Байфорд, здесь совпадают.

Склонность Чернышевского преуменьшать значимость и эффективность научных исканий и медицинских вмешательств своих персонажей также может объяснить преобладание психологического подхода к любви как болезни над медицинским, более ожидаемым в контексте эпохи. Нейтральная, объективная позиция идеального ученого или врача, которую отстаивали французские натуралисты, была чужда радикальной программе Чернышевского по активному преобразованию действительности[34]. Психологическая модель более привлекательна для него, поскольку позволяет фигуре «доктора» оказывать глубокое влияние на сознание человека и его жизнь в целом. И именно поэтому эта модель не появляется в романе в чистом виде, хотя автор сохраняет решающую роль медицинского работника в диагностике и лечении болезни. Функция врача, обращающегося к психике, а не к телу, любопытным образом аналогична функциям священника, которого традиционно воспринимали как «духовного врача», и продолжали так называть в публицистическом дискурсе 1860-х годов в противовес «врачу плоти»[35]. Преобладание психологического подхода к лечению душевного расстройства можно рассматри-

---

[34] Байфорд высказывает аналогичную мысль: «Их [радикалов] вера в материалистический детерминизм сочеталась с одержимостью социальных реформ. Идеологическая борьба была приоритетом: изменение якобы „бесстрастного“ отношения науки к социальной реальности. Эти две позиции, „идеологическая“ и „объективная“, никогда не воспринимались как противоречивые, поскольку наука, будучи единственным путем к истине, интерпретировалась как неизбежно ведущая к улучшению общества и человечества» [Byford 2003: 214].

[35] В то время велись споры о том, стоит ли давать место медицине как предмету в российских богословских семинариях, уместно ли священникам, духовным врачам, прикасаться к больным, грешным телам. См.: Критский А. Заграничные прения о положении русского духовенства (по поводу книги «Русское духовенство», Берлин, 1859) // Современник. 1860. Т. 80. С. 1–18, особенно с. 10). Сравните эту идею с мнением городских дам о докторе Крупове в «Кто виноват?», которые ставят под сомнение его способность «понять нежные чувства души» именно потому, что он осматривал мертвые тела и «касался до них рукою».

вать как еще одно проявление религиозной основы романа и его политической программы, уже установленной в исследованиях Чернышевского[36].

«Экспериментальный роман» à la russe

Триумф психологической модели у Чернышевского, однако, не абсолютен и даже несколько обманчив. Несмотря на то что Кирсанов отвергает медицинский подход, лечение Кати Полозовой в более широком смысле соответствует его клинической практике, о которой в романе говорилось ранее. Тогда мы узнали, что Кирсанов не занимался медицинской практикой, хотя и проводил много времени в больнице. Он утверждал, что «работает для науки, а не для больных», и берется только за особо трудные случаи (каким оказалась болезнь Кати). Сотрудники больницы успокаивали безнадежного пациента, заверяя, что этот доктор — «мастер», и, что важно, внушали, что он «и как есть, отец» [Чернышевский 1939–1953, 11: 147]. Профессиональная репутация Кирсанова, таким образом, охватывает не только его научные и медицинские знания, но и указывает на «отцовскую» роль, которую он взял на себя в случае с Катей. Его техника наблюдения за больными и разговора с ними, использованная при постановке диагноза Полозовой, также считается основной методологией клинической медицины.

Однако, что важнее всего, сам Кирсанов определяет свой научный метод как экспериментальный: «я не лечу, а только наблюдаю и делаю опыты» [там же]. И действительно, Кирсанову удается поставить диагноз Кате Полозовой и вылечить ее именно через серию поэтапных экспериментов. Он начинает с гипотезы о том, что ее болезнь имеет духовное происхождение — скорее всего, это любовная болезнь, — и проверяет это предположение во время их разговора, который представляет

---

36 Этот аспект романа анализирует И. Паперно [Паперно 1996: 166–183].

собой тщательно продуманный набор провокаций и ловушек[37]. Метод лечения Кирсанова-доктора также в значительной степени зависит от наблюдательных способностей и экспериментальных навыков. Гипотеза, которая проверяется (или, скорее, подтверждается) в этом эксперименте, — его теория рационального эгоизма. Кирсанов убеждает Полозова разрешить Кате обручиться с Соловцовым, чтобы выиграть время и остановить развитие болезни, уверенный, что девушка сама поймет, какой на самом деле подлец ее избранник. В соответствии со своими утилитарными принципами Кирсанов предполагает, что его пациентка не будет упорствовать в стремлении к тому, что ей самой не полезно и не выгодно: «Почему вы не надеетесь на рассудок вашей дочери? Ведь она не сумасшедшая? Всегда рассчитывайте на рассудок, только давайте ему действовать свободно, он никогда не изменит в справедливом деле» [там же: 299]. Оптимистическая вера Кирсанова в человеческую рациональность явно противоречит традиционной романтической концепции любви как иррациональной силы, своего рода безумия, и не может убедить упрямца Полозова.

Затем, чтобы добиться согласия отца на помолвку, Кирсанов ставит другой эксперимент: он манипулирует консилиумом знаменитостей (которых автор называет «куклами» в руках молодого, дерзкого доктора), заставляя их прийти к выводу, что состояние пациентки безнадежно и лучше умертвить ее дозой морфия, чем позволить страдать. Эксперимент достигает своего апогея, когда это заключение сообщается Полозову, который до этого утверждал, что скорее даст Кате умереть, чем позволит ей выйти замуж за Соловцова, но теперь сталкивается с перспективой того, что его дочь убьют на его глазах и с его одобрения. Этот кульминационный момент акцентирует внимание на взгляде Кирсанова и подчеркивает его роль стороннего (хотя и неравно-

[37] В этом разговоре, что интересно, Катя никогда не говорит прямо, что страдает от несостоявшейся любви, но Кирсанов делает вывод об этом по «печальной улыбке», с которой она реагирует на его собственное признание в безответной страсти, а затем переходит непосредственно к вопросу об имени возлюбленного.

душного) наблюдателя и постановщика этого довольно рискованного эксперимента: в течение двух минут, пока старик пытался осознать новость, «Кирсанов смотрел на Полозова с напряженным вниманием: он был совершенно уверен в эффекте, но все-таки дело было возбуждающее нервы» [там же: 301–302]. Как и следовало ожидать, Полозова «хватило, как обухом по лбу», и он согласился на брак.

Эта уловка спасает жизнь Кати, но не избавляет ее от возможной нравственной угрозы стать женой недостойного человека. В соответствии со своей ролью врача/просветителя/эмансипатора, Кирсанов, конечно, не может бросить дело Кати даже после улучшения ее физического состояния: «надобно было... помогать Катерине Васильевне поскорее выйти из ослепления» [там же: 303]. Теперь его задача состоит в том, чтобы показать, что брак с Соловцовым не может принести ей счастья. И снова Кирсанов полагается исключительно на рациональную оценку ситуации Катей: «Если Соловцов так дурен, как вы описываете, — и я этому совершенно верю, — убеждает он Полозова, — ваша дочь сама рассмотрит это» [там же]. Для этого Кирсанов искусственно создает ситуации, которые заставляют Катю осознать истинную природу ее возлюбленного, и эксперимент приводит к успешному результату:

> Теперь он [Кирсанов] сел в группе, которая была около нее и Соловцова, стал заводить разговор о вещах, по которым выказывался бы характер Соловцова, вовлекал его в разговор. Шел разговор о богатстве, и Катерине Васильевне показалось, что Соловцов слишком занят мыслями о богатстве; шел разговор о женщинах, — ей показалось, что Соловцов говорит о них слишком легко; шел разговор о семейной жизни, — она напрасно усиливалась выгнать из мысли впечатление, что, может быть, жене было бы холодно и тяжело жить с таким мужем [там же: 305].

Вскоре Катя сама берет на вооружение экспериментальный метод и начинает испытывать Соловцова, «как вчера испытывал его Кирсанов». Когда же, разочаровавшись в женихе, она решает отложить свадьбу, Кирсанов предлагает провести решающий тест (или, скорее, эксперимент) — объявить об этом решении Соловцову и понаблюдать за его реакцией на возможность потерять выгодную партию. После того как Соловцов предсказуемо проявляет низость и подлость, Катя окончательно разрывает с ним отношения. Таким образом, искусный эксперимент Кирсанова, проведенный в реальной жизни, дважды излечивает Катю: сначала от любовной тоски, вызванной разлукой с Соловцовым, а затем от любви к недостойному объекту[38].

Экспериментальный метод был небезызвестен медицинской (и литературной) традиции любви как болезни: в конце концов, наблюдение за физиологической реакцией пациентов на объект любви — метод, описанный Плутархом и Авиценной, — есть не что иное, как проверка гипотезы с помощью эксперимента в реальной жизни. Однако более вероятно, что увлечение Чернышевского проведением опытов проистекало из экспериментальной ориентации науки того времени — подхода, наиболее систематически продвигаемого тем же Клодом Бернаром, который в романе так высоко оценивает научную работу Кирсанова.

Знаменитая теоретическая работа Бернара по научной методологии «Введение к изучению опытной медицины» вышла в 1865 году (через два года после публикации «Что делать?») и быстро добралась до России, где оказала большое влияние (эта книга была у Достоевского, и, как утверждают исследователи, в «Братьях Карамазовых» писатель также рассматривал вопросы научного метода)[39]. Однако это была не первая работа Бернара

---

[38] Дрозд использует этот эпизод с целью доказать, что, в отличие от широко распространенного мнения, в романе в конечном итоге предпочтение отдается жизни, а не теории (исследователь утверждает, что Кирсанов настаивал на том, чтобы Полозов позволил чувствам Кати развиваться естественно). И действительно, Кирсанов просит Полозова соблюдать политику «невмешательства», но сам активно вмешивается в реальность и манипулирует ею.

[39] А. Ш. Каладюк продемонстрировала заинтересованность Достоевского идеями Бернара в [Kaladiouk 2006: 417–438]. «Введение...» Бернара было переведено на русский язык в 1866 году Николаем Страховым, близким другом Достоевского, а затем и Л. Толстого.

по экспериментальному методу, ей предшествовали двухтомные «Лекции по экспериментальной физиологии применительно к медицине» (1854–1855)[40]. Учитывая частое появление имени ученого на страницах романа и заинтересованность Чернышевского в обсуждении вопросов физиологии, можно предположить, что русский писатель был знаком с теоретическими идеями Бернара, по крайней мере понаслышке[41]. И хотя Чернышевский никогда прямо не объявлял экспериментальный метод Бернара своей эпистемологической или литературной моделью, как это сделал Э. Золя в «Экспериментальном романе» (1880), он явно перенял этот подход для «Что делать?».

В своем трактате Бернар проводит различие между наблюдательными и опытными науками (хотя и подчеркивает взаимосвязь обоих методов). Не всякая наука может быть опытной, объясняет он; в астрономии, например, объект исследования находится слишком далеко и поэтому может только наблюдаться — состояние небесных тел не может быть изменено экспериментатором: «Именно в этом, в возможности для исследователя действовать на явления, заключается различие, отделяющее *опытные* науки от наук, называемых *наблюдательными*» [Бернар 2010: 22]. Для Чернышевского в экспериментальном методе важнее не столько его детерминизм, сколько потенциальное влияние на реальность, которое он предполагает («...как скоро условие явления один раз узнано и выполнено, — утверждает Бернар, — явление должно всегда и необходимо воспроизводиться по воли экспериментатора» [там же: 86]. И действитель-

---

40 Все работы Бернара 1850–1860-х годов были доступны в Императорской Публичной библиотеке (ныне Российская национальная библиотека) в Санкт-Петербурге и, скорее всего, приобретались сразу же после их появления. Эта информация была предоставлена мне справочной службой библиотеки.

41 Например, Чернышевский написал серию статей, посвященных литературным, культурным, научным и промышленным новостям, для «Отечественных записок» в 1854 году; что еще более важно, во время тюремного заключения, когда был написан роман «Что делать?», у него было несколько книг по физиологии [Чернышевская 1953: 97–99, 101, 276–279].

но, как Чернышевский, в отличие от Герцена, меньше думает о причинах и больше о том, что делать, так и экспериментальный научный метод, в интерпретации Бернара, ставит вопрос не *почему*, а *как*. Мы не знаем, почему опиум усыпляет нас, но если мы знаем механизм сна и знаем, как опиум нас усыпляет, мы можем предотвратить или вызвать сон, «и мы в состоянии будем действовать на явление и управлять им по своему произволу» [там же: 107]. Очевидно, что именно идея изменения реальности и чувство контроля, которое испытывает экспериментатор, сделали экспериментальный метод столь привлекательным для радикальной программы Чернышевского[42]. Идея контроля, более того, присуща самому понятию эксперимента, согласно определению Бернара: «Этот-то род поверки, посредством разсуждения и фактов, и составляет, собственно говоря, *опыт*, и это единственный прием, который мы имеем, чтобы изучить природу вещей, находящихся вне нас» [там же: 6].

Идея самообразования через эксперимент, ключевая для определения Бернара, в романе Чернышевского менее заметна из-за тенденции представлять процесс приобретения знаний его героями как беспроблемный. Если Катя Полозова в результате эксперимента действительно узнаёт о Соловцове то, чего не знала раньше, то Кирсанов, ставя свои многочисленные опыты, не приобретает новые знания, а добивается *практического* результата, действуя на основании уже подтвержденного им предположения (даже проводя самый опасный эксперимент

---

[42] Как объясняет Паперно, «Что делать?» «представляет собой универсальное средство для осуществления контроля над действительностью — он предлагает систему психологических защитных механизмов, которые воплощены в самой структуре художественного текста» [Паперно 1996: 148]. Исследовательница имеет в виду *логическую* операцию уравнивания противоположностей — принцип, который, как она убедительно показывает, лежит в основе идейной и художественной организации романа в целом и создает эффект разрешения противоречий действительности (а также возможность утопического/мистического ее преображения). На мой взгляд, экспериментальный метод, которому следуют герои романа, предлагает *прикладное*, практическое средство достижения контроля над реальностью в дополнение к этому психологическому механизму.

с Полозовым, он «был совершенно уверен в эффекте»). Поэтому все опыты в романе неизменно успешны: будь то эксперимент по освобождению женщин, созданию социалистического кооператива или построению идеального общества.

В целом, как я уже замечала, положительные герои Чернышевского достаточно легко приобретают знания — они либо уже им обладают, либо, если чего-то не знают, то очень быстро выясняют без особых сомнений и неуверенности[43]. Когда Вера Павловна страдала из-за любви к Кирсанову, «никто не замечал ничего» или приписывал ее бледность какому-то «легкому нездоровью», но Лопухов точно понимал, в чем дело: «...он и так знал [всю ситуацию], ему и смотреть-то было нечего» [Чернышевский 1939–1953, 11: 190]. Если в романе Герцена «легенькая горячечка» Круциферской ввела в заблуждение врача, ее мужа и ее саму, то в книге Чернышевского Лопухов обладает всей полнотой знаний; сокращенная конструкция — «он и так знал» — еще больше подчеркивает всеохватность его осведомленности. Примечательно, что вторая часть предложения («ему и смотреть-то было нечего») отвергает визуальный канал получения знаний как излиш-

---

[43] Л. С. Зак в своей статье о Чернышевском для энциклопедического словаря Брокгауза-Ефрона делает аналогичный вывод: «Для последователя Чернышевского нет трудных проблем, ни философских, ни нравственных — нет, следовательно, той жгучей борьбы сомнений, в горниле которой закаляли свой дух все великие искатели истины. Оптимистическая вера, что все на свете „очень легко" устраивается при добром желании, составляет основу на половину утопического романа „Что делать?"...» [Зак 1903: 679]. Паперно, напротив, утверждает, что на самом деле реальность в романе оказывается иллюзорной и неоднозначной и требует усилий для адекватного понимания: «...явления доступные непосредственному наблюдению — это иллюзия, или псевдореальность, тогда как истинная реальность открывается лишь благодаря сложным умственным манипуляциям» [Паперно 1996: 166]. Это, безусловно, так, но обычно те, кто неправильно интерпретирует действительность, — это не «новые люди» романа, а его более отрицательные персонажи: высмеиваемый «проницательный» читатель, испорченная и жадная мать Веры Павловны, распутник Сторешников и т. д. Положительные герои, хотя и не застрахованы от заблуждений, обычно легко приходят к точной оценке действительности, манипулируя не только психологически, но и на деле.

ний и второстепенный: в отличие от Толстого, Чернышевский явно отдает предпочтение логическим и вербальным средствам познания перед силой взгляда[44]. Кирсанов, оценивая состояние Кати, тоже сразу приходит к правильному выводу без какого-либо обширного визуального или тактильного осмотра (обратите внимание на формулировку, аналогичную той, что описывает знания Лопухова: «Кирсанову нечего было много исследовать больную»).

Даже бессознательное быстро поддается логическому переводу или научному анализу. Сон Веры Павловны, который помогает ей понять, что она не любит Лопухова по-настоящему, преподносит ей это новое знание довольно прямолинейно, в виде письменного утверждения: «Ты не любишь его»[45]. Когда Лопухов пытается расшифровать сон своей жены, он быстро приобретает желаемое знание с помощью научного исследования:

> Скоро у Лопухова явилось предположение: причина ее мыслей должна заключаться в том обстоятельстве, из которого произошел ее сон. В поводе к сну должна находиться какая-нибудь связь с его содержанием. <...> Лопухов стал пересматривать свой и ее образ жизни, и постепенно все для него прояснялось. <...> Особенно загадочного тут нет ничего. От этого было уже очень недалеко до предположения, что разгадка всего — ее сближение с Кирсановым, и потом удаление Кирсанова. <...> Через какие-нибудь полчаса раздумья для Лопухова было ясно все в отношениях Кирсанова к Вере Павловне [там же: 177–178].

---

[44] См. разбор идей Л. Толстого в следующей главе.

[45] Некоторые критики, основываясь на этом эпизоде, приписывают Чернышевскому протофрейдистское понимание природы сновидений и работы бессознательного. См. [Вайль, Генис 2022]; см. также примечание к с. 250 в [Chernyshevsky 1989]. Хотя расшифровка Лопуховым сна своей жены в дальнейшем действительно напоминает фрейдовские интерпретационные техники, я бы утверждала, что в целом подход Чернышевского — антифрейдистский. Если у Фрейда расшифровка содержания сновидения происходит «с трудом и при наличии определенных указаний» [Фрейд 1989: 316], то у Чернышевского никаких усилий не требуется, поскольку сновидение не кодирует, а декодирует бессознательное.

В своем решении Лопухов также использует научный метод: когда на следующий день он посещает Кирсанова и убеждает его возобновить свои визиты, он делает это для того, чтобы экспериментально проверить свою вторую гипотезу, надеясь, что присутствие Кирсанова поможет Вере Павловне осознать истинный объект ее привязанности. Именно так и происходит, и эксперимент удается, как и в случае с любовной болезнью Кати Полозовой.

Следует, однако, учитывать, что эпистемология ученых в романе Чернышевского не сводится к чистому теоретизированию, а опирается также на опыт. Хотя, согласно распространенному мнению, Чернышевский ценит теорию превыше жизни (эту точку зрения, впрочем, уже оспорил Дрозд), само противопоставление теории и жизни не выдерживает критики, поскольку теории писателя всегда проверяются экспериментально, а экспериментальный метод по определению в значительной степени опирается на данные опыта. Бернар отмечает, что французское слово «expérience» (а также русское «опыт») охватывает и жизненный опыт, и эксперимент:

> Слову *опыт* мы дадим в опытной медицине тот же общий смысл, какой оно сохраняет повсюду. Ученый каждый день научается опытом; посредством опыта он постоянно улучшает свои научные идеи, свои теории, исправляет их, чтобы привести в согласие все с бóльшим и бóльшим количеством фактов, и таким образом более и более приблизиться к истине [Бернар 2010: 15].

Чернышевский, по сути, не сводит умственные усилия Лопухова по расшифровке сна своей жены к чистой теории, но подчеркивает роль опыта в этом процессе. Лопухов берется за исследование чувств Веры Павловны в надежде, что, будучи старше и *опытнее* ее, он сможет лучше их понять. После успешного результата рассказчик отмечает, что теория Лопухова «дает безошибочные средства к анализу движений человеческого сердца <...>. Правда и то, что теория эта сама-то дается не очень легко: нужно и пожить, и подумать, чтоб уметь понять ее»

[Чернышевский 1939–1953, 11: 178]. Рассуждения героев и их подход к действительности по своей сути остаются научными, но это «новая наука» XIX века, которая, как отмечает М. Кац, «поставила опыт — т. е. наблюдение и эксперимент — в качестве основы и конечной проверки всех знаний» [Katz 1988: 63]. Эта научная революция, как предполагает Кац, породила радикально новое понимание научного знания — «воспринимаемого как процесс открытия, бесконечный поиск, бессрочная революция» [там же]. Однако версия «новой науки», предлагаемая Чернышевским, с предсказуемым успехом экспериментов и относительно безболезненным и прямым путем к истине не предусматривает возможности для подлинного проявления спонтанности человеческого опыта.

* * *

Таким образом, в романе «Что делать?» Чернышевский включает древний топос любви как болезни в свою социальную программу, направленную на равенство полов и освобождение женщин. Одна из его стратегий в продвижении этой программы — стратегия, которую он разделял с другими сторонниками женской эмансипации, — заключалась в том, чтобы опровергнуть биологическую основу гендерных различий, а вместе с ней и физиологическую природу любовной болезни. В результате, как мы видели, чисто психологическая интерпретация и психологическое лечение этой болезни преобладают над более научным и медикализировашным подходом.

Однако наука, хотя и отходит на второй план в социально-этической программе романа, продолжает служить методологической основой для взаимодействия героев с реальностью. Бернар оправдывал применение своего экспериментального метода к живым существам тем, что эксперименты уже были широко распространены (и этически приняты) в обычной жизни: «Ибо не нужно заблуждаться, полагая, что нравственность не допускает делать опыты над своим ближним и над самим собою; в житейской практике люди ничего не делают, кроме опытов одни над другими» [Бернар 2010: 132]. Герои Чернышевского действительно «ничего не делают, кроме опытов одни над другими», но они идут в обратном порядке — от науки к жизни, прибегая к научной методологии, чтобы справиться с «жизненными» ситуациями, включая сердечные дела. Использование Кирсановым опытного метода для лечения «нравственного» случая любовной болезни и применение Лопуховым эксперимента в разрешении его супружеской проблемы показывают, как естественные науки действительно помогают найти «точное решение нравственных вопросов», как оптимистично предсказывал Чернышевский в 1860 году [Чернышевский 1939–1953, 7: 258].

Глава 7

От любви как болезни к стыду как болезни: решение Толстого

Лев Толстой не разделял оптимизма Чернышевского по поводу универсальности естественных наук. Хотя Толстой явно интересовался наукой, особенно математикой, а позднее физикой и химией, и хотя его собственный метод препарирования человеческой психики часто называли научным, его глубоко возмущала позитивистская и строго материалистическая ориентация науки, которая исключала из рассмотрения понятия души и свободы воли[1]. Не только его дневник и записные книжки 1860–1870-х годов изобилуют критическими размышлениями о науке (одну из таких записей я рассматриваю в главе 5), но и его художественные произведения прямо и косвенно затрагивают

---

[1] Как пишет Д. Орвин, «Толстой действительно был, как справедливо утверждал Чернышевский, а вслед за ним Эйхенбаум и ряд других исследователей, своего рода ученым, подвергавшим и природу, а особенно ее восприятие человеком, и человеческую психологию столь же дерзкому исследованию, что и любой нигилист» [Орвин 2006: 29]. В 1840-х годах Толстой некоторое время изучал математику в Казанском университете; в 1870-х он заинтересовался современными ему теориями о теплоте, электромагнетизме и электрохимическом действии, которые в конечном итоге привели к концепции сохранения энергии. Эти теории, как объясняет Орвин в своем исследовании, привлекли писателя, потому что устанавливали единство природных сил и перекликались со стремлением Толстого к синтезу, которое проявлялось на протяжении всей жизни писателя [там же: 14–15, 208–209].

эти проблемы[2]. Во втором, «философском» эпилоге романа «Война и мир» (1865–1869), посвященном в основном вопросам свободы и необходимости, Толстой недвусмысленно нападает на тенденцию радикалов распространять методы естественных наук на другие сферы:

> В наше время большинство так называемых передовых людей, то есть толпа невежд, приняла работы естествоиспытателей, занимающихся одной стороной вопроса, за разрешение всего вопроса.
> Души и свободы нет, потому что жизнь человека выражается мускульными движениями, а мускульные движения обусловливаются нервной деятельностью; души и свободы нет, потому что мы в неизвестный период времени произошли от обезьян, — говорят, пишут и печатают они <...>. Они не видят того, что роль естественных наук в этом вопросе состоит только в том, чтобы служить орудием для освещения одной стороны его <...> вопрос о том, каким образом соединяется сознание свободы человека с законом необходимости, которому подлежит человек, не может быть разрешен сравнительною физиологией и зоологией, ибо в лягушке, кролике и обезьяне мы можем наблюдать только мускульно-нервную деятельность, а в человеке — и мускульно-нервную деятельность, и сознание [Толстой 1928–1958, 12: 326].

Для Толстого медицина наиболее наглядно раскрывает эпистемологическую и методологическую ограниченность естественных наук, поскольку ставит себе целью работать с уникальным, психологически сложным живым существом, наделенным нравственными чувствами, но при этом принимает во внимание только (или в основном) биологическую сторону человека. Поэтому неудивительно, что некоторые из самых запоминающихся сцен бессилия медицины у Толстого — это эпизоды, связанные с диагностикой и лечением любви как болезни или связанных

---

2 Упрощенный стереотипный взгляд на Толстого как на врага науки нуждается в пересмотре. В другом своем исследовании я утверждаю, что в поисках альтернативы романтической любви Толстой опирался именно на научную аргументацию и метафоры [Sobol 2007].

с ней психогенных расстройств. Включив сцены консилиума в оба своих главных романа, «Войну и мир» и «Анну Каренину» (1875–1877), писатель предлагает критический взгляд на русскую (и европейскую) литературную традицию любви как болезни, а также на бушующий в то время спор о природе человека и позитивистской науке. Другими словами, он превращает древний топос в мощный полемический прием.

В «Войне и мире», описывая болезнь Наташи Ростовой после ее неудачной попытки сбежать с Анатолем Курагиным, Толстой открыто высмеивает тщетные попытки врачей поставить диагноз и вылечить героиню и настаивает на том, что жизнь, в частности жизнь человека с ее уникальностью и безграничной сложностью, не укладывается в ограничения прокрустова ложа обобщающей и классифицирующей научной мысли:

> Доктора ездили к Наташе и отдельно, и консилиумами, говорили много по-французски, по-немецки, и по-латыни, осуждали один другого, прописывали самые разнообразные лекарства от всех им известных болезней; но ни одному из них не приходила в голову та простая мысль, что им не может быть известна та болезнь, которою страдала Наташа, как не может быть известна ни одна болезнь, которою одержим живой человек: ибо каждый живой человек имеет свои особенности и всегда имеет особенную и свою новую, сложную, неизвестную медицине болезнь, не болезнь легких, печени, кожи, сердца, нервов и т. д., записанную в медицине, но болезнь, состоящую из одного из бесчисленных соединений страданий этих органов. Эта простая мысль не могла приходить докторам (так же как не может прийти колдуну мысль, что он не может колдовать), потому что их дело жизни состояло в том, чтобы лечить, потому что за то они получали деньги... [там же, 11: 66][3]

---

[3] Г. С. Морсон указал на параллели между таким взглядом на медицину и концепцией истории Толстого с ее акцентом на неопределенности и непредсказуемости событий: «В схеме Толстого болезнь, как и битва, непознаваема и неповторяема; соответственно, ни один курс лечения не может быть эффективным... Каждый нездоровый организм нездоров по-своему» [Morson 1987: 172]. Толстой настаивал на индивидуализированном терапевтическом

Как и Чернышевский, Толстой использует мотив консилиума и разоблачает бессилие врачей, скрывающееся за маской специализированной иностранной терминологии. Лечащий врач в «Войне и мире» несколько лучше разбирается в ситуации, чем его коллега из «Что делать?» — он признает, что расстройство Наташи носит в основном «нравственный» характер, но оказывается так же беспомощен[4]. Фактически, несмотря на правильную оценку психологического источника состояния героини, он применяет внешние методы физиологии (если использовать парадигму Юркевича) в своем подходе к ее болезни:

> Доктор ездил каждый день, щупал пульс, смотрел язык и, не обращая внимания на ее убитое лицо, шутил с нею. Но зато, когда он выходил в другую комнату... он, принимая серьезный вид и покачивая задумчиво головой, говорил, что хотя и есть опасность, он надеется на действие этого последнего лекарства, и что надо ждать и посмотреть; что болезнь больше нравственная, но... [там же: 68]

Это отпирательство, это «но», за которым следует многоточие — авторская пунктуация, — показательны: даже если болезнь в основном психологическая, врач все равно лечит ее лекарствами, потому что умеет работать с человеком только как с биологическим организмом. Пропуск буквально соответствует тому, что Мертен называет «диагностическим пробелом», поскольку

подходе в медицине, и эта идея найдет отклик в 1880–1890-х годах в учении Г. А. Захарьина, профессора медицины Московского университета. Как известно, у Захарьина учился Чехов, который восхищался профессором и, что важно, ставил его имя рядом с именем Толстого: «Из писателей предпочитаю Толстого, а из врачей — Захарьина» [Чехов 1974–1983, 22: 362]. См. анализ терапевтических принципов Захарьина и их связь с литературной практикой Чехова в [Катаев 1979: 87–96].

4 Хотя состояние Наташи не вполне является результатом несостоявшейся или безответной любви, оно тесно связано с романтическими переживаниями героини. Когда ее побег с Курагиным предотвращают и Наташа узнает о тайном браке Анатоля, она пробует отравиться. После этой нерешительной и безрезультатной попытки она долго страдает от загадочной болезни в основном психологического характера.

обнажает недостаток знаний врача и символизирует некомпетентность медицины в лечении Наташи[5].

Парадоксально, но при всей своей физиологической направленности медицина, как показывает Толстой, играет роль плацебо — психологического средства преодоления болезни; осмотры и назначения врачей лишь обеспечивают структуру и рутину, необходимые родственникам для того, чтобы чувствовать себя активно вовлеченными в процесс выздоровления Наташи. Однако в конечном итоге героиня поправляется вопреки медицине. Но, в отличие от случая Кати в «Что делать?», героине Толстого не требуется чудесного вмешательства особо проницательного специалиста. Исцеление Наташи, хотя и спровоцированное внешним опытом, происходит изнутри, благодаря ее собственной способности примириться с болезненными событиями прошлого:

> Несмотря на большое количество проглоченных пилюль, капель и порошков из баночек и коробочек... несмотря на отсутствие привычной деревенской жизни, молодость брала свое: горе Наташи начало покрываться слоем впечатлений прожитой жизни, оно перестало такой мучительной болью лежать ей на сердце, начинало становиться прошедшим, и Наташа стала физически оправляться [там же: 68].

В этом описании физическое выздоровление хронологически следует за внутренним, психологическим, и логически является его следствием.

---

[5] Мертен вводит этот термин — «diagnostische Leerstelle» — при анализе рассказа Тургенева «Уездный лекарь» (1848), который посвящен явной неспособности врача взять под контроль болезнь пациентки. См. [Merten 2003: 52–56]. Несостоятельность медицины в случае Наташи (как и в случае Кити), что интересно, привлекла внимание русских фрейдистов начала XX века. Николай Осипов, основатель русской школы психоанализа, в своей статье 1911 года «Психотерапия в литературных произведениях Льва Толстого» анализирует симптомы Наташи и Кити (которые он интерпретирует как истерические) и утверждает, что толстовские врачи неспособны справиться со страданиями героинь, поскольку психотерапия в то время не была частью профессиональной компетенции врача [Miller 1998: 37].

* * *

Следует помнить, что Толстой не был антагонистом тела, по крайней мере, на данном этапе жизни, до известного кризиса конца 1870-х годов. Тело имело важное доказательное значение для мысли Толстого — оно служило, как заметила Д. Орвин, основным физическим доказательством человеческой индивидуальности и независимости [Орвин 2006: 212]. Он также не был «тайновидцем плоти», как его назвал Дмитрий Мережковский. По словам Орвин, Толстой, убежденный дуалист, боролся тем не менее «за сосуществование тела и души, земли и неба, реального и идеального в жизни человека» [там же: 17]. Это стремление к синтезу особенно тяжело давалось Толстому во время работы над его следующим романом, «Анной Карениной», отчасти в результате адаптации философии Артура Шопенгауэра и кантовской эпистемологии: «Толстой видел теперь жизнь индивида как борьбу между телом и духом, в которой дух дает телу ту форму, без которой оно осталось бы неоформленным, текучим веществом, при этом дух остается не способен до конца освоиться в теле» [там же: 220][6]. Эта борьба, проявившая себя на разных уровнях произведения, заметна в способе изображения Толстым любви как болезни и, возможно, служит одной из причин, почему он более полно исследует полемический и философский потенциал этого топоса в «Анне Карениной», чем в «Войне и мире».

Второй великий роман Толстого отражает, помимо этих важных философских влияний, растущее участие писателя в продолжающихся дебатах между «физиологами» и «психологами», материалистами и идеалистами. Орвин кратко упоминает об этом

---

[6] Философия Шопенгауэра, как показывает Орвин, представляла отношения между природой и моралью как антагонистические, а не гармоничные. Эпистемология Иммануила Канта, в которой время, пространство и причинность рассматривались как категории разума, была, по мнению Орвин, ответственна за растущий субъективизм Толстого в 1870-х и 1880-х годах. Более подробный анализ изменений в научных и философских идеях Толстого в 1870-х годах и влияния этих изменений на концепцию человеческой индивидуальности писателя см. в [Орвин 2006: глава 8].

факте, отмечая, что «в течение 1870-х Толстой сражался на два фронта — против Шопенгауэра на одном, во имя того, чтобы мораль прочно опиралась на землю, на другом — против материалистической науки, за то, чтобы она хотя бы частично оставалась в облаках» [там же: 183]. Как позже признает Толстой, развитие науки, и в частности дарвинизма, подтолкнуло его к менее сбалансированному, более духовному взгляду [Бабаев 1975: 20]. Среди прочих дебатов того времени от внимания писателя не могла ускользнуть полемика Сеченова и Кавелина, развернувшаяся в русской прессе именно в начале 1870-х годов. Через своего друга Николая Страхова, который сам участвовал в кампании против Сеченова, Толстой был хорошо информирован об этих дебатах и косвенно принял в них участие на страницах своего романа[7].

Несколько сцен из «Анны Карениной» демонстрируют эту вовлеченность, включая известную ссылку на трактат Сеченова в первой главе, когда Стива Облонский объясняет свою глупую и неуместную улыбку в ответ на обвинения жены в неверности как непроизвольное действие, «рефлексы головного мозга» [Толстой 1928–1958, 18: 5]. Отсылка к работе Сеченова здесь явно представлена для дискредитации персонажа, который прибегает к модной современной теории с ее отрицанием свободы воли, чтобы избежать личной ответственности за свое аморальное и бесчувственное поведение. Повторение в этой сцене фразы «совершенно невольно», прозрачная этимология которой отсылает к проблеме воли, еще сильнее подчеркивает отсутствие контроля Стивы над своей реакцией. Этот короткий эпизод ярко демонстрирует озабоченность Толстого этическими последствиями физиологической гипотезы Сеченова.

Другая сцена в начале романа более прямо указывает на актуальную для того периода полемику. Когда Константин Левин по

[7] Л. Д. Усманов проследил многочисленные отголоски этой полемики в «Анне Карениной» и отметил, что дихотомия духовного и телесного в человеческой природе характеризует структуру романа на различных уровнях, от конкретных сцен до характеристики персонажей, и обусловлена полемичной направленностью произведения [Усманов 1985: 114].

приезде в Москву навещает своего сводного брата Сергея Кознышева, он становится свидетелем разговора последнего с профессором из Харькова, который в это время спорил с материалистами: «Речь шла о модном вопросе: есть ли граница между психическими и физиологическими явлениями в деятельности человека и где она?» [там же: 27]. Предполагается, что источник этой сцены следует искать в споре Сеченова и Кавелина: прототипом харьковского профессора явно служит Кавелин, а Кознышев, упрекающий профессора за его «уступки» материализму, занимает позицию, напоминающую критику Страховым позитивизма Кавелина[8]. Характерно, что Левин вскоре устает от дискуссии, за теоретическими тонкостями которой он не может уследить и которая не затрагивает напрямую «самый главный вопрос» — о жизни и смерти:

> ...каждый раз, когда только они подходили близко к самому главному, как ему казалось, они тотчас же поспешно отдалялись и опять углублялись в область тонких подразделений, оговорок, цитат, намеков, ссылок на авторитеты, и он с трудом понимал, о чем речь [там же: 28].

Сам будучи по образованию естествоиспытателем, Левин (как и Толстой) признает ограниченность науки и ее неспособность ответить на главные вопросы человеческого существования:

> Левин... никогда не сближал этих научных выводов о происхождении человека как животного, о рефлексах, о биологии и социологии с теми вопросами о значении жизни и смерти для себя самого, которые в последнее время чаще и чаще приходили ему на ум [там же: 27].

Запутанная, но по существу бессмысленная дискуссия между его братом-философом и именитым профессором только укрепляет скептическое отношение Левина к способности естественных наук разрешать проблемы нравственного и духовного порядка.

---

8 Подробный анализ использования Толстым реальных источников см. в [Усманов 1985: 110–112].

Толстой вступает в диалог с позитивизмом и научным материализмом — и в более широком смысле критикует абстрактное теоретизирование человеческого существования — не только в откровенно полемических сценах, описывающих теоретические дискуссии, но и, что характерно для его стиля, косвенно[9]. «Борьба тела и духа», физиологии и психологии, науки и жизни инсценируется в романтическом сюжете романа и наиболее ярко воспроизводится у постели влюбленной Кити Щербацкой. Кажущаяся банальной история болезни и выздоровления Кити во второй части «Анны Карениной» — на самом деле важный полемический жест Толстого, как философский, так и литературный: писатель использует этот эпизод, чтобы раскритиковать основные принципы позитивистской науки своего времени и вместе с тем пересмотреть и разрушить культурную традицию любви как болезни.

Консилиум по-толстовски

Во второй части романа, действие которой происходит в Москве, молодая княжна Кити Щербацкая тяжело заболевает после того, как граф Алексей Вронский, один из претендентов на ее руку и фаворит ее матери среди всех кандидатов, увлекается замужней Анной Карениной и едет за ней в Петербург. Ситуация тем более невыносима для Кити, что она только что отказала Левину, ожидая предложения руки и сердца от Вронского, предположительно более выгодной партии. Ее состояние становится настолько тяжелым, что для лечения созывают консилиум врачей. В отличие от «Войны и мира», где борьба врачей с загадочной

---

[9] Как отмечает М. Семон, Толстой исследует абстрактные теоретические проблемы, не столько обращаясь к ним открыто или заставляя героев их обсуждать, сколько «вводя их в течение повседневности». Даже когда писатель описывает теоретическую дискуссию, как, например, обсуждение «женского вопроса» на обеде у Облонских, он более полно прорабатывает проблему через динамику персонажей и бессловесные жесты, сопровождающие спор [Sémon 1984: 351–352].

болезнью Наташи кратко изложена и описана в одном абзаце, в «Анне Карениной» Толстой посвящает консилиуму, на котором сталкиваются противоречивые интерпретации состояния Кити, различные диагностические взгляды и методы лечения, целый эпизод.

Сцена консилиума в романе поразительно похожа на аналогичную в «Что делать?» — настолько, что можно предположить вступление Толстого в интертекстуальный диалог с Чернышевским. Набор персонажей практически тот же: здесь мы также встречаем влюбленную девушку по имени Катя («Кити» — это, конечно, просто английская форма ее имени), ее отца, семейного врача и знаменитость со стороны. Как и в случае с Полозовой, симптомы болезни Кити крайне неопределенны и скудны: в начале главы рассказчик просто отмечает, что Кити больна и с наступлением весны ей становится хуже, она нуждается в восстановлении «ослабевающих сил» [там же: 124][10]. Более того, диагнозы, поставленные врачами в каждом случае, почти полностью совпадают. Если официальный диагноз Кати Полозовой, как мы помним, — «atrophia nervorum, прекращение питания нервов», то знаменитый доктор, осматривающий Кити, считает, что ее проблема заключается в питании и нервном расстройстве. Обеим героиням, по мнению врачей, прямо угрожает туберкулез. Что еще важнее, оба романа, похоже, отдают предпочтение психологической модели любви как болезни. Однако более пристальный взгляд на сцену консилиума у Толстого, и особенно на предлагаемую им терапию, в сравнении с решением Чернышевского выявляет некоторые принципиальные различия между трактовкой традиционной темы двумя авторами.

---

[10] Д. Гублер предоставляет некоторые интересные статистические данные болезней в «Анне Карениной», включая частоту определенных симптомов и упоминания различных недугов в связи с конкретными персонажами. Он отмечает преобладание в романе неопределенной симптоматики: «Самым удивительным для этого писателя является неспецифический характер большинства упоминаемых болезней... Только около пятнадцати процентов всех упоминаний относятся к болезням или состояниям с описанием причин, симптомов и последствий» [Gubler 1971: 120].

Учитывая скандальный успех «Что делать?» и подрывной характер романа, неудивительно, что Толстой обратился к вопросам, поднятым его современником. Хотя исследователи неоднократно указывали на определенную схожесть между двумя писателями, они также отмечали полемические жесты Толстого в отношении Чернышевского, наиболее очевидные в пьесе «Зараженное семейство» (1864), а также в «Войне и мире» и «Анне Карениной»[11]. И действительно, взгляды Толстого на мораль и семью бесконечно далеки от феминистской программы и утилитарной этики «Что делать?», а его дуалистический взгляд на природу человека был несовместим с материализмом Чернышевского[12]. Но в отличие от Достоевского, чьи нападки на идеологию «Что делать?» в «Записках из подполья» и «Преступлении и наказании» можно проследить достаточно точно, полемика Толстого с Чернышевским не так очевидна[13]. «Анна Каренина», несомненно, в целом направлена против идей радикалов о женщине, сексе и браке, но до сих пор в романе было найдено очень мало конкретных свидетельств диалога с Чернышевским. Я же демонстрирую, что полемическое использование Толстым топоса любви как болезни может рассматриваться как прямой ответ на

[11] Орвин кратко анализирует «Зараженное семейство» и отмечает, что эта пьеса, а также, возможно, «Война и мир» служат ответом на оптимистическую веру в человеческую рациональность, представленную в «Что делать?» [Орвин 2006: 27]. Паперно рассматривает сон Анны Карениной о двух мужьях-тезках как критическое преображение любовного треугольника и концепции свободной любви, отстаиваемой Чернышевским [Паперно 1996: 131–132]. Э. Манделкер указывает на то, что фиктивное самоубийство в пьесе Толстого «Живой труп» (опубликована в 1911 году) заимствовано из романа Чернышевского [Mandelker 1993: 154].

[12] Обзор отношения Толстого к женскому вопросу см. в [Эйхенбаум 1960: 131–146]. Подробное исследование взглядов Толстого на женщин и семью, а также анализ «Анны Карениной» с точки зрения феминизма см. в [Mandelker 1993: chaps. 1–2]. Орвин предлагает исчерпывающее резюме родства между Толстым и Чернышевским, а также анализ их фундаментальных различий [Орвин 2006: 26–33].

[13] См. вдохновляющий анализ реакции Достоевского на этику Чернышевского в [Scanlan 1999: 549–567].

историю Кати Полозовой в романе «Что делать?» и дает богатый материал для сравнения позиций двух авторов по важнейшим вопросам рациональности, статуса науки и ее эпистемологии.

* * *

Сцена консилиума в «Анне Карениной» Толстого пронизана напряженностью. Как и Чернышевский, Толстой противопоставляет членов семьи и профессионалов, пациентов и врачей, близких людей и посторонних, но использует это противопоставление по-другому. Толстовские врачи не знакомы с внутренней драмой героини и поэтому не могут правильно оценить ее состояние; более того, в отличие от Кирсанова, знаменитый доктор у Толстого наиболее далек от истины. Не медицинский работник, а сама пациентка обладает (как кажется) истинным знанием о своей болезни: в разговоре с сестрой Долли сразу после осмотра Кити прямо называет причиной недуга любовную тоску: «Что, что ты хочешь мне дать почувствовать, что?.. То, что я была влюблена в человека, который меня знать не хотел, и что я умираю от любви к нему?» [там же: 131]. Этот самодиагноз повторяется позже в романе, когда на водах Кити испытывает неприязнь к молодой русской даме, которая, как и она сама, «заболела... от любви» [там же: 226]. Таким образом Толстой переворачивает основную эпистемологическую предпосылку медицины XIX века, которая устанавливает, как утверждали исследователи медицинского реализма, «ироническую дистанцию... между знающим субъектом (врачом)... и объектом знания (пациентом)» [Rothfield 1992: 85]. В данном случае ироническую позицию по отношению к консилиуму занимает Кити, определяя свое состояние в рамках психологической модели — как не поддающееся медицинскому объяснению и лечению: «Вся ее болезнь и леченье представлялись ей такою глупою, даже смешною вещью! <...> Сердце ее было разбито. Что же они хотят лечить ее пилюлями и порошками?» [Толстой 1928–1958, 18: 126]. Это высказывание явно перекликается со словами Кирсанова, обращенными к Полозовой («Они не понимают вашей болезни... Слушать вашу грудь, давать вам микстуры — совершенно напрасно» [Чернышевский 1939–1953, 11: 294]), но у Толстого «они» — это все врачи без исключения. В отличие от «Что делать?» в «Анне Карениной» привилегией понимать истинную природу болезни пациентки наделен ее отец, а не медицинский работник. Старый князь Щербацкий, про которого говорится, что «едва ли не он один вполне понимал причину болезни Кити», естественно, разделяет иронический взгляд своей дочери на ситуацию, которую он мысленно неоднократно называет «комедией»[14].

Таким образом, Толстой следует скорее классической психологической модели, в которой, как в романе Гелиодора, отец-«инсайдер» должен понимать ситуацию. Если Катя Полозова заключила союз с прогрессивным и проницательным медиком против своего благонамеренного, но неосведомленного отца, то у Толстого отец и дочь едины в своем точном знании ситуации и презрении к отчаянным диагностическим попыткам врачей. Однако было бы неточным представлять оппозицию между «семьей» и «медицинскими профессионалами» как «инсайдеры» против «аутсайдеров» соответственно. Мать Кити, которая на протяжении всего романа изображается особенно восприимчивой к общественным условностям и внешним ожиданиям и которая отдавала предпочтение «блестящему» Вронскому перед неловким, но искренним Левиным, воспринимает внешний авторитет — знаменитого доктора — очень серьезно. В отличие от мужа, она видит во всей этой сцене трагедию, а не комедию, о чем свидетельствует ее упоминание судьбы, когда она просит знаме-

---

[14] «Он, как поживший, не глупый и не больной человек, не верил в медицину и в душе злился на всю эту комедию...» и «Князь отошел, стараясь не дать заметить, как ему смешна была вся эта комедия» [Толстой 1928–1958, 18: 125]. Многократное использование слов «комедия» и «смешной» также подчеркивает театральность ситуации и, более того, указывает на литературную основу сцены. Фигура знаменитого врача, изображенная в откровенно сатирическом ключе, напоминает о шаблонном персонаже доктора из итальянской комедии дель арте и комедий Мольера. Можно утверждать, что сама сцена содержит метавысказывание о своей шаблонной природе и размышления о собственной театральности.

нитого врача объявить свое заключение: «Ну, доктор, решайте нашу судьбу» [Толстой 1928–1958, 18: 125].

В «лагере» врачей тоже нет единства. Что интересно, оба врача, с их прямо противоположными взглядами на болезнь Кити, с одной стороны, олицетворяют соперничество между медициной (или физиологией) и психологией, отмеченную Толстым, Юркевичем и многими другими, с другой — служат примером двух традиционных эпистемологических моделей любви как болезни, медицинской и психологической. Толстой, более того, представляет эту оппозицию в более широком масштабе, как столкновение «внешнего» и «внутреннего», которое нельзя считать просто структурным — оно имело для писателя важнейшее философское значение. В 1872 году близкий друг Толстого Страхов, с которым тот вел оживленный интеллектуальный диалог в 1870-х годах, опубликовал философскую работу «Мир как целое. Черты из науки о природе». Эта работа, как видно из названия, была ответом Шопенгауэру и исследовала его противопоставление между «вещью в себе» и представлением как оппозицию внутреннего и внешнего[15]. Естественные науки, по мнению Страхова, могут познать только «внешний мир природы», а главный недостаток философского материализма заключается в том, что он принимает внешний вид вещей за единственную реальность. Как отмечает Орвин, Толстой наиболее позитивно отреагировал именно на этот аспект аргументации друга [Орвин 2006: 213–214].

В сцене консилиума знаменитый доктор, очевидно, представляет «внешний» полюс этой оппозиции в самом буквальном смысле — как человек, приглашенный со стороны, в отличие от семейного врача (которого Толстой называет «домашним доктором»), «инсайдера». Диагностические процедуры знаменитого доктора предусматривают работу с физической «поверхностью», или явлением, и заключаются в осмотре и пальпации обнажен-

[15] Как объясняет Орвин, работа Страхова была попыткой преодолеть шопенгауэровское разделение мира на волю и представление с помощью гегелевской концепции духа и утвердить органическое единство мира. Толстой внимательно прочитал работу Страхова и написал на нее ответ. В этом разделе я опираюсь на анализ идей Страхова, проведенный Орвин [Орвин 2006].

ного тела Кити. Толстой остраняет процесс физического осмотра, заменяя слова «мужчина» и «девушка» словами «доктор» и «больная» — этот прием позволяет ему разграничить ситуацию по гендерному признаку и подчеркнуть ее моральную неуместность: «Он с особенным удовольствием, казалось, настаивал на том, что девичья стыдливость есть только остаток варварства и что нет ничего естественнее, как то, чтоб еще не старый мужчина ощупывал молодую обнаженную девушку» [Толстой 1928–1958, 18: 124]. Метод знаменитого доктора (который он представляет как прогрессивный, несовместимый с «варварской» деликатностью) не только не принимает во внимание внутреннее моральное чувство пациентки (стыд Кити, значение которого я рассматриваю ниже), но и явно сводит объект исследования к телу больной и отождествляет осмотр объекта и прикосновение к нему с постижением правды[16]. Другими словами, как и в трактате Стра-

---

[16] Моральная сомнительность ситуации, когда обнаженную пациентку осматривает мужчина-врач, будет рассмотрена позднее русскими писателями, которые исследовали силу и ограничения медицинского взгляда. М. Финке в своей новаторской работе рассматривает, в частности, проблему взгляда в связи с профессиональной идентичностью врача. Как следует из художественно-документальных воспоминаний В. В. Вересаева, цитируемых Финке, медицинский осмотр пациентки врачом-мужчиной представлял собой потенциальную проблему для доктора, стремящегося достичь объективной и деэротизированной перспективы. «Врач должен бороться с эротикой видения; он должен подавлять либидный потенциал своего главного рабочего инструмента» [Finke 2005: 55]. Вересаев, как отмечает Финке, также обсуждает чувство стыда, которое отбивает у пациенток желание обращаться за медицинским советом к врачам-мужчинам. Сам Чехов прямо говорит о моральной проблеме таких случаев в своих произведениях. В повести «Огни» (1888) один из персонажей использует эту ситуацию как модель общения с женщинами вообще: «Говорят, что всякий раз во вступительной лекции по женским болезням советуют студентам-медикам, прежде чем раздевать и ощупывать больную женщину, вспоминать, что у каждого из них есть мать, сестра, невеста... Этот совет годился бы не для одних только медиков, но для всех, кому приходится так или иначе сталкиваться в жизни с женщинами» [Чехов 1974–1983, 7: 131]. В «Случае из практики» (1898) особо отмечается отсутствие стыда у молодой пациентки: «Она села и, очевидно, давно уже привыкшая к докторам, равнодушная к тому, что у нее были открыты плечи и грудь, дала себя выслушать» [Чехов 1974–1983, 10: 77].

хова, материалистическая наука принимает внешнее за единственную реальность.

Толстой остраняет не только процесс медицинского осмотра, но и само слово «осмотр» (от «осматривать»), которое подразумевает поверхностный взгляд. Осмотр, проводимый врачом, конечно, направлен на то, чтобы проникнуть в глубины организма, но, как покажет Толстой, бесполезно искать ответы внутри тела, когда поражена сама его суть — душа. В своем изображении подхода знаменитого доктора к состоянию Кити Толстой продуктивно исследует взаимодействие видимого и невидимого, присущее медицинскому восприятию и осмысленное позднее Фуко, но при этом также добавляет дополнительный уровень внутреннего и невидимого — психики, усложняя тем самым задачу диагноста.

В этой сцене доминируют слова, связанные с наблюдением, которые подчеркивают важность для Толстого визуального (и, шире, сенсорного) канала познания — канала, которым, как мы видели, в значительной степени пренебрегают герои Чернышевского. Слово «видеть», однако, на протяжении всего эпизода приобретает более широкий спектр значений и охватывает другие сенсорные переживания. По сути Толстой раскрывает эвфемистическую природу термина «осмотр», который, как он не преминул подчеркнуть, включает в себя гораздо больше, чем просто визуальное обследование пациента. Когда в конце консультации знаменитый доктор объявляет, что ему необходимо «видеть еще раз больную», он имеет в виду вполне простые процедуры: традиционную беседу с пациенткой и замер пульса. Однако тут же слово «видеть» обнаруживаст свою двусмысленность, когда мать Кити неверно истолковывает его как «осмотреть» и с ужасом восклицает: «Как! еще раз осматривать!» [там же: 126]. Ее реакция показывает, что предыдущий осмотр уже расширил для нее семантический диапазон слова «видеть», распространив его границы с более ограниченного визуального и тактильного контакта на неограниченную свободу взгляда и рук врача. Этот сдвиг, кстати, параллелен историческому переходу от клинической к патологической медицине, описанному Фуко:

«Клиническое око открывает сродство с новым чувством, которое ему предписывает свою норму и эпистемологическую структуру: это более не ухо, обращенное к речи, это указательный палец, ощупывающий глубину» [Фуко 2010: 153]. Метафора Фуко об оке-пальце (новый медицинский взгляд, напоминающий указующий перст в своем стремлении к локализации болезни) реализуется в описании Толстым подхода доктора-знаменитости, который включает не только тщательный визуальный осмотр, но и прощупывание и постукивание. Роль рук в процедуре диагностики акцентируется еще раз, когда упоминается, что после первого осмотра врач тщательно моет руки — типично толстовская деталь, одновременно подчеркивающая грубый физический характер его контакта с пациенткой и вызывающая ассоциации с хирургией или вскрытием, которые подразумевают проникновение в тело пациента.

Таким образом, Толстой связывает эпистемологию своего доктора не только с общей материалистической ориентацией науки, изучающей внешнее, но и, более конкретно, с предположениями господствующей патологической медицины XIX века, которая пыталась проникнуть в непроглядность тела и представляла болезнь как «аутопсию во мраке тела, препарирование живого» [там же: 162][17]. Это становится особенно очевидным при обсуждении знаменитым доктором диагноза Кити со своим коллегой. Семейный врач подозревает у девушки зарождающийся туберкулезный процесс. Знаменитый доктор, однако, довольно скептически относится к возможности диагностировать состояние Кити без конкретных физических признаков распада легких: «Определить, как вы знаете, начало туберкулезного процесса мы не можем; до появления каверн нет ничего определенного» [Толстой 1928–1958, 18: 125]. Здесь он демонстрирует типично позитивистскую зависимость от того, что потенциально

[17] Фуко также устанавливает аналогию между методом патологии и ее концепцией болезни: «Если болезнь анализируется, то потому, что она сама по себе является анализом, и мыслительное разложение может быть только не чем иным, как повторением в сознании врача того, что в теле определяет болезнь» [Фуко 2010: 161].

можно увидеть и обнаружить в процессе вскрытия, то есть от повреждений, которые посмертно объясняют симптомы, наблюдавшиеся при жизни пациента. Более того, он выражает общее предположение патологической медицины о том, что повреждения составляют саму суть болезни. Еще в 1810 году медицинские авторы настаивали на том, что туберкулез должен определяться именно по (потенциально) видимому признаку изъязвления легких: «Следует рассматривать как чахоточных лиц, у которых нет ни лихорадки, ни похудания, ни гнойной мокроты. Довольно того, чтобы легкие были задеты поражением, которое направлено к их деструкции или изъязвлению: чахотка и есть само это поражение»[18]. Иными словами, правду о болезни обнаруживают не симптомы, а признаки распада, скрытые в теле, куда диагносту не удается проникнуть.

Однако знаменитый доктор готов принять в качестве предварительного диагноза туберкулез опять же на основании внешних признаков, или «указаний»: «И указание есть: дурное питание, нервное возбуждение и пр.» [там же][19]. Семейного врача, однако, больше волнует то, что невидимо и нематериально — причины, а не признаки. И, что особенно важно, в соответствии с «романтической» интерпретацией туберкулеза и психологической моделью любовной болезни он считает, что эти причины имеют психологическую, а не чисто физическую природу: «Но, ведь вы знаете, тут всегда скрываются нравственные, духовные причи-

---

[18] Bayle G.-L. Recherches sur la Phthisie Pulmonaire... Paris, 1810. P. 36. Цит. по: [Фуко 2010: 172].

[19] Зависимость знаменитого доктора от методов патологической анатомии непоследовательна. В интерпретации Фуко внимание к признакам и симптомам характерно для клинического подхода, который предшествовал развитию патологической медицины. Клиническая озабоченность признаками и симптомами, по мнению Фуко, была заменена в патологической анатомии интересом к истокам и причинам — именно его проявляет семейный врач в романе Толстого. Другими словами, два врача в «Анне Карениной» не вполне вписываются в описанную Фуко оппозицию ранней клинической и патологической медицины. Контраст, проведенный Толстым, кажется, работает скорее в терминах внешнего и внутреннего, физиологического и психологического.

ны...» [там же][20]. Знаменитый доктор номинально соглашается с этим предположением, однако его равнодушная и автоматическая реакция на утверждение коллеги ясно показывает, что он не разделяет веру семейного врача в «скрытые нравственные причины» недуга Кити. Он, скорее, подчеркивает физическую природу проблемы, когда предлагает целью лечения «поддержать питание и исправить нервы», тем самым сводя состояние девушки к дисфункции организма [там же: 126].

Акцент знаменитого доктора на питании и «нервах» дополнительно связывает персонажа с чисто физиологическим, телесно-ориентированным подходом, поскольку оба слова имеют особое значение в художественной литературе и философии Толстого. Писатель обычно ассоциирует еду с грубым материализмом и телесностью, а термин «нервы», как мы видели из его дневниковой записи 1863 года (см. главу 5), служит ему «проводником» к современной материалистической науке с ее тревожной тенденцией заменять сложные психологические процессы чисто физиологическими механизмами[21]. В середине 1870-х годов, во время работы над «Анной Карениной», Толстой набросал философский диалог о статусе науки, в котором снова критиковал ее увлеченность отдельными вопросами, ее специализацию и отделение от философии и религии, а также неспособность решать основные вопросы человеческого существования. И здесь нервы упоминаются как «фирменный знак» физиологии, основной объект этой науки, которая тем не менее беспомощна в решении серьезных проблем человеческого бытия: «Физиология говорит, что она знает ход деятельности нервов, но вопросы о свободе или несвободе человека — вне ее области» [Толстой 1928–1958, 17: 141]. Внимание врачей к «нервам» (и у Чернышевского, и у Толстого) действительно выдает осознание ими психологической

---

[20] «Тонкая улыбка», с которой семейный врач делает этот комментарий, намекает на его потенциальную осведомленность о ситуации в семье.

[21] И. Гуткин обсуждает функцию еды в «Анне Карениной» и ее материалистический подтекст в [Gutkin 1989: 84–89]. Анализ более поздних взглядов Толстого на еду см. в [LeBlanc 1997: 81–102].

природы болезней своих пациенток, но, как показывает Толстой, феноменалистическая тенденция отделять видимость от сущности, физиологический механизм от стоящей за ним психологической реальности и сосредоточиваться только на видимости — обречена на провал.

В то время как знаменитый доктор озабочен внешним и осязаемым, семейный врач, как мы видели, робко выступает за подход, который выходит за пределы материальной формы в поисках чего-то «скрытого», «нравственного» и «духовного». В визуальных терминах этот подход можно переформулировать как «видеть насквозь». В сцене консилиума единственный человек, который обладает таким взглядом, — это, что характерно, единственный человек, который знает правду, — старый князь Щербацкий, отец Кити: «Когда ее взгляд встретился теперь с его голубыми, добрыми глазами, пристально смотревшими на нее, ей казалось, что он насквозь видит ее и понимает все то нехорошее, что в ней делается» [там же: 128][22]. Слова, которые знаменитый доктор употребляет в отношении взгляда, — расплывчатое «видеть больную» и шокирующее «осматривать» — противопоставляются здесь другому языку, который связан с проникновением в глубину не тела, а души. Подход старого князя дискредитирует и визуальный метод осмотра знаменитого доктора, и использование им физического прикосновения, а также его беседу с пациентом. В той же сцене князь Щербацкий сам косвенно наводит на мысль о проникновении, когда, поглаживая волосы Кити, замечает: «Эти глупые шиньоны! До настоящей дочери и не доберешься, а ласкаешь волосы дохлых баб» [там же]. Этот комментарий подчеркивает идею истинной сущности, скрытой за внешней поверхностью и недоступной при простом прикосновении. Более того, что характерно для недоверия Толстого к коммуникативным возможностям языка, старый князь обна-

[22] Хотя в этом отрывке понимание правды отцом представлено через призму восприятия Кити и поэтому может рассматриваться как ее проекция («ей казалось»), ранее рассказчик подтверждает это знание, замечая, что «едва ли не он один вполне понимал причину болезни Кити» [Толстой 1928–1958, 18: 125].

руживает истину невербально (как это чуть позже сделает и Долли)[23]. Этот метод явно контрастирует как с зависимостью от языка знаменитого доктора, изводящего Кити одними и теми же «скучными вопросами», так и, интертекстуально, с зависимостью выводов Кирсанова от разговора с пациенткой[24].

В своем решении наделить фигуру отца, а не врача, способностью проникать в душу пациентки, Толстой отходит не только от Чернышевского, но и от французских реалистов, которые, как показали Ротфилд и Байфорд, склонны принимать, а не подрывать медицинский дискурс и взгляд на человека. В романе Флобера «Мадам Бовари» (1857) таким пронизывающим взглядом наделен именно персонаж лекаря: «Взгляд у него [доктора Ларивьера] был острее ланцета, он проникал прямо в душу; удаляя обиняки и прикрасы, Ларивьер вылущивал ложь» [Флобер 1994: 419][25]. Важно отметить, что Флобер описывает взгляд доктора с помощью нарочито медицинского языка: его взгляд не только открыто сравнивается с хирургическими инструментами, но и описывается как «tranchant» — от глагола «trancher», который может использоваться в медицинском контексте, например во фразе «trancher dans le vif» (резать по живому)[26]. Наконец, как отмечает Ротфилд, французское слово «désarticulait» ассоциируется с анатомической «дезартикуляцией» или расчленением тела. Эта лексика медицинского проникновения неудивительна, поскольку Ларивьер описывается как принадлежащий к школе Ксавье Биша, основателя патологической анатомии. В таком случае показательно, что, в отличие от Флобера, Толстой отказывает патологической меди-

---

[23] «...сестры после слез разговорились не о том, что занимало их; но, и говоря о постороннем, они поняли друг друга. <...> Долли... поняла... что горе, неизлечимое горе Кити состояло именно в том, что Левин делал предложение и что она отказала ему, а Вронский обманул ее, и что она готова была любить Левина и ненавидеть Вронского. Кити ни слова не сказала об этом...» [Толстой 1928–1958, 18: 132–133].

[24] Эпизод с расспросом Кити знаменитым доктором см. [там же: 127].

[25] «Son regard, plus tranchant que ses bistouris, vous descendait droit dans l'âme et désarticulait tout mensonge à travers les allégations et les pudeurs...» [Flaubert 2001: 413]. Мое внимание к этому отрывку привлек [Rothfield 1992: 40].

[26] См. «trancher» в [Larousse 1866–1877].

цине (и медицине как таковой) в психологической проницательности и доступе к истине[27]. Тем не менее он также подрывает традиционное психологическое прочтение состояния Кити и с точки зрения парадигмы любви как болезни.

Стыд или любовь? Правильный диагноз

Реакция Кити на пронизывающий взгляд отца показывает и читателям, и самой героине, что «правда», скрытая под обманчивыми физическими симптомами, — это не страдания от безответной любви, как поначалу убеждает нас повествование. Причина болезни Кити — сложная смесь нравственных и волнующих чувств, которые нелегко определить или выразить словесно, а можно охарактеризовать лишь расплывчатой фразой «все то нехорошее». Кити ставит себе неправильный диагноз: когда она называет свою болезнь любовной лихорадкой, она (и читатель вместе с ней) попадает в ловушку знакомой традиции, литературного прецедента, и только на первый взгляд кажется, что она знает истинную причину своего состояния, которая в значительной степени остается в ее подсознании[28]. И действительно, если бы истинной причиной ее болезни была безответная любовь, было бы непонятно, почему понимание ее состояния требует особой проницательности: в конце концов, некоторые из

---

[27] Флобер, как показывает Ротфилд, предпочитал метод патологической анатомии (представителем которой был Биша) «нравственному» и психологическому лечению Филиппа Пинеля и, более того, признавал близость «анатомического» анализа и своего собственного художественного метода [Rothfield 1992: chap. 2, esp. 37, 40–41]. Байфорд отмечает, что если в России наука и литература обычно находились в оппозиции, то «риторическая ассоциация „науки“ с „литературой“ во Франции была, по крайней мере внешне, гораздо проще», и «если в России ведущие авторы... скептически относились к вторжению науки в литературу, то во Франции литературный авангард считался одним из главных сторонников „сциентических“ тенденций» [Byford 2003: 217].

[28] Взаимодействие между сознательным и бессознательным героини усиливает оппозицию между внешним и внутренним, характерную для всей сцены.

самых поверхностных персонажей романа — и мать Кити, и Стива Облонский — в какой-то момент упоминают Вронского или намекают на него в связи с болезнью девушки[29].

Диагноз любовной болезни становится еще менее убедительным во время другого диалога дочери и отца в сцене после осмотра. Невинное на первый взгляд предложение старого князя («А ты вот что, Катя, ... ты когда-нибудь, в один прекрасный день, проснись и скажи себе: да ведь я совсем здорова и весела, и пойдем с папа опять рано утром по морозцу гулять. А?») вызывает у дочери настоящее потрясение: «„Да, он все знает, все понимает и этими словами говорит мне, что хотя и стыдно, а надо пережить свой стыд". Она не могла собраться с духом ответить что-нибудь. Начала было и вдруг расплакалась и выбежала из комнаты» [Толстой 1928–1958, 18: 129]. Этот кризисный момент фиксирует осознание Кити того, что она на самом деле страдает от стыда, а вовсе не от «разбитого сердца»[30]. Ее кажущаяся неадекватной реакция на слова отца на самом деле полностью соответствует описаниям психологии поведения, вызванного стыдом; такое поведение часто провоцируется фактом стыда (человеку стыдно стыдиться) и включает защитный механизм — спрятаться или убежать [Lewis 1971: 36]. Кити выбегает из комнаты, потому что ей вдвойне стыдно: еще и за слова отца, которые, согласно ее интерпретации, разоблачают стыд как истинную причину ее болезни[31].

---

29 См. эпизоды в [Толстой 1928–1958, 18: часть 2, главы 2 и 16].

30 Э. Манделкер вскользь упоминает о том, что Толстой «деконструирует» болезнь Кити, показывая, что она вызвана стыдом, а не безответной любовью, но не останавливается на этом подробнее. Более того, она рассматривает историю Кити в рамках традиции самоубийства (как «анорексическое самоубийство»), а не любви как болезни, к которой она больше относится [Mandelker 1993: 96–97].

31 В своем поучительном исследовании использования Достоевским стыда как мощной стратегии повествования Д. Мартинсен отмечает, что Толстой в изображении стыда уделяет основное внимание «двум общественно приемлемым способам защиты от стыда — отрицанию и желанию убежать», тогда как Достоевский использует «весь спектр защиты от стыда — в том числе и агрессивную ярость» [Мартинсен 2011: 41–42].

Таким образом, Толстой представляет нам случай «стыда как болезни», а не любви как болезни — в отличие от бесхитростного примера любовного недуга у Чернышевского в «Что делать?». Более того, если Толстой изображает расстройство Кити как сложное эмоциональное и нравственное состояние, которое героиня не до конца осознает сама, то у Чернышевского Полозова знает истинную причину своей болезни, и повествование никогда не подвергает сомнению и не подрывает это знание. После того как Кирсанов объявляет Кате поставленный диагноз — меланхолия («Вам известно, что у вас нет никакого расстройства, кроме печали?»), ее равнодушная реакция только подтверждает ему уже существующее знание этого факта: «Значит, мои слова не были для вас новостью» [Чернышевский 1939–1953, 11: 294]. Поэтому Полозова, которая прекрасно знает, что с ней происходит, и ни в чем себя не обманывает, во время осмотра не проявляет ни уязвимости, ни «болезненного раздражения» Кити, а, напротив, поражает Кирсанова своей выдержкой.

История Кити похожа, скорее, на историю Наташи Ростовой в «Войне и мире» тем, что она также отвергла руку достойного кандидата ради менее достойного и страдала от сильного стыда, что привело к серьезной болезни. Как и в случае с Кити, эта болезнь вызывает симптомы, которые потенциально могут быть истолкованы как признаки туберкулеза, хотя этот диагноз никогда прямо не упоминается в «Войне и мире»: «[Наташа] мало ела, мало спала, кашляла и никогда не оживлялась» [Толстой 1928 1958, 11: 68]. В ситуации с Наташей Толстой сопоставляет очевидные причины ее стыда, лежащие вне героини, в социальной сфере, с ее внутренним самоосуждением. Поскольку Наташа нарушила традиции, принятые в обществе, попытавшись сбежать и выйти замуж без разрешения родителей, все ожидают, что ее будет грызть стыд. Марья Дмитриевна, в доме которой Наташа жила во время романа с Курагиным, сразу же взывает к чувству стыда, когда упрекает девушку: «Мерзавка, бесстыдница... Ты себя осрамила, как девка самая последняя» [Толстой 1928–1958, 10: 358–359]. Пьер тоже потрясен неуместным «холодным достоинством» Наташи и отсутствием стыда в выражении ее лица.

Внешний вид, однако, вдвойне обманчив. Как физические симптомы Наташи не отражают истинной природы ее болезни, так и маска «холодного достоинства» отнюдь не соответствует ее внутреннему состоянию. Однако, в отличие от ситуации с Кити, ни один из персонажей не имеет представления о внутреннем смятении Наташи. Ее отец, не знающий о романе с Курагиным, но напуганный мыслью о том, что с его любимой дочерью могло случиться что-то «постыдное», предпочитает верить в объяснение физической болезнью. Пьер же, осведомленный о скандальной попытке побега, хочет, чтобы Наташе было стыдно, и, желая увидеть признаки угрызений совести, не понимает, что именно чувство стыда порождает обратное впечатление «достоинства». Только зоркий интроспективный взгляд рассказчика в душу героини раскрывает внутреннее состояние Наташи, а также слепоту наблюдателя: «[Пьер] не знал, что душа Наташи была преисполнена отчаяния, стыда, унижения, и что она не виновата была в том, что лицо ее нечаянно выражало спокойное достоинство и строгость» [там же: 363]. Важно отметить, что Наташа сбрасывает эту маску только тогда, когда способна открыто признать свой стыд в другом разговоре с Пьером. «Не говорите со мной так: я не стою этого!» — восклицает она в ответ на нежное и сострадательное предложение Пьера считать его своим другом, а затем, «со стыдом и самоунижением», продолжает: «Для меня все пропало» [там же: 374]. Этот эмоциональный разговор не только выявляет стыд Наташи, но и показывает, что ее чувство связано не с нарушением светских приличий, как предполагали сторонние наблюдатели, а, скорее, проистекает из моральных обязательств перед ее женихом, князем Андреем Болконским.

Причины стыда Кити, в отличие от ситуации Наташи, менее очевидны как для посторонних, так и для нее самой, поскольку она «не поступила дурно», как скажет ее подруга Варенька [Толстой 1928–1958, 18: 234]. Прямые упоминания стыда Кити в романе неизменно отсылают к ранней сцене бала, на котором она, только что отвергнувшая Левина, ожидала предложения от Вронского, но вместо этого обнаружила его зарождающуюся страсть к Анне. Впервые стыд появляется как предвестие — еще до того, как было сделано болезненное открытие. Во время танца с Вронским «Кити посмотрела на его лицо, которое было на таком близком от нее расстоянии, и долго потом, чрез несколько лет, этот взгляд, полный любви, которым она тогда взглянула на него и на который он не ответил ей, мучительным стыдом резал ее сердце» [там же: 85–86]. Воспоминание об этом взгляде преследует Кити и на водах в Германии, куда она в конце концов отправляется в поисках лечения. Как она объясняет своей новой подруге Вареньке:

> — Но оскорбление? — сказала Кити. — Оскорбления нельзя забыть, нельзя забыть, — говорила она, вспоминая свой взгляд на последнем бале, во время остановки музыки.
> — В чем же оскорбление? Ведь вы не поступили дурно?
> — Хуже, чем дурно, — стыдно [там же: 234].

Стыд, мучающий Кити, — это стыд разоблачения: «...я никогда не сказала ни одного слова, но он знал. Нет, нет, есть взгляды, есть манеры» [там же]. Теоретики стыда подтверждают решающую роль взглядов и их образности в переживании стыда [Lewis 1971: 37]. Сцена бала, в которой Кити испытывает стыд, переполнена этими образами: героиня описывается одновременно как наблюдающая и наблюдаемая, как зритель и зрелище. Кроме того, как и во многих других случаях в романе, Толстой связывает видение и знание: во время бала восприятие героини претерпевает глубокую трансформацию по мере того, как растет ее самосознание и понимание окружающего мира.

Войдя в бальный зал, Кити смотрит на себя в зеркало — деталь, которая уже задает важность взгляда в последующей сцене. Этот нарциссический жест показывает ограниченность самосознания, которым обладает героиня на данный момент: девушка озабочена только внешностью и использует зеркало, чтобы убедиться в своей красоте и элегантности своего бального наряда. Описание этого наряда, однако, довольно противоречиво и тем самым подрывает удовлетворение героини. Розовый цвет и цветы на ее бальном платье, казалось бы, должны навести читателя на мысль о невинности и естественности, но Толстой подчеркивает, насколько этот эффект оказывается спланированным и, следовательно, искусственным:

> Несмотря на то, что туалет, прическа и все приготовления к балу стоили Кити больших трудов и соображений, она теперь, в своем сложном тюлевом платье на розовом чехле, вступала на бал так свободно и просто, как будто все эти розетки, кружева, все подробности туалета не стоили ей и ее домашним ни минуты внимания, как будто она родилась в этом тюле, кружевах, с этою высокою прической, с розой и двумя листками наверху ее [Толстой 1928–1958, 18: 82].

Таким образом, простой и непритязательный вид платья обманчив, как и шиньоны героини, которые выглядят «как свои». Эта тема фальшивой естественности перекликается с идеей «ложного я», которая будет доминировать в повествовании о поисках Кити своей идентичности.

Открытый крой платья Кити и ее ощущение своей физической привлекательности опровергают коннотации девичьей невинности, выражаемые нарядом. Но в этот момент героиня еще не осознает нравственную неуместность бального платья; напротив, она любуется «холодной мраморностью» обнаженных рук и плеч. В этой ранней части романа Кити восхищается в себе именно тем, чего позднее будет мучительно стыдиться: обнаженной физической красотой и подразумеваемой сексуальной привлекательностью (примечательно, что, когда Кити входит в бальный зал, рассказчик описывает двоих мужчин, которые ей любуются). Таким образом, Толстой использует стыд, помимо прочего, в одной из его классических функций — «как ингибитор гордости». Х. Б. Льюис отмечает, что в этой роли стыд подавляет «воодушевление, которое может сопровождать фантазии о восхищении или интересе „других“» [Lewis 1971: 25]. Уверенность Кити в «интересе» Вронского оказывается фантазией; здесь Толстой использует психологический эффект стыда как «регулятора излишне положительного отношения к себе», чтобы морально наказать героиню за ее, пусть и неосознанную, причастность к тайному сексуальному кодексу высшего света[32]. В противоположность ситуации Наташи в «Войне и мире» (или, скорее, ее восприятию другими персонажами), стыд Кити вызван именно тем, что она следует общественным условностям, а не нарушает их.

Первоначальное представление Кити о себе как о великосветской красавице объясняет ее увлечение Анной Карениной, блестящей «петербургской светской дамой», в которую Кити «влюблена» и которой она любуется [Толстой 1928–1958, 18: 76, 84, 85, 89][33]. На связь между двумя героинями (помимо их общего интереса к Вронскому) указывает и сходство их нарядов в сцене бала. Легко предположить, что «розовая», худая и невинная Кити резко противопоставляется пышнотелой Анне в черном, но некоторые детали указывают на определенное родство двух героинь. В обоих описаниях подчеркивается эффект простоты и естественности («И черное платье с пышными кружевами не было видно на ней; это была только рамка, и была видна только она, простая, естественная, изящная...»); упоминается «обнаженность» обеих героинь в их откровенных платьях; черная бархатка на шее Кити перекликается с черным бархатным платьем Анны [там же: 85][34]. Более того, когда Кити подходит к Анне на балу, Каренина служит еще одним «зеркалом» для молодой героини, подтверждая ее красоту и элегантность наряда: взглянув на платье Кити, Анна «сделала чуть-заметное, но понятное для Кити, одобрительное ее туалету и красоте движенье головой» [там же]. Этот момент подчеркивает роль Анны как «идеального двойника» Кити — или ее эго-идеала, говоря языком психоанализа. Переосмысление отношения к Анне, которое произойдет

---

32 Об этой функции стыда см. в [Lewis 1971: 25].

33 Это сексуализированное описание чувств Кити к Анне позволяет предположить, что интенсивность стыда и переживаний Кити после бала связана с тем, что ее отвергли дважды: она влюблена не только во Вронского, но и в Анну, и предана обоими. Примечательно, что слово «любоваться» имеет общий корень со словом «любить».

34 Я благодарна Людмиле Парц за то, что она указала мне на эту последнюю деталь.

во время бала, будет, таким образом, косвенно означать переосмысление отношения девушки к самой себе.

Это переосмысление сопровождается изменениями в восприятии Кити. В сцене бала ее глаза неоднократно описываются как «дальнозоркие». Дальнозоркость же предполагает неспособность видеть вещи вблизи[35]. Важно отметить, что самый необдуманный визуальный «поступок» Кити на балу — влюбленный взгляд, брошенный на Вронского, на который он не отвечает и который станет главным источником ее мучительного стыда на несколько лет вперед — она совершает, когда стоит лицом к лицу с Вронским после окончания вальса и его лицо находится «на таком близком от нее расстоянии». Таким образом, «дальнозоркость» Кити указывает на ее слепоту в отношении того, что находится вблизи, и, следовательно, предполагает отсутствие истинного знания о самой себе.

Однако в течение бала зрение Кити становится более сбалансированным, и вместе с этим ей начинает открываться правда об Анне, Вронском и о ней самой. Случайный взгляд на оживленную Анну во время ее танца с Вронским превращает Кити в напряженного наблюдателя: «Кто?.. Все или один?.. И этот один? неужели это он?» — пытается она угадать источник переполняющей Анну радости и возбуждения [там же: 86–87]. С почти научной точностью героиня изучает лицо Анны во время танца с Вронским, анализирует ее реакции и, к своему огорчению, приходит к выводу, что это лицо озаряется улыбкой только в ответ на слова Вронского. Теперь Кити видит правду как на расстоянии, так и вблизи: «Она видела их своими дальнозоркими глазами, видела их и вблизи, когда они сталкивались в парах, и чем больше она видела их, тем больше убеждалась, что несчастие ее свершилось» [там же: 88].

Важный момент возникает во время пристального наблюдения девушки за Анной и Вронским — момент, когда Кити как никогда явно идентифицирует себя с Анной, видя в ней еще одно отражение себя:

---

[35] Словарь Даля определяет дальнозоркий глаз как «видящий предмет отдаленный яснее близкого» [Даль 1880–1882, 1: 426].

> [Кити] увидала в [Анне] столь знакомую ей самой черту возбуждения от успеха. <...> Она знала это чувство и знала его признаки и видела их на Анне — видела дрожащий, вспыхивающий блеск в глазах и улыбку счастья и возбуждения, невольно изгибающую губы, и отчетливую грацию, верность и легкость движений [там же: 86].

Примечательно, что образ зеркала вновь появляется именно в этой сцене, когда Кити смотрит на Вронского и замечает в нем «то, что Кити так ясно представлялось в зеркале лица Анны» [там же: 87]. Хотя лицо Анны в этом конкретном случае можно рассматривать как отражение эмоций Вронского, а не Кити (предложение звучит несколько двусмысленно), оно также, как мы видели, служит зеркалом для Кити и отражает чувства, которые она сама испытывала, когда ее красотой восхищались другие. Узнавая себя в опьянении Анны «вином возбуждаемого ею восхищения», Кити также осознает эротический подтекст этого чувства и, как мы можем предположить, сексуальности как таковой. Вуайеристский опыт наблюдения за взаимным влечением Анны и Вронского знаменует собой посвящение Кити в мир плотской страсти и конец ее относительной невинности.

Чувство стыда с его акцентом на самости, по мнению Льюис, восстанавливает границы личности и провоцирует поиск идентичности — что и происходит с героиней Толстого. Кити делает первый шаг к своей подлинной сущности, когда отвергает Анну в качестве эго-идеала, спроецированного образа себя. К концу бала, продолжая любоваться Карениной, Кити замечает в ней нечто «бесовское» и, что важно, «чуждое». Другими словами, после краткой частичной идентификации с Анной, она отвергает личность завораживающей великосветской красавицы, которую воплощает Каренина и которую Кити по ошибке принимает «как свою». Путь Кити к новой идентичности отмечен моментом неузнавания: в конце бала, «когда Вронский увидал ее, столкнувшись с ней в мазурке, он не вдруг узнал ее — так она изменилась» [там же: 89]. Хотя речь здесь идет об изменении во внешности, вызванном эмоциональным потрясением, этот момент на символическом уровне отражает более глубокие преобразования, произошедшие с героиней.

Таким образом, весь опыт Кити на балу приводит ее к серии шокирующих открытий о самой себе, человеческой природе в целом и некоторых скрытых механизмах общества в частности. Вид демонической, сексуальной Анны, загадочное эротическое притяжение между Карениной и Вронским, осознание собственной двусмысленной роли в поиске привлекательной партии — все это открыло Кити плотскую природу человеческих отношений и грубую экономику великосветского института ухаживания и брака. Героиня поняла, что, хотя и бессознательно, сама была частью «позорной выставки товара, ожидающего покупателей», как она скажет позже [там же: 227]. Именно это прозрение, сопутствующий ему стыд и возросшая саморефлексия, а вовсе не классическая драма отвергнутой любви, становятся причиной физического расстройства Кити.

Примечательно, что в разговоре с сестрой сразу после медицинского осмотра Кити определяет суть своей нынешней болезни как проблему со зрением, как то, что теперь она видит все «в самом грубом, гадком виде» [там же: 133]. Неудивительно, что после такого изменения в восприятии зять Кити, Стива Облонский, кажется ей особенно отталкивающим, и «она не может видеть его без представлений самых грубых и безобразных» [там же]. Сладострастный гедонист Стива, известный своими внебрачными связями, воплощает для Кити все то, что эпизод с Вронским заставил ее осознать и что она отчаянно хочет подавить. Испытывая отвращение к открытому ей миру, Кити далее признается Долли, что ей «только с детьми... хорошо» (дети — олицетворение невинности и асексуальности в руссоистском представлении Толстого). Примечательно, что для разговора с сестрой, в котором Кити косвенно обнаруживает утрату невинности, Долли заходит «в маленький кабинет Кити, хорошенькую, розовенькую, с куколками vieux saxe, комнатку, такую же молоденькую, розовенькую и веселую, какою была сама Кити еще два месяца тому назад» [там же: 130–131]. Все эти детали — розовый цвет и «куколки», а также обилие уменьшительных суффиксов с их коннотацией детства и невинности — создают контрастный фон для внутреннего состояния Кити и ее изменившегося, разочарованного «я». Более того, вскоре после консилиума Кити переезжает в дом сестры, чтобы помочь ей ухаживать за детьми, больными скарлатиной. Интересно, что здесь, как и в романе Герцена «Кто виноват?», скарлатина сопровождает любовную болезнь. Эффект от этого сопоставления в обоих романах двоякий. С одной стороны, эта «реальная» и легко диагностируемая болезнь служит резким контрастом ускользающей и загадочной любовной тоски. С другой — упоминание «невинной» детской болезни подчеркивает этические проблемы, связанные со «взрослым» недугом любви как в случае Круциферской, так и в случае Кити.

Наряду с воспоминаниями об «эмоциональной» наготе — влюбленном взгляде на Вронского — Кити теперь мучается от стыда за свою физическую обнаженность: «Прежде ехать куда-нибудь в бальном платье для меня было простое удовольствие, я собой любовалась; теперь мне стыдно, неловко», — признается она сестре [там же: 133]. Стыдится она не столько откровенного декольте своего платья как такового, сколько того, что оно символизирует: сексуальности в целом и, более конкретно, своеобразной проституции молодых светских девушек, ищущих будущего мужа[36]. Следует отметить, что Толстой выбирает слово «позорный», а не «постыдный», когда Кити характеризует институт великосветского ухаживания как «позорную выставку товара, ожидающего покупателей». Выбор слова «позор», первоначальное значение которого — «зрелище», подчеркивает семантику визуального обнажения. Таким образом, роковой бал становится местом многократного обнажения, как физической, так и эмоциональной наготы[37].

---

[36] Как показывает К. Эмерсон, в этической системе Владимира Соловьева (на которую сильно повлиял Толстой) «чувство стыда, под которым Соловьев подразумевает прежде всего сексуальный стыд, является корнем и источником совести, а значит, и всего нравственного чувства» [Emerson 1991: 668]. Анализ Эмерсон в основном опирается на поздние теоретические работы Толстого. История Кити в «Анне Карениной» демонстрирует аналогичный подход к стыду в романах писателя.

[37] Толстой использует наготу как образ стыда в нескольких случаях в романе, в том числе в сцене, описывающей реакцию Анны на ее «падение»: «Стыд пред духовною наготою своей давил ее и сообщался ему» [Толстой 1928–1958,

Связь между стыдом, наготой и знанием не случайна. Как напоминает нам Д. Мартинсен в своем исследовании темы стыда в творчестве Достоевского, эта зависимость присутствует в фундаментальном мифе нашей цивилизации — библейской истории об Адаме и Еве:

> Этот миф соединяет познание с видением, а также познание с чувством. Адам и Ева *видят*, что они обнажены, но они также должны *чувствовать* себя обнаженными, так как первое их побуждение — прикрыть себя. Узнав, что они обнажены, Адам и Ева сознают себя и смущаются; у них появляется объективное самосознание. Таким образом, этот миф демонстрирует тесную связь стыда с личностью. Чувствуя, что нагота в данной ситуации неуместна, они интуитивно постигают нечто о мире вокруг них <...> Таким образом, стыд включает в себя познание их «настоящего», т. е. «падшего» положения [Мартинсен 2011: 30].

В случае Кити нагота и стыд также связаны с новым знанием, как внешнего мира (включая мир в его более узком смысле — «свет» или «beau monde»), так и, что еще важнее, «объективным самосознанием», или, точнее, осознанием себя как объекта[38].

Стыд разоблачения и острое чувство собственной объективированной субъективности — вот что связывает предыдущий эпизод бала со сценой медицинской консультации и делает консилиум особенно невыносимым для Кити. Важно также отметить: Кити, признавшись сестре, что ей теперь стыдно носить

18: 157]. Отец Кити, присоединившись к дочери на водах в Германии, стыдился своего здорового тела среди больных и умирающих и «испытывал почти чувство человека неодетого в обществе» [Там же: 240].

[38] Льюис указывает на «двойственность опыта», характерную для стыда: «Поскольку при переживании стыда в фокусе осознания находится самость, обычно используются образы „идентичности“. В то же самое время, когда эти образы идентичности регистрируются как собственный опыт, также возникает яркий образ себя в глазах другого» [Lewis 1987: 107]. Как отмечают Д. Адамсон и Х. Кларк, эта «„двойственность опыта“ особенно характерна для женщин и других обесцененных и бесправных групп общества» [Adamson, Clark 1999: 11].

бальное платье, загадочно добавляет: «Доктор... Ну...» [Толстой 1928–1958, 18: 133]. Медицинский осмотр действительно включает в себя все те основные элементы бала, которые привели Кити к шокирующему откровению о темных и «отвратительных» сторонах жизни: напряжение между полами, которое Толстой подчеркивает при описании отношений между врачом и пациенткой; плотское желание, скрыто присутствующее в настойчивом требовании знаменитого доктора провести тщательное обследование; нагота — на этот раз в буквальном смысле; ее роль как объекта мужского взгляда; и, наконец, чувство унижения и стыда, испытываемое героиней, которая описывается «растерянной и ошеломленной от стыда» во время медицинской процедуры [там же: 124]. Отстаивание знаменитым доктором физиологической природы расстройства Кити и его слепота к возможному психологическому происхождению недуга заставляют его игнорировать признаки стыда, которые девушка проявляет после унизительного обследования: «Исхудавшая и румяная, с особенным блеском в глазах вследствие перенесенного стыда, Кити стояла посреди комнаты. Когда доктор вошел, она вспыхнула, и глаза ее наполнились слезами» [там же: 126]. Все эти симптомы — внезапный прилив крови к лицу, блеск глаз и «нервное возбуждение», которые исправно и неоднократно отмечал знаменитый доктор, — могут быть ошибочно истолкованы как признаки туберкулеза. Так знаменитый врач, который, как мы помним, отвергал стыд как «остаток варварства», по иронии судьбы не принял в расчет истинную причину болезни, которую пытался вылечить.

Излечение жизнью

Методы лечения, предложенные двумя врачами на консилиуме, соответствуют противоречивым интерпретациям болезни Кити и, в более широком смысле, двум моделям любви как болезни. Семейный врач, который догадывается о психологической природе проблемы (и уже испробовал множество псевдомедицинских средств, от рыбьего жира до железа и ляписа), предлагает в качестве решения поездку за границу. Как и в случае с подходом доктора Крупова к туберкулезу Круциферской, этот поразительно старомодный терапевтический метод вписывается не столько в контекст медицинской и физиологической науки того времени, сколько в традицию излечения любовной болезни, для которой путешествие, разлука с любимым объектом, было типичным рецептом с древности. Естественно, позитивистски настроенный знаменитый доктор поначалу решительно отвергает этот метод, поскольку он не может ничего изменить, если физиологический процесс (в данном случае туберкулезный) уже начался. Пытаясь отстоять терапевтическую ценность такого путешествия, семейный врач перечисляет ряд оснований, которые, опять же, удивительно интуитивны и ненаучны для эпохи позитивизма: «перемена привычек», «удаление от условий, вызывающих воспоминания», и, наконец, самое иррациональное — «и потом матери хочется» [там же]. Примечательно, что в этом списке отсутствует самый очевидный медицинский элемент лечения за границей — курортные воды, упоминание которых сделало бы его аргументацию более «научной». Для сравнения, знаменитый доктор предписывает пить минеральную воду и, после показных раздумий, любезно дает свое разрешение и на поездку за границу.

Следует отметить, что нет никакого противоречия в том, что семейный врач предварительно диагностирует у Кити туберкулез и в то же время выступает за «психологические» методы лечения. Как я уже указывала в главе 3 данного исследования, в XIX веке туберкулез рассматривался как особая форма любовной болезни. С конца XVIII века и на протяжении всего последующего столетия было распространено мнение, что туберкулез может иметь как психологическое, так и соматическое происхождение, а страстная любовь считалась одной из основных причин этого заболевания. Например, в 1792 году журнал «Санкт-Петербургские врачебные ведомости» составил следующий список возможных (и не исключающих друг друга) причин туберкулеза — характерное сочетание физических и духовных факторов: «заключенный воздух, страсти, печаль, размышление, великая любовь, завалы в кровотечениях, например, в месячных, в почечуе... осановление пота, истребление оного на руках и ногах»[39]. Семья Толстого разделяла убеждение, что «великая любовь» и туберкулез идут рука об руку: после разрыва его невестки Татьяны со своим женихом, братом Толстого Сергеем, все боялись, что у нее разовьется чахотка. Сам писатель лишь намекает на эти опасения в своей лаконичной дневниковой записи от 25 сентября 1865 года: «Таня страшн[о]» [Толстой 1928–1958, 48: 63]. Жена Толстого, Софья, более подробно комментирует ситуацию в записи от 12 июля: «Сережа обманул Таню... Вот уже скоро месяц постоянного горя, тяжелого чувства, глядя на Таню... Признаки ее чахотки меня мучают ужасно» [Толстая 1928: 91].

Однако в ситуации с Кити Толстой ставит под сомнение диагноз «туберкулез», косвенно противопоставляя неопределенную симптоматику ее состояния случаям реальных больных туберкулезом, например Николая Левина или посетителей немецкого курорта: для них писатель не жалеет конкретных физиологических деталей, таких как кашель, усталость, болезненное истощение и потливость. Описание лечения Кити на водах в Германии в конце второй части, напротив, сосредоточено почти исключительно на психологическом аспекте ее состояния[40]. В этой части романа болезнь девушки почти полностью «забыта» рассказчиком; ее любовная тоска упоминается лишь однажды, косвенно; ее отец рад, что она полностью выздоровела. Этого не было в ранних черновиках главы, где содержались прямые упоминания болезни Кити (хотя очевидно, что уже на этом этапе написания романа Толстой представлял себе ее первоначальную болезнь как менее серьезную): «В Содене было очень много того больного жалкого народа, который собирается там; но были тоже и такие больные и больныя, как Кити, которые приезжают туда почти

[39] О наследственных болезнях // СПВВ. 1792. Ч. 1. № 6. С. 48.

[40] Структура второй части романа четко симметрична: она начинается со сцены консилиума и завершается возвращением выздоровевшей Кити в Россию.

здоровые, только под влиянием угрозы предстоящей болезни» [Толстой 1928–1958, 20: 226–227].

Однако в окончательном варианте почти все упоминания о предполагаемом состоянии здоровья Кити исчезают. Мы также не находим никаких конкретных указаний на реальный процесс ее выздоровления, ни одного описания того, как она пьет минеральную воду или консультируется с врачами. Сцены посещения вод описывают ее встречи с другими людьми или представление новых знакомых отцу; однако сама лечебная процедура полностью отсутствует. Опять же, в ранних черновиках этой главы есть более явные упоминания о лечении: «Кити Щербацкая еще далеко не кончила полного предназначенного ей курса вод, как уже отец и мать ее с радостью видели, что здоровье ее совершенно поправилось» [там же: 226]. Гораздо подробнее в этой части романа описывается интенсивная внутренняя жизнь Кити во время ее пребывания на водах. Похоже, что замалчивание Толстым медицинской стороны пребывания Щербацких на водах и концентрация на жизненном опыте Кити свидетельствуют о целебной силе последнего» (т. е. жизненного опыта).

Но было бы слишком поспешно делать предсказуемый вывод о том, что Толстой предпочитает психологическую модель любви как болезни медицинской. На протяжении всего повествования о болезни и выздоровлении Кити Толстой, как мы видели, использует парадигму любовного недуга довольно нестандартно. То же самое относится и к традиционной психологической терапии, предложенной семейным врачом. Один из главных аргументов доктора в пользу поездки за границу — «удаление от условий, вызывающих воспоминания» — не выдерживает проверки реальностью. Присутствие на том же курорте другой девушки, страдающей от любви, и особенно больного туберкулезом брата Левина, Николая, вряд ли позволило бы Кити забыть драму ее «разбитого сердца». И все же поездка действительно вылечила девушку, хотя и по другим причинам, чем предполагали врачи. Поскольку болезнь, о которой идет речь, была не туберкулезом и даже не любовной тоской, а была вызвана стыдом, она требовала другого терапевтического подхода.

Современные теории стыда связывают эту эмоцию с глубоким кризисом идентичности, поскольку стыд всегда связан с негативной переоценкой своего «я» [Lewis 1971: 30]. В отличие от чувства вины, которое обязательно затрагивает нравственную сферу и чувство моральной неправоты, стыд — который может, но не обязательно должен иметь такой нравственный компонент — определяется как чувство воспринимаемой неполноценности или неадекватности[41]. Отвергнутая любовь — «высшая угроза в том, что касается стыда» — вызывает особенно острое чувство несостоятельности и заставляет личность бороться между «верностью себе» и интернализованным неодобрением другого [Adamson, Clark 1999: 11]. Именно эта борьба, болезненный процесс самопознания, в ходе которого Кити вновь обретает «верность себе», излечивает героиню от стыда, а вовсе не минеральные воды Содена или физическое удаление от места, где развернулась ее драма.

Знакомство Кити с Варенькой — альтруистичной приемной дочерью богатой аристократки — играет решающую роль в этом процессе. Варенька, которая проводит все свое время в Содене, ухаживая за больными, заменяет Кити блестящую и чувственную Анну в качестве эго-идеала: «Кити чувствовала, что в ней, в ее складе жизни, она найдет образец того, чего теперь мучительно искала: интересов жизни, достоинства жизни — вне отвратительных для Кити светских отношений девушки к мужчинам...» [Толстой 1928–1958, 18: 227]. Как и в случае с Анной, Кити «влюб-

---

[41] Льюис предлагает классическое различие между стыдом как сосредоточенностью на себе и виной как сосредоточенностью на поведении и действиях, поступках («*я* сделал это» в отличие от «я *сделал* это») — различие, которое Мартинсен успешно применяет в своем анализе романа Достоевского «Преступление и наказание» [Martinsen 2001: 51–70; Мартинсен 2011: 39–40]. Некоторые теоретики аффекта отказываются проводить четкую границу между стыдом и виной (краткое резюме споров на эту тему см. в [Adamson, Clark 1999: 23–27]), но теоретическое различие, предложенное Льюис, похоже, подтверждается эмпирическими исследованиями этих двух эмоций. См. [Price Tangney, Dearing 2002: 18–24].

лена» в Вареньку и любуется ею. Визуальное взаимодействие здесь также имеет огромное значение:

> Обе девушки встречались в день по нескольку раз, и при каждой встрече глаза Кити говорили: «кто вы? что вы? Ведь правда, что вы то прелестное существо, каким я воображаю вас? Но ради Бога не думайте, — прибавлял ее взгляд, — что я позволяю себе навязываться в знакомые. Я просто любуюсь вами и люблю вас». — «Я тоже люблю вас, и вы очень, очень милы. И еще больше любила бы вас, если б имела время», — отвечал взгляд неизвестной девушки [там же].

И снова Кити признается в любви через взгляд, но на этот раз ее взгляд не остается без ответа, и ее любовь встречает взаимность: «Кити, как это часто бывает, испытывала необъяснимую симпатию к этой M-lle Вареньке и чувствовала по встречающимся взглядам, что и она нравится» [там же: 226][42].

Варенька помогает Кити «преодолеть» свой стыд, косвенно раскрывая его эгоистическую природу. Как отмечает Льюис:

> Оправиться после реакции стыда легче, если признать, что такая реакция связана «только с самим собой». Признание субъективной, рационально тривиальной, «нарциссической» реакции позволяет избавиться от стыда с помощью самокритики или смягчить его добротой или словами утешения со стороны другого [Lewis 1971: 27].

Именно это и делает Варенька. Она показывает отсутствие морального элемента в стыде Кити: «Ведь вы не поступили дурно?» Ответив: «Хуже, чем дурно — стыдно», — Кити невольно признает, что ее стыд связан не с моральным проступком, а «только с ней

---

[42] Мартинсен предположила, что для Кити любовь — это способ «преодолеть стыд» и отчуждение от своего «я», которое он вызывает [Martinsen 2005: 5]. Мартинсен (которая любезно поделилась со мной этой работой) уделяет особое внимание сцене, описывающей разговор Кити и Долли после медицинского осмотра, когда Кити сначала отстраняется, а затем, сделав жестокое замечание, передает свой стыд Долли, но в конце концов обнимает сестру. Подобную динамику можно наблюдать и в эпизоде с Варенькой.

самой»[43]. Альтруистическое служение ее подруги больным заставляет Кити пересмотреть свою одержимость собственным уязвленным «я»; ее драма постыдного разоблачения дополнительно теряет значение, когда Варенька, которая сама пережила трагедию несостоявшейся любви, небрежно замечает, что «нет девушки, которая бы не испытала этого. И все это так неважно» [Толстой 1928–1958, 18: 234]. «Что было важно», как вскоре понимает Кити, наблюдая за спокойным и искренним альтруизмом Вареньки, так это любить других, а не себя. Это понимание подкрепляется тем, что Кити открывает для себя духовный аспект христианства благодаря мистически настроенной мадам Шталь, приемной матери Вареньки: «Ей открылось то, что, кроме жизни инстинктивной, которой до сих пор отдавалась Кити, была жизнь духовная» [там же: 235]. Побуждаемая этими откровениями, Кити с энтузиазмом приступает к осуществлению своих недавно обретенных принципов и начинает заботиться о пациентах курорта, копируя самозабвенное отношение Вареньки к другим людям.

Как и в сцене бала, Кити лучше всего познает свою личность в результате переоценки окружающего мира. На водах, как и на балу, она предается интенсивному наблюдению и фантазирует о других приезжих. Важно отметить, что достичь более глубокого самопознания и в конечном итоге душевного покоя ей помогает отец, побуждая более трезво и реалистично оценивать окружающий мир. В частности, ироничный взгляд старого князя подтверждает ранее сложившееся у Кити впечатление о довольно показной и бесчеловечной природе мистицизма мадам Шталь. Несмотря на решимость героини противостоять мнению отца (в книге — «взгляду»), после его насмешливых комментариев

> божественный образ госпожи Шталь, который она месяц целый носила в душе, безвозвратно исчез... Осталась одна коротконогая женщина, которая лежит потому, что дурно

---

[43] Для Толстого, конечно, стыд Кити не лишен нравственного элемента: ее осознание себя как сексуального объекта явно имеет моральный подтекст. Однако похоже, что на данном этапе романа, когда героиня уже преодолела эту проблему, нравственная составляющая ее стыда стала менее актуальна.

> сложена, и мучает безответную Вареньку за то, что та не так подвертывает ей плед. И никакими усилиями воображения нельзя уже было возвратить прежнюю мадам Шталь [там же: 245].

В конечном счете «инстинктивная жизнь» оказывается ближе истинной природе Кити, чем следование религиозной доктрине или подражание идеалу из реальной жизни. Девушка понимает, что ее новая «идентичность» была такой же ложной, как и предыдущая, которую она отвергла, и так же основана на тщеславии и самолюбовании — только теперь она восхищалась не своей физической привлекательностью, а внутренней красотой, наслаждаясь «сознанием своей добродетельности», как во время ухода за чахоточным художником Петровым [там же: 239]. Неудержимая жизненная сила Кити, «сдержанный огонь жизни», которого у нее в избытке — заметим, что Варенька не обладает этим качеством, — оказывается несовместимой с жизнью, повинующейся теории. После того как ее попытки самосовершенствования через вымученную филантропию терпят неудачу, Кити с горечью признается Вареньке (и самой себе): «...все это было притворство <...> Я не могу иначе жить, как по сердцу, а вы живете по правилам» [там же: 248–249]. Отвергнув Вареньку в качестве своего эго-идеала, Кити смогла принять себя такой, какая она есть. Примечательно, что, когда позже мы видим, как Кити ухаживает за чахоточным больным (ее умирающим деверем Николаем Левиным), она спонтанно проявляет ту самую самоотверженную любовь, которую пыталась насильно имитировать на водах. «Кити же, очевидно, не думала и не имела времени думать о себе; она думала о нем [Николае], потому что знала что-то, и все выходило хорошо» [Толстой 1928–1958, 19: 66]. Показательно, что Николай (как и отец Кити) предпочитает называть Кити «Катей», то есть ее настоящим именем, подчеркивая тем самым ее искренность в тот момент.

Обретение Кити Щербацкой своего подлинного «я» обозначает успешное завершение ее лечения на водах, достигнутое не с помощью клинических процедур, а в результате самого процесса жизни. В ранних черновиках романа эта идея и само соперничество двух терапевтических аспектов путешествия Кити находят более явное выражение. Сближение с мисс Суливант (прототип Вареньки в этой версии романа), по словам Толстого, «помогло здоровью Кити едва ли не больше, чем и перемена условий жизни и сами воды» [Толстой 1928–1958, 20: 227]. И рекомендация знаменитого доктора (пить минеральную воду), и психологическая терапия семейного врача (перемена обстановки), или, можно сказать, и медицинская, и психологическая модели, здесь отвергаются как недостаточные в пользу лечения, происходящего из опыта самой жизни. В окончательном варианте романа Толстой, однако, воздерживается от открытого высказывания и как бы признает авторитет семейного врача: «Предсказания доктора оправдались. Кити возвратилась домой, в Россию, излеченная» [Толстой 1928–1958, 18: 250]. Но впечатление о том, что последнее слово осталось за медициной, оказывается ошибочным. Как понимала сама Кити, для того чтобы выздороветь, ей нужно было «пережить» свой стыд. Таким образом, ее излечение происходит не благодаря медицинскому или психологическому методу, а через интенсивный внутренний процесс самопознания, вызванный внешними переживаниями[44]. В Россию возвращается не наивная девочка, бессознательно следующая сомнительным общественным нормам, не романтическая героиня с разбитым сердцем, «умирающая» от безответной любви и унижения, а зрелая женщина, принявшая себя такой, какая она есть, и, более того, достигшая спокойствия, которое в Вареньке всегда казалось ей чем-то завидным и недостижимым: «Она не была так беззаботна и весела как прежде, но была спокойна. Московские горести ее стали воспоминанием» [там же].

Так болезненное переживание стыда, вызванного неудавшейся любовью, стало решающим в переходе героини от невинности к «падению» и окончательному принятию себя. Толстой исполь-

---

[44] Роль, которую играет в этом процессе отец Кити — персонаж, с самого начала поставленный в оппозицию к врачам, — еще больше подтверждает этот тезис.

зовал похожую схему в «Войне и мире», где падение Наташи также происходит в высшем обществе и в присутствии старшей и более опытной великосветской красавицы, которой Ростова визуально восхищается (там также подчеркивается «нагота» туалета обеих женщин)[45]. В обоих романах выздоровление молодых героинь проходит почти по одинаковому сценарию, только в «Войне и мире» важную роль играет религия (пост Наташи и подготовка к святому причастию). Как и Кити, Наташа после физического восстановления становится «спокойнее, но не веселее». После болезни она избегает «всех внешних проявлений радости: балов, катанья, концертов, театра», что напоминает отвращение Кити к светскому обществу во время ее недуга [Толстой 1928–1958, 11: 69]. Тяга к общению с детьми также характеризует обеих героинь во время их драматического опыта. После болезни Наташа особенно сближается со своим младшим братом Петей и Пьером Безуховым, по-детски наивным персонажем, а Кити, как мы помним, открыто признается сестре, что теперь чувствует себя комфортно только с детьми. В обоих случаях Толстой показывает новое самосознание, противопоставляя настоящее героини обстановке ее «невинного» прошлого: в случае Кити эту роль играет ее «маленькая розовенькая комнатка»; в случае Наташи разрыв с ее прежним беззаботным, наивным и веселым «я» особенно остро проявляется в неспособности петь. Когда Пьер навещает ее во время болезни, она стоит посреди гостиной, «в той же позе, в которой она выходила на середину залы, чтоб петь, но совсем с другим выражением» и тяжело дышит (состояние, несовместимое с пением) [Толстой 1928–1958, 10: 372]. Как и в «Анне Карениной», прием контраста через сходство призван подчеркнуть радикальную перемену, произошедшую с героиней. Наконец, и в случае Наташи, и в случае Кити, сам ход жизни и присущая героиням жизненная сила оказываются ре-

---

[45] Анна Каренина, безусловно, гораздо более сложный и положительный персонаж, чем Элен Безухова в «Войне и мире», но в целом они выполняют структурно схожую функцию временного и ложного идеала для молодой развивающейся героини.

шающими для выздоровления. Если одним из тревожных симптомов Наташи во время болезни было отсутствие живости или бодрости, то в конце концов ее горе излечивается благодаря «впечатлениям прожитой жизни».

Толстой использует переживание стыда, замаскированное под любовную болезнь, для того, чтобы поставить своих «естественных» героинь перед проблемой самоопределения, и, в частности, для борьбы с представлениями о себе, навязанными культурой извне. Стыд с его упором на самооценку помогает героиням достичь самопознания, которое, по мнению Толстого, необходимо для того, чтобы стать нравственной личностью[46]. Этот поиск себя — возможно, одна из главных тем в романах Толстого — сравним с интенсивным и более мучительным самоанализом, характерным для мужчин, за которых Наташа и Кити в конце концов выходят замуж[47]. Толстой не наделяет своих молодых героинь моментами космических прозрений или философских кризисов, как в случае с Пьером или Левиным; вместо этого (отражая романтический взгляд на женский образ как на воплощение естественного и иррационального) они достигают высшей степени самосознания более спонтанным и «естественным» образом — через эмоциональный опыт любви к недостойному человеку и очистительного стыда.

Концепция жизненной силы и естественности в творчестве Толстого, как отмечает Орвин, претерпела существенную трансформацию в 1870-х годах под влиянием философии Шопенгауэра, который постулировал конфликт между природой и моралью

---

[46] «Знающее „я“ судит и взвешивает все, что случилось и чему предстоит случиться, и принимаемые этим „я“ решения создают нравственного индивидуума из процесса жизни» [Орвин 2006: 224].

[47] Орвин указывает на тонкие различия между типами индивидуальности Левина и Пьера, достигнутыми в ходе повествования: «Индивидуальность Левина, в отличие от Пьера, сверхприродна и поэтому вступает в разногласие с „личностью“, проявляющей себя в движущих им импульсах. Пьер, смеясь, признает себя существом в равной степени независимым и управляемым, Левин же видит себя истинно собой только тогда, когда может создать и „выстроить“ себя, как это происходит с ним на обочине дороги и на пасеке» [там же: 226].

[Орвин 2006: 166–182]. Орвин интерпретирует переход Толстого от «Войны и мира» к «Анне Карениной» как переход «от природы к культуре»: от автоматического совершенства жизненной силы и естественности, утверждаемой в «Войне и мире», к необходимости обретения нравственной традиции и этического кодекса, выраженной в произведениях 1870-х годов, в том числе в «Анне Карениной» [там же: 159–166]. Жизненная сила, всегда положительное качество в «Войне и мире», во втором великом романе Толстого может быть угрожающим и греховным (как, например, переполняющая Анну энергия). Случай Кити, однако, сохраняет преемственность с «Войной и миром» (отсюда параллели между двумя героинями, страдающими от любви): жизненная сила молодой героини не обладает демоническими и разрушительными качествами, как у Анны, и, более того, оказывается полезной для физического и эмоционального восстановления девушки[48]. Это противоречие можно объяснить именно «двунаправленной войной» (против Шопенгауэра и материалистов), которую вел Толстой во время написания романа. Если история Анны и ее выбор в пользу «природы», а не морали, — ответ Шопенгауэру, то случай Кити следует рассматривать в контексте полемики Толстого с материалистами, в частности с Чернышевским. Толстому нужно было сделать жизнь положительной и автономной категорией, которую он мог бы использовать для противостояния взглядам, сводившим живого человека к химической комбинации, а саму жизнь — к «очень многосложному химическому процессу», как ее называл Чернышевский[49]. Для решения этих

---

48 Однако бурная жизненная сила Кити упоминается как одно из двух качеств, которые делают ее привлекательной для мужчин — наряду с ее «сознанием своей привлекательности», — такой контекст может предполагать потенциально опасные последствия этого «огня жизни».

49 Через десять лет после «Анны Карениной» Толстой вновь поднимет проблему взаимоотношения жизни и науки в трактате «О жизни» (1886–1887). В нем писатель объявит попытки материалистической науки вывести органические явления из неорганических и психическую деятельность из телесных процессов бесплодными и, более того, не имеющими никакого значения. Главная ошибка позитивистской науки, по мнению Толстого, состоит в том, что она игнорирует глобальный вопрос человеческой жизни и ее смысла и сосредо-

философских и нравственных проблем Толстой прибегнул к древнему топосу любви как болезни, который, как мы видели, легко поддавался такому использованию.

Описание Толстым и Чернышевским случаев любовной болезни и ее излечения отражает принципиальные различия двух писателей. В обоих случаях состояние героинь требует психологических, а не медицинских методов лечения, но в «Что делать?» выздоровление быстро достигается в результате тщательно построенного псевдонаучного эксперимента, проведенного позитивистски настроенным врачом, который в значительной степени полагается на рациональную оценку героиней своей ситуации. В «Анне Карениной» болезнь — гораздо более сложный случай, затрагивающий глубины подсознания, — преодолевается через долгий и мучительный процесс поиска идентичности, через процесс самой жизни, которая торжествует над бессилием медицины. Другими словами, в своей версии любовной тоски Толстой отвергает не только упрощенный взгляд на человека, характерный для позитивистской медицины и физиологии, но и, что более важно, саму идею эксперимента и применения теории (будь то теория «нервного возбуждения», христианского мистицизма или бескорыстной филантропии) к «живой жизни».

Однако было бы ошибочно рассматривать Чернышевского и Толстого исключительно как противников в их обращении к этой древней теме. Как мы видели на примере Чернышевского, писателям пореформенной России этот топос давал возможность не только исследовать теоретические вопросы научной методологии, материализма, идеализма и взаимодействия души и тела, но и решать вполне жизненные проблемы социального положе-

---

точивается на отдельных проявлениях человеческого существования: «Астрономия, механика, физика, химия и все другие науки вместе и каждая порознь разрабатывают каждая подлежащую ей сторону жизни, не приходя ни к каким результатам о жизни вообще» [Толстой 1928–1958, 26: 320]. Как утверждает Орвин, отказ Толстого от механистического мировоззрения в 1870-х годах привел к отказу от индивидуализма и индивидуальности. Этот отказ, добавим мы, отражен в его нападках на специализацию научных дисциплин, характерных для его произведений 1870–1880-х годов.

ния женщины. Важно отметить, что Толстой, как и Чернышевский, использует топос любви как болезни, чтобы прокомментировать, среди прочего, наболевший «женский вопрос». «Разбитое сердце» и стыд Кити, едва не стоившие ей здоровья и, возможно, жизни, как показывает Толстой, стали прямым следствием сомнительной с точки зрения морали практики ухаживания и брака в высшем обществе и бесправного и объективированного положения женщины.

На этом, однако, сходство между двумя писателями в отношении гендерных и семейных вопросов заканчивается. Если в «Что делать?» героиню «спасает» от семейного авторитета (или отцовского невежества) радикальный медик, который активно вмешивается в ее внутренний мир, отношения с отцом и развитие ее романтической страсти, то в «Анне Карениной» отцовская фигура неизменно наделена привилегией истинного знания глубин психики своей дочери. И если Катя Полозова становится «новой» освобожденной женщиной, которая открывает свой швейный кооператив, то Кити находит самореализацию в семейной жизни и материнстве. Предложенное Толстым лечение любовной болезни, обретенное в естественном ходе жизни, отражает его более консервативную политическую и моральную позицию, в отличие от радикальной терапии Чернышевского.

Однако как писатель Толстой совершает нечто абсолютно революционное. Если мы будем рассматривать историю Кити в соответствии с парадигмой любовной тоски, как предлагает нам Толстой, может возникнуть вопрос, почему писатель, известный своей чувствительностью к клише любого рода, перенимает эту традицию и использует ее в самом шаблонном варианте (ведь действительно, сцена консилиума в «Анне Карениной» почти буквально воспроизводит картину Опи, рассмотренную мной во введении)[50]. Толстой, однако, использует этот топос не так, как

---

[50] Русские формалисты, как известно, назвали главным приемом Толстого остранение — прием, необходимый для достижения главной цели искусства, которое, по их представлениям, стремится нарушить автоматическое восприятие мира (и автоматизм литературных условностей) [Шкловский 1983].

его предшественники: он наполняет его совершенно новым смыслом, который позволяет обратиться к совершенно иному кругу проблем, характерных как для эпохи в целом, так и для личных философских и нравственных поисков писателя. Связь между любовью и стыдом, которую показывает Толстой в своих примерах стыда как болезни, сама по себе, конечно, не представляет ничего нового. Не только психологи видят в стыде «универсальную реакцию на безответную или несостоявшуюся любовь» [Lewis 1971: 16] — русская литература начала исследовать эту связь уже в поэзии Тредиаковского и Сумарокова[51]. Более того, моральные последствия романтической страсти были частью традиции любви как болезни на протяжении всей ее истории — от Антиоха, влюбленного в жену своего отца, до герценовской Круциферской, страдающей не только от несостоявшейся любви, но и, возможно даже в большей степени, от болезненного противоречия между ее страстью к Бельтову и нравственным чувством долга и сострадания к мужу.

Однако Толстой интерпретирует эту традицию более радикально, разрушая ее бинарную природу. Болезнь его героинь вызвана не борьбой между любовью и стыдом (или виной), а стыдом нелюбви (или «неправильной» любви — в зависимости от того, как мы понимаем мимолетное увлечение Наташи и Кити Курагиным и Вронским соответственно) и в конечном счете чувством своей несостоятельности как нравственных личностей. Как бы то ни было, страстная любовь вовсе исключается из причин расстройства — она становится негативной категорией, либо несуществующей (нулевой), либо неправильной (плохой). Так стыд не просто вытесняет любовь из традиции любовной болезни, а полностью ее отвергает.

Но замена стыда на любовь, осуществленная Толстым, — это не только способ преобразовать клише любовного недуга: она имеет для него более важное идеологическое значение. Ниспровергая вековую традицию любви как болезни, русский писатель

---

[51] О конфликте между стыдом и любовью у Тредиаковского и Сумарокова см. во введении к этой книге.

косвенно бросает вызов западной «романтической» культуре и ее ценностям. Критикуя современные ему представления о любви как основе семейного счастья и поднимая проблему путаницы между романтической и христианской любовью, между Эросом и Агапе [Густафсон 2003: 120], Толстой подрывает западный топос изнутри и утверждает, что не романтическая страсть, а острое чувство неполноценности может и должно быть разрушительным для человека, стремящегося к нравственному совершенству. Предложив такую трактовку, надо признать, Толстой делает шаг назад, возрождая русское моралистическое отрицание страстной любви, популярное в период до Нового времени, хотя и делает это гораздо более революционным и радикальным способом. Таким образом, античный топос замыкает круг в русской литературе и культуре, которая проходит путь от его восторженного принятия и присвоения до отрицания его светского и материалистического значения. Хотя история топоса в русской культуре не заканчивается Толстым, его модификация вековой традиции обозначает завершение определенного периода ее развития.

Заключение

Искусный подрыв Толстым традиции любви как болезни, осуществленный в «Анне Карениной», парадоксально демонстрирует актуальность этого топоса в русской литературе на протяжении всего XIX века. И действительно, замена Толстым стыда на любовь *в рамках одной и той же парадигмы* вновь демонстрирует устойчивость топоса и его богатый потенциал для обращения к широкому кругу философских, идеологических и моральных вопросов — от онтологии человека до эпистемологии позитивистской науки и от роли женщины в обществе до индивидуального поиска собственной идентичности. В то же время такая дестабилизация указывает на хрупкость топоса: как и любой другой *locus communis*, он достигает точки, в которой становится слишком узнаваемым и избитым, чтобы оказывать в повествовании желаемый эффект и даже просто восприниматься всерьез. Клишированный характер традиции любви как болезни, однако, не может полностью объяснить относительный распад парадигмы после Толстого — ведь шаблонность топоса, как мы видели, всегда была частью (и условием) его использования в русской литературе. Постепенное исчезновение топоса в том варианте, который был воссоздан в этом исследовании, связано, скорее, с радикальным изменением культурного климата, актуальные проблемы которого лучше решались при помощи других литературных приемов; с новыми психофизиологическими моделями личности; на собственно литературном уровне я бы предположила, что и с «концом эпохи реализма» с ее большой романной формой, которая оказалась благодатной почвой для обстоятельного исследования парадигмы любви как болезни. В результате вместо довольно последовательной и самореферентной традиции, которую мы проследили в русской литературе по крайней мере начиная с эпохи сентиментализма, к концу XIX века мы наблюдаем либо отказ от классического топоса любви как болезни, либо его «расщепление» на несколько различных парадигм[1].

* * *

В 1880 году Антон Чехов написал рассказ с явно металитературным названием: «Что чаще всего встречается в романах, повестях и т. п.?» (1880). В этом юмористическом, весьма пародийном списке клише, характерных для художественной прозы XIX века, мы находим следующий пункт: «Доктор с озабоченным лицом, подающий надежду на кризис; часто имеет палку с набалдашником и лысину. А где доктор, там ревматизм от трудов праведных, мигрень, воспаление мозга, уход за раненным на дуэли и неизбежный совет ехать на воды» [Чехов 1974–1983, 1: 17]. Хотя Чехов и не упоминает любовный недуг напрямую, этот отрывок кратко излагает типичные детали, характерные для эпизодов диагностики любовной болезни, созданных писателями XIX века — от Герцена, чей доктор Крупов впервые появляется в «Кто виноват?» с бамбуковой палкой, до Гончарова и Толстого, в диагностических сценах которых доктора дают именно «неизбежный совет ехать на воды». В отличие от большинства своих предшественников, Чехов — врач по образованию — склонен либо полностью игнорировать любовную тоску, либо использовать элементы этой традиции в чисто комическом контексте. В другом раннем юмористическом рассказе Чехова, «Отвергнутой любви» (1883), пародирующем клише испанской любовной драмы, изображается страстный идальго, исполняющий серенаду своей донне под балконом. Когда раздраженная

---

1 Далее я предлагаю не подробный анализ трансформации топоса любви как болезни в конце XIX–XX веках — этот проект выходит далеко за рамки исследования, — а, скорее, набросок траекторий развития этого топоса после Толстого.

донна наконец появляется, она требует, чтобы он перестал нарушать ее сон: иначе она будет вынуждена спать с городовым. В ответ отвергнутый любовник закалывается. Влюбленный карась из «Рыбьей любви» (1892) подумывает о самоубийстве, так как не может надеяться, что объект его любви (женщина) ответит на его чувства.

Таким образом, Чехов отдает предпочтение самоубийству, а не любовному недугу, как реакции на безответную любовь или другие проблемы, связанные с романтической или сексуальной сферой — как в пародийных, так и в более серьезных произведениях. В некоторых случаях в качестве еще одной возможной реакции на несчастную любовь добавляется сильное пьянство, но никогда — физическое расстройство. В рассказе «Несчастье» (1886) отчаявшийся герой размышляет о двух трагических исходах своей страсти: «Или пулю пущу себе в лоб, или же... запью самым дурацким образом» [Чехов 1974–1983, 5: 250]. Возможность заболеть в результате этой (временно) отвергнутой любви даже не приходит ему в голову. Показательно, что единственный роман Чехова — жанр, который, как мы видели, оказался особенно продуктивным для медикализации любовной тоски в русской литературе XIX века, — развивает именно эти два варианта. В романе «Драма на охоте» (1884–1885), изобилующем клише русского реалистического романа, есть намек на возможность развития любовного недуга, когда у Надежды Калининой, влюбленной в главного героя, появляются нездоровые симптомы, но эта тема вскоре исчезает, и читатель узнает, что она пытается покончить с собой. Обманутый муж Ольги Урбениной воплощает другую возможность и уходит в запой.

Конечно, в рассказах Чехова исследуются самые разные психиатрические и психосоматические состояния, включая истерию — например, в «Припадке» (1888), «Дуэли» (1890–1891), «Палате номер шесть» (1892) и «Случае из практики» (1898), — но медицинские случаи безответной или несостоявшейся любви отсутствуют или остаются на втором плане (как в рассказе «О любви» (1898), где вскользь упоминается нервное расстройство героини). Ближе всего к привычной парадигме любви как болезни, особенно в том виде, в котором она была реализована Чернышевским и Толстым, подходит «Случай из практики». В рассказе изображен врач, вызванный для диагностики и лечения молодой пациентки из богатой семьи после того, как она заболела загадочной болезнью (второе предложение рассказа сразу же подчеркивает таинственный характер недуга, о котором идет речь: «...больше ничего нельзя было понять из этой длинной, бестолково составленной телеграммы» [Чехов 1974–1983, 10: 75]). Как это обычно бывает в традиции консилиума, пациентку уже осматривали разные врачи, которые винили в ее расстройстве «нервы» (ср. *atrophia nervorum* Кати Полозовой и предполагаемые проблемы с питанием и нервами Кити), но не смогли ее вылечить. Сцена консультации в рассказе Чехова, включающая неизбежный замер пульса, развивает поднятую Толстым проблему наготы пациентки (хотя чеховская героиня не испытывает стыда) и описывает искренний разговор между врачом и больной, в ходе которого врач, как Кирсанов в «Что делать?», завоевывает доверие девушки. Также, как и в романе Чернышевского, врач и пациентка оказываются союзниками как представители «нового» поколения, которое иначе реагирует на социальные и нравственные проблемы своего времени: «...у родителей наших был бы немыслим такой разговор, как вот у нас теперь», — говорит врач [там же: 84]. Более того, первоначальная интерпретация врачом состояния девушки в терминах подавленного сексуального желания («Замуж бы ее пора...» — думает врач, который также замечает отсутствие мужчин в доме) отсылает к традиции любви как болезни / женской истерии [там же: 78–79]. Примечательно, что вскоре после прибытия и осмотра пациентки врачу становится скучно, поскольку ситуация, с которой он имеет дело, слишком узнаваема; он даже прямо заявляет, что «болезнь такая обыкновенная, ничего серьезного...» — как бы намекая на общепринятый культурный статус такого психогенного расстройства. Рассказ Чехова, однако, в итоге отвергает парадигму любви как болезни, которую писатель, как кажется, использует вначале, поскольку в конце концов врач связывает расстройство больной с моральными и социальными факторами: ее чувством вины и ответственности как богатой наследницы фабрики. Эта интерпретация, однако, не становится истиной в последней инстанции, и неопределенность в отношении состояния героини так и не разрешается[2].

То, что Чехов избегает любовной тоски в своем творчестве, может быть обусловлено несколькими факторами, среди которых — чувствительность к избитости этого штампа. Однако, как я уже отмечала, он без колебаний обращается к самоубийству или алкоголизму в качестве возможных реакций на безответную или трагическую любовь, хотя эти две модели едва ли менее условны, чем любовь как болезнь. Предпочтение Чеховым этих двух решений вполне можно объяснить их связью с социальными недугами русской жизни той эпохи[3]. Но самое главное, похоже, что решающую роль в сопротивлении писателя соблазну использовать топос любви как болезни сыграли его образование врача и настойчивое стремление к медицинскому правдоподобию в литературе[4]. Раз-

---

2 Финке, который интерпретирует рассказ как путешествие вниз, или спуск героя в подземный мир, — такое прочтение оправдано инфернальными мотивами рассказа — замечает временный характер терапевтического эффекта, который разговор между врачом и пациенткой оказывает на обоих, и отмечает «неожиданный и иронический поворот» в конце рассказа: «Королев (женатый профессионал) обрекает пациентку, теперь одетую как невеста, на страдания, которые непременно вернутся с заходом солнца» [Finke 2005: 160].

3 Чехов был искренне озабочен проблемой самоубийств среди русской молодежи. Это проявляется в рассказе «Володя» (первоначальное название — «Его первая любовь», 1887) и непосредственно упоминается в письме к Д. В. Григоровичу (от 5 февраля 1888 года [Чехов 1974–1983, 20: 189–191) в ответ на предложение последнего написать рассказ о 17-летнем самоубийце. В этом письме Чехов объясняет тревожную тенденцию дезориентирующим влиянием бескрайних просторов России, ее сложной и трагической историей, одинокой реальностью современного города и др.

4 В автобиографической заметке (написанной для юбилейного альбома медицинского факультета Московского университета) Чехов, как известно, прокомментировал влияние медицинского образования на свою литературную практику: «Знакомство с естественными науками, с научным методом всегда держало меня настороже, и я старался, где было возможно, сообразоваться с научными данными, а где невозможно — предпочитал не писать вовсе. Замечу кстати, что условия художественного творчества не всегда допускают полное согласие с научными данными; нельзя изобразить на сцене смерть от яда так, как она происходит на самом деле. Но согласие

витие психологии и психиатрии в конце XIX века предоставило более сложные, подробные и клинически конкретные модели психических расстройств, чем традиционно расплывчатая любовная тоска. Критикуя то, что он считал некомпетентным использованием медицинского материала другими писателями — от Толстого и Золя до своей собственной протеже, Елены Шавровой, — Чехов явно хотел избежать ловушки литературной традиции, которая больше не поддерживалась наукой[5].

Таким образом, Чехов, не обличая топос напрямую, способствует его распаду, просто отказываясь его использовать. Современные ему ученые, однако, выступили с более прямой критикой этой традиции, как по научным, так и по морально-социальным причинам. В 1895 году профессор психиатрии Дерптского университета Владимир Чиж — ученый, который интересовался литературными исследованиями человеческой психики, — вынес приговор любовной болезни наряду с другими «нравственными страданиями»[6]. В своем исследовании под названием «Биологическое обос-

---

с научными данными должно чувствоваться и в этой условности, т. е. нужно, чтобы для читателя или зрителя было ясно, что это только условность и что он имеет дело со сведущим писателем» [Чехов 1974–1983, 16: 271–272].

5 Чехов комментировал невежество Толстого в вопросах медицины и сексологии, проявившееся в «Крейцеровой сонате», в своих письмах к А. Н. Плещееву (от 15 февраля 1890 года [Чехов 1974–1983, 22: 18–19] и А. С. Суворину (от 8 сентября 1891 года [там же: 270–271]). Подобную оценку Чеховым Золя см. в [Finke 2005: 137]. В письме к Шавровой (от 28 февраля 1895 года [Чехов 1974–1983, 6: 29–31]) Чехов настаивал на том, что «чтобы решать вопросы, наприм<ер>, о вырождении, психозах и т. п., надо быть знакомым с ними научно», и далее критикует Шаврову за преувеличение в ее рассказе значения болезни как причины общей нервозности героя.

6 Чиж начал изучение литературы с психиатрической точки зрения трудом «Достоевский как психопатолог» (1885), за которым последовали аналогичные работы о Тургеневе и Пушкине. До прихода в Дерптский (ныне Тартуский) университет Чиж преподавал и практиковал в Санкт-Петербурге и был хорошо известен в русских литературных кругах: Чехов, например, упоминает имя психиатра в своем юмористическом рассказе «Экзамен» (1883), а Толстой кратко комментирует статью Чижа о безумии и нравственности в своей дневниковой записи от 4 марта 1891 года [Толстой 1928–1958, 52: 16]. См. обзор карьеры Чижа в [Сироткина 2009: 30–43]. Примечательно, что Чиж был современником Зигмунда Фрейда и познакомился с теми же достижениями

нование пессимизма», опубликованном в научном журнале «Неврологический вестник», автор берется научно определить, правы ли оптимисты, утверждающие, что в человеческой жизни удовольствие перевешивает страдание, или же верна противоположная точка зрения, отстаиваемая пессимистами[7]. Поскольку, по мнению Чижа, сексуальное удовольствие относится к числу наиболее интенсивных чувств, присущих человеку и высшим организмам, он выдвигает свой главный аргумент именно через анализ этого чувства (и, в более широком смысле, любви).

Чиж определяет удовольствие как все, что добавляет человеку жизни, а страдание — как все, что ее убавляет. По мнению Чижа, суть жизни заключается в росте и размножении, поэтому он находит «научное» объяснение интенсивности любви, связывая ее с половым актом, который направлен на производство самой жизни. Ученый заключает:

> Вот почему любовь сильнее смерти, любовь бессмертна; даже в грубо материальномъ смысле нет более полного, совершенного осуществления вечной, беспредельной жизни, как любовь; только одна жизнь беспредельна, безгранична, и потому любовь как наиболее полное осуществление жизни, сильнее смерти — процесса предельного, ограниченного неизменными границами, которым подчинены все физические и химические процессы[8].

западной психиатрии и психологии, что и будущий основатель психоанализа: Чиж путешествовал по Европе и посещал лекции Жана-Мартена Шарко в Париже в 1885 году, почти в то же время, что и Фрейд. Работа Чижа «Биологическое обоснование пессимизма», где он использует сексуальность в качестве меры боли и удовольствия в человеческой жизни, появляется в том же году, что и «Очерки об истерии» Брейера и Фрейда (1895).

[7] Чиж признает, что невозможно измерить удовольствие и страдание в человеческой жизни математически, но считает, что биология может предложить решение этой проблемы: «Раз мы знаем, какие органические процессы соответствуютъ чувствованиямъ, мы можем измерять эти органические процессы и тем самым косвенно, посредственно измерять самые чувствования» (Чиж В. Ф. Биологическое обоснование пессимизма // Неврологический вестник. 1895. Т. 3. № 1. С. 47).

[8] Неврологический вестник. 1895. Т. 3. № 2. С. 31.

Эта логика позволяет автору обосновать биологически, и действительно «в грубо материальном смысле», силу любви, уже прославленную литературой и искусством[9].

Хотя такая точка зрения, казалось бы, подтверждает позицию оптимистов, вывод Чижа противоположен. В области сексуальной жизни, утверждает он, люди сталкиваются с неразрешимой дилеммой. Простое подчинение закону живой материи — ее стремлению к размножению и увеличению жизни — привело бы к катастрофическим последствиям для человечества в целом (а именно к перенаселению) и бесконечной череде страданий для отдельно взятой пары (включая постоянные беременности жены, усилия мужа по обеспечению постоянно растущей семьи, смерть детей и т. д.). Если же люди пытаются избежать этих страданий, то им приходится подавлять свое сексуальное влечение и все равно страдать. Следовательно, институт семьи не решает проблему. «Семейное счастье», как утверждает Чиж, это иллюзия, и здесь он не согласен с Толстым, которым в остальном он очень восхищается и чьи взгляды на труд, праздность и поэзию цитирует на протяжении всей работы. Изображение счастливых семей в эпилоге романа «Война и мир», утверждает ученый, вводит в заблуждение, поскольку герои Толстого «могли блаженствовать, потому что за них работали несколько тысяч человек, несколько нянек, гувернанток страдали от неудовлетворения половой жизни»[10].

Таким образом, люди оказываются в ловушке между мощным сексуальным влечением, составляющим суть жизни и служащим основным естественным законом их существования, и невозмож-

---

9 «Поэты, как почти во всех вопросах, и тут опередили науку; они угадали истинный смысл, истинное значение любви, и наука может подтвердить сказанное поэзией и объяснить то, что было хотя известно поэтам, но оставалось непонятным. В любви жизнь одерживает самую большую победу, потому что половым актом увеличивается жизнь, органическая, живая материя...» [там же].

10 Неврологический вестник. 1895. Т. 3. № 3. С. 46. Удивительно, что Чиж, который в остальном, кажется, находится в курсе нравственных и эстетических взглядов Толстого, не учитывает тот факт, что более поздняя позиция писателя в отношении брака и семьи значительно отличалась от выраженной в эпилоге «Войны и мира».

ностью его реализовать. Поэтому даже в сексуальной сфере, обычно считающейся источником величайшего наслаждения, страдание превышает удовольствие — что, по мнению Чижа, подтверждает пессимистический взгляд на человеческую жизнь. Однако эти страдания, предупреждает профессор, следует отличать от любовных страданий, которые обычно изображаются в литературе:

> Вот настоящие ужасныя страдания, вытекающия из половой жизни; рядом с ними любовные страдания, описываемые поэтами, поистине ничтожны; огорчения оттого, что «он любил ее, а она не любила его» или наоборот, такие пустяки, что просто удивительно, как люди вместо сочувствия бесконечным страданиям, неизбежно происходящим при половой жизни, могут интересоваться такими ничтожными явлениями[11].

После такого осуждения любовной болезни как предмета, недостойного литературного изображения, Чиж выбирает пророческий, или, скорее, поучающий тон:

> Я не сомневаюсь, что в будущем великие художники будут волновать массы именно изображением настоящих страданий, и вместо возбуждения праздного любопытства к страданиям лентяев, от нечего делать влюбляющихся в праздных барынь, будут говорить нам о великих страданиях матерей у кровати умирающих детей, о мучениях честных, ищущих правды, людей от невозможности исполнить задачу, возлагаемую на нас природой — увеличивать и сохранять жизнь[12].

«Биологическая» теория Чижа, таким образом, оказывается не только социальным комментарием к страданиям низших классов, но и критикой современной ему литературной практики и рекомендацией по ее улучшению.

---

[11] Неврологический вестник. 1895. Т. 3. № 3. С. 51.

[12] Там же.

Если в этой части своего исследования Чиж отбрасывает любовную тоску на основании ее маргинальности как «болезнь» праздного класса, в значительной степени сконструированную литературой, то в заключительной части он отвергает ее более решительно, как не находящую научного подтверждения. Последняя часть трактата посвящена чисто психологическим явлениям («высшим чувствованиям»), физиологические механизмы которых, как признает Чиж, нам пока неизвестны. Ученый соглашается, что интенсивные «нравственные страдания» могут вызвать физическое разрушение, но масштаб этого разрушения и широкая распространенность такого явления, по его утверждению, сильно раздуты «поэтами и проповедниками»[13]. Чтобы подчеркнуть литературное происхождение «высших страданий», Чиж характерно прибегает к типичным метафорам, используемым в дискурсе любви как болезни, и отвергает эту литературную традицию с научной точки зрения:

> Вообще принято думать, что люди «чахнут», «вянут», «погибают» от разбитой любви, от неудовлетворенности их идеальных стремлений, «мучаются» угрызениями совести и т. п. Научное наблюдение убедительно опровергает влияние страданий высшего порядка на организмы или, иначе говоря, значение их в сумме ваших страданий[14].

Если раньше ученый ставил поэтам в заслугу то, что они уловили истинное значение любви, то теперь в своих нападках на любовную тоску и другие «нравственные страдания» он обвиняет писателей в создании и поддержании этой иллюзии и предупреждает свою аудиторию о ее опасных этических последствиях:

---

[13] Неврологический вестник. 1895. Т. 3. № 4. С. 3.

[14] Там же. С. 4. Следует отметить, что обращение Чижа к науке в этом отрывке выглядит в значительной степени риторическим: по сути, он не приводит никакого научного опровержения любовной тоски, кроме довольно туманных ссылок на «научное наблюдение». Научный аргумент ему явно нужен для того, чтобы более авторитетно подорвать концепции любви как болезни и других «нравственных страданий», которые неприемлемы для него, скорее, по идеологическим и моральным соображениям.

«Это заблуждение крайне вредно, потому что мы совсем позабыли ценить истинные страдания, благоговеть перед истинной добродетелью и поклоняемся „героям и героиням“, достойным презрения и негодования»[15]. Примечательно, что Чиж делает исключение только для «нашего гениального» Толстого — единственного, кто «вполне верно понял всю лживость поэтов и романистов»[16] (и который, как мы видели, новаторски проблематизировал любовь как болезнь в своем творчестве). Цитируя морализаторский трактат Толстого «Первая ступень» (1891), в котором писатель отвергает литературных героев — от Чайльд-Гарольда до героев Энтони Троллопа и Ги де Мопассана — как кучку паразитов, Чиж заключает, что просвещенная публика (и писатели) должны озаботиться великими страданиями настоящих героев — жителей деревни, то есть крестьян.

* * *

Однако русские писатели в большинстве своем не прислушались к рекомендации ученого отказаться от темы романтических страданий и обратиться исключительно к изображению социальных и моральных проблем. Напротив, метафизика Эроса становится преобладающей темой в модернистской литературе и философии. В основе «эротической утопии» русского модернизма, по лаконичному определению Ольги Матич, «лежало убеждение в том, что только любовь может преодолеть смерть и сделать тело бессмертным» — тезис, любопытно созвучный с превознесением Чижом любви как силы «сильнее смерти» [Матич 2008: 6]. Таким образом, в России конца века Эрос становится самостоятельным объектом философского изучения, а также главной категорией в идеях модернистов по метафизическому преобразованию жизни — в отличие от любви как болезни, которая традиционно служила скорее *литературным* приемом, поднимающим ряд философских вопросов, главным образом о взаимоотношении

---

15 Неврологический вестник. 1895. Т. 3. № 4. 1895. С. 8.

16 Там же.

тела и души. Более того, поскольку Эрос в русском модернизме понимался в основном не в физиологических, а в метафизических терминах, представители этого движения сосредоточились на преодолении или преобразовании тела и сексуальности как коллективном проекте, бросающем вызов смерти, а не на воздействии любви на тело и психику отдельного человека[17]. Симптоматично, что Матич рассматривает позднего Толстого, известного своими нападками на сексуальность и романтическую любовь, как переходную фигуру, протомодерниста, который положил начало созданию эротической утопии (и который, добавим, свел счеты с топосом любви как болезни в «Анне Карениной»). Хотя большинство русских писателей и философов рубежа веков не поддерживали идею Толстого о крайнем аскетизме и воздержании, их интенсивная озабоченность Эросом как метафизическим понятием и настойчивое стремление преобразить сексуальное желание, безусловно, привели к возвращению дуализма в концепции романтической любви.

Именно это «декадентское» дуалистическое видение любви приводит молодого героя повести Ивана Бунина «Митина любовь» (1924) к тому, что он чахнет и в конце концов кончает жизнь самоубийством[18]. Возлюбленная Мити Катя (которая, что примечательно, принадлежит к декадентскому артистическому миру, который Митя презирает) интерпретирует их отношения в соответствии с дуалистической моделью. «Ты любишь только мое тело, а не душу!» — упрекает она Митю, и эти слова кажутся ему «избитыми» (старинный дуализм «платонической» любви в противоположность физической любви — общее место в декадентском дискурсе) [Бунин 2006, 4: 388][19]. Проблема начинает мучить героя, который обнаруживает, что его чувства к Кате не уклады-

[17] См. занимательный и подробный анализ теорий и проектов конкретных модернистских писателей и философов в [Матич 2008].

[18] Я благодарна Ирене Делик за то, что она обратила мое внимание на актуальность этой работы.

[19] В качестве примера дуалистического подхода модернистов к любви см. анализ отношений Зинаиды Гиппиус и Николая Минского, изложенный в [Матич 2008].

ваются в общепринятую, строго дуалистическую схему: «В книгах и в жизни все как будто раз и навсегда условились говорить или только о какой-то почти бесплотной любви, или только о том, что называется страстью, чувственностью. Его же любовь была не похожа ни на то, ни на другое» [там же: 389]. Эта внутренняя борьба сказывается на здоровье героя так, что интерпретируется посторонними в соответствии с литературной традицией: «Ты стал так худ, что мама убеждена, что у тебя чахотка», — замечает Катя, и влюбленные решают временно расстаться [там же: 390]. В своей сельской усадьбе Митя продолжает тосковать по Кате и терзаться сексуальными желаниями, пока деревенский староста не устраивает для своего хозяина интимную встречу с молодой крестьянкой. Но вместо того чтобы «излечить» юношу от сжигающего его эротического вожделения, этот опыт оказывается глубоким разочарованием: манящая тайна сексуального акта с женщиной быстро рассеивается, поскольку крестьянка ведет себя подчеркнуто деловито и даже берет деньги за свои услуги. Наконец, когда вскоре после этого случая приходит письмо от Кати с сообщением о ее неверности и их разрыве, Митя кончает жизнь самоубийством. Интересно, что поводом для самоубийства становится не столько письмо Кати, сколько последовавший за ним кошмар Мити, в котором присутствует сексуальный акт. Не отвергнутая любовь, а «чудовищная противоестественность человеческого соития» [там же: 431] делает жизнь героя невыносимой. Таким образом, в «декадентском» варианте любви как болезни причиной страданий — как душевных, так и физических — влюбленного становится плотский, сексуальный аспект любви как таковой, а вовсе не безответная страсть.

Следует добавить, что переживания Мити имеют ярко выраженный фрейдистский элемент: он вспоминает детское сексуальное влечение к своей молодой няне, образ которой также преследует его во снах незадолго до самоубийства. В этой связи можно заметить, что теория Фрейда об истерии как соматическом проявлении подавленного сексуального желания явно построена на парадигме любви как болезни (и, более того, его процедуру диагностики можно рассматривать как укорененную в психологической модели топоса). Однако терапевтический метод Фрейда, в котором особое внимание уделяется воспоминаниям и возвращению в прошлое, полностью противоположен традиции любовной болезни, где лечение, напротив, предполагает забвение и удаление от места, в котором произошла травма, — отсюда и «неизбежный совет ехать на воды». Разница, конечно, обусловлена тем, что Фрейд помещает сексуальное желание в подсознание, в то время как в классической традиции любви как болезни (за исключением некоторых более сложных случаев, как у Герцена или Толстого) проблема осознания своих чувств страдающим от любви субъектом никогда не ставилась. Состояние влюбленных героев обычно становилось серьезным испытанием для непосвященного диагноста или наблюдателя, но не для самих пациентов. Таким образом, Фрейд интернализирует конфликт между знающими и неосведомленными участниками диагностики любви, проводя эту границу также внутри пациента (заметим, что на картине Опи конфликт, напротив, представлен как чисто внешний: состояние девушки аллегорически воплощается в фигуре Купидона). Кроме того, с развитием психоанализа дуалистическую модель «тело — душа» сменила более сложная, тройственная структура личности, что неизбежно делает канонизированную парадигму любви как болезни менее продуктивной[20].

Итак, на рубеже веков классический вариант топоса любви как болезни теряет свою актуальность отчасти из-за смещения в модернистской культуре акцента с романтической любви, взаимодействия души и тела и борьбы между позитивизмом и идеализмом на бессознательное, Эрос и сексуальность как таковую[21].

---

[20] О восприятии работ Фрейда в России и возникновении русской школы психоанализа см. в [Miller 1998: esp. chap. 2].

[21] В то же самое время необходимо признать преемственность между позитивистами 1860-х годов и модернистами fin de siècle, несмотря на показное неприятие последними позитивистского подхода. О. Матич в своей книге «Эротическая утопия» [Матич 2008] говорит именно об этом, приводя в качестве примера эксперименты З. Н. Гиппиус с гендерными ролями по образцу героев Чернышевского и разнородность интеллектуальных и духовных традиций (позитивизм, православие и оккультизм), формировавших взгляды В. С. Соловьева.

Более того, появляются другие медицинские тропы, такие как вырождение, отравленная кровь и венерические болезни, которые сильнее резонируют с модернизмом и нарастающими апокалиптическими настроениями в дореволюционной России[22]. Однако, как мы видели, страдания, связанные с несостоявшейся любовью или сексуальным желанием, продолжают оставаться предметом русской литературы, а также интересом как русской, так и западной психиатрии и физиологии — даже если они часто оказывались связаны с другим набором проблем. Любовь как болезнь остается действенным тропом в модернистской поэзии, где, опять же, она претерпевает значительную трансформацию.

Поэма Владимира Маяковского «Облако в штанах» (1915), например, обновляет клише любовной болезни не только тем, что в позитивистском ключе фокусируется на физиологическом механизме топоса, но и тем, что превращает его в развернутую городскую метафору в сочетании с тропом вырождения / венерической болезни. В этом стихотворении эмоции влюбленного, ожидающего свою возлюбленную, передаются через антропоморфный образ нервов, которые спрыгивают «как больной с кровати» и начинают отбивать бешеную чечетку [Маяковский 1955–1961, 1: 177–178]. Затем лирический герой как бы возвращается к традиционной метафоре любовного огня, а также к псевдомедицинскому клише любовной горячки, когда восклицает: «Мама! / Ваш сын прекрасно болен! / Мама! / У него пожар сердца» [там же: 179–180]. Однако выбор слова «пожар» позволяет поэту преобразовать классический троп в остросовременную метафору. Сердце лирического героя — «горящее здание» — тут же превращается в бордель, после того как «каждое слово, / даже шутка, / которые изрыгает обгорающим ртом он, / выбрасывается, как голая проститутка / из горящего публичного дома» [там же: 180]. Образ проститутки косвенно вводит актуальные для эпохи тропы венерических заболеваний и, как следствие, —

[22] О тропах вырождения и отравленной крови см. в [Матич 2008]. Анализ теорий вырождения и их актуальности для Чехова см. в [Finke 2005: chap. 3]. См. также фундаментальное исследование [Николози 2019].

вырождения. Далее следует драматическая городская сцена, описывающая пожарных, которые взбираются на здание (фактически на сердце влюбленного) в тщетной попытке потушить огонь. Сам герой, кроме того, пытается спастись от огня и выпрыгнуть из здания, что, конечно, ему не удается, поскольку он понимает, что «Не выскочишь из [собственного] сердца!» [там же]. Смешение физиологической и медицинской традиций любви как болезни с городскими образами модернизма оборачивается впечатляющей картиной болезненной интернализации городского опыта субъектом начала XX века.

В советский период, что вполне предсказуемо, мы не находим запоминающихся примеров использования топоса любви как болезни («Митина Любовь» Бунина была написана после эмиграции писателя во Францию)[23]. Советская литература с ее акцентом, в основной массе, на социальных и идеологических проблемах и с особым вниманием к низшим классам не оставляла места для исследования физических страданий и любовных терзаний хрупких дам и чувствительных юношей[24]. Строго материалистическая трактовка человека, канонизированная советской идеологией, сделала вопросы взаимодействия тела и души неактуальными.

В постсоветской российской прозе, однако, происходит любопытное возрождение медикализированной версии топоса. В романе Людмилы Улицкой «Медея и ее дети» (1996) изображена молодая поэтесса Маша, склонная к загадочным аллергическим реакциям на, казалось бы, невинные повседневные тактильные контакты (например, прикосновение к медной раковине). Когда такая реакция, сопровождаемая высокой температурой, возникает после прикосновения молодого человека, героиня понимает, что «она влюбилась». Это интенсивное физическое выражение внутренних чувств Маши находится в полной гармонии с ее

---

[23] Роман Евгения Замятина «Мы» (1920), в котором этот топос играет заметную роль, был опубликован на русском языке за границей в 1952 году, а в Советском Союзе — только в 1988-м.

[24] Значимость эмоций в литературе раннего советского периода отстаивается обычно представителями «старого мира», как, например, Иваном Бабичевым в романе Юрия Олеши «Зависть» (1927).

подчеркнуто монистическим видением любви, выраженным в одном из ее стихотворений: «Любовь — работа духа, все ж тела в работе этой не без соучастья. <...> Для градусов духовного тепла и жара белого телесной страсти — одна шкала» [Улицкая 2003: 215].

Улицкая (биолог по образованию) возрождает топос любви как болезни на рубеже веков, чтобы еще раз предложить существование глубокой связи между телесной и духовной сферами. Однако в ее романе физиологическая реакция героини на романтическое увлечение не до конца становится частью «реалистического», миметического слоя произведения, как это часто бывало в традиции XIX века. Это, скорее, один из нескольких мотивов, которые, напротив, усиливают общий тон «магического реализма» в произведении и выделяют героиню как существо, стоящее на границе двух миров — «нормального» физического и мира видений, поэтического вдохновения и безумия (области, взаимосвязь которых писательница пытается подчеркнуть в этом и других своих произведениях). И все же ее случай любви как болезни вписан в привычную парадигму, что подчеркивает культурное происхождение персонажа. Действие романа «Медея и ее дети» происходит в Крыму 1970-х годов, но, как следует из названия, он наполнен аллюзиями на греческую мифологию и литературу. Прототипом Маши — страстной любовницы и поэтессы, которая в конце концов кончает жизнь самоубийством, выпрыгнув из окна (хоть и не со скалы), — явно служит Сапфо, с которой мы начали нашу медицинскую и литературную историю любовного недуга. Таким образом, традиция продолжает жить, постоянно отсылая к себе самой, даже если при этом меняется ее форма и траектория. В этой книге была предпринята попытка осмыслить эту традицию в период ее господства в русском литературном воображении.

Библиография

Античная лирика 1968 — Античная лирика. Переводы с древнегреческого и латинского / сост. и примеч. С. Апта и Ю. Шульца. М.: Худож. лит-ра, 1968.

Куракин 1890–1902 — Архив князя Ф. А. Куракина 1890–1902: в 10 т. / изд. под ред. М. И. Семеновского. СПб.: Тип. В. С. Балашева, 1890–1902.

Бабаев 1975 — Бабаев Е. Г. Роман и время: «Анна Каренина» Л. Н. Толстого: [к 100-летию романа]. Тула: Приокское книж. изд-во, 1975.

Багно 1985 — Багно В. Е. Договор человека с дьяволом в «Повести о Савве Грудцыне» и европейской литературной традиции // Труды отдела древнерусской литературы. 1985. Т. 40. С. 364–372.

Бальзак 1960 — Бальзак О. де. Собр. соч.: в 24 т. М.: Правда, 1960.

Баратынский 1982 — Баратынский Е. А. Стихотворения. Поэмы / изд. подг. Л. Г. Фризман. М.: Наука, 1982 («Литературные памятники»).

Белинский 1953–1959 — Белинский В. Г. Полн. собр. соч.: в 13 т. М.: Изд-во Акад. наук СССР, 1953–1959.

Бернар 2010 — Бернар К. Введение к изучению опытной медицины / пер. с фр. и предисл. Н. Н. Страхова. Изд. 2-е. М.: USSR; КРАСАНД, 2010.

Богданович 1929 — Богданович Т. А. Любовь людей шестидесятых годов. Л.: Academia, 1929.

Бунин 2006 — Бунин И. А. Полн. собр. соч.: в 13 т. М.: Воскресенье, 2006.

Вайль, Генис 2022 — Вайль П. Л., Генис А. А. Родная речь: уроки изящной словесности. М.: Corpus, 2022.

Виницкий 1995 — Виницкий И. Ю. Русская «меланхолическая школа» конца XVIII — начала XIX веков и В. А. Жуковский: дисс. ... к.ф.н. М.: МГПУ, 1995.

Виницкий 1997 — Виницкий И. Ю. Утехи меланхолии // Ученые записки Московского культурологического лицея № 1310. 1997. Вып. 2.

Виноградов 1982 — Виноградов В. В. Очерки по истории русского литературного языка XVII–XIX веков. Изд. 3-е. М.: Высшая школа, 1982.

Геккер и др. 1984 — Указатель источников Картотеки Словаря русского языка XI–XVII вв. в порядке алфавита сокращенных обозначений / сост. С. Ф. Геккер и др. М.: Наука, 1984.

Гелиодор 1965 — Гелиодор. Эфиопика / ред. перевода, вступ. ст. и комм. А. Егунова. М.: Худож. лит-ра, 1965.

Герцен 1954–1966 — Герцен А. И. Собр. соч.: в 30 т. М.: Изд-во Акад. наук СССР, 1954–1966.

Гёте 2001 — Гёте И. В. Страдания юного Вертера / изд. подг. Г. В. Стадников. СПб.: Наука, 2001 («Литературные памятники»).

Гинзбург 1963 — Гинзбург Л. Я. Герцен и вопросы эстетики его времени (статья «Дилетанты-романтики») // Проблемы изучения Герцена: [Сб.] / под ред. Ю. Г. Оксмана. М.: Изд-во Акад. наук СССР, 1963. С. 122–146.

Гинзбург 1982 — Гинзбург Л. Я. Белинский в борьбе с запоздалым романтизмом // Гинзбург Л. Я. О старом и новом: статьи и очерки. Л.: Советский писатель (Ленингр. отд-ние), 1982. С. 229–244.

Гиппократ 1936–1944 — Гиппократ. Избранные произведения. Соч.: в 3 т. / пер. с греч. В. И. Руднева, ред., вступ. ст. и прим. В. П. Карпова. М.; Л.: Гос. изд-во биол. и мед. лит-ры, 1936–1944.

Гончаров 1997 — Гончаров И. А. Полн. собр. соч.: в 20 т. СПб.: Наука, 1997.

Григорьев 1967 — Григорьев А. А. Литературная критика / сост., вступ. ст. и прим. Б. Ф. Егорова. М.: Худож. лит-ра, 1967.

Гуковский 1999 — Гуковский Г. А. Русская литература XVIII века: Учебник. М.: Аспект Пресс, 1999.

Густафсон 2003 — Густафсон Р. Ф. Обитатель и чужак: теология и художественное творчество Льва Толстого / пер. с англ. Т. Бузиной. СПб.: Академ. проект, 2003.

Даль 1880–1882 — Толковый словарь живого великорусского языка Владимира Даля: [В 4 т.]. 2-е изд. СПб.; М.: Изд. М. О. Вольфа, 1880–1882.

Данилевский 1984 — Данилевский Р. Ю. Россия и Швейцария: Литературные связи XVIII–XIX вв. Л.: Наука (Ленингр. отд-ние), 1984.

Данилов 1842 — Данилов М. В. Записки артиллерии майора Михаила Васильевича Данилова, написанные им в 1771 году. М.: Тип. С. Селивановского, 1842.

Демкова и др. 1970 — Демкова Н. С., Лихачев Д. С., Панченко А. М. Основные направления в беллетристике XVII века // Истоки русской беллетристики. Возникновение жанров сюжетного повествования в древнерусской литературе / отв. ред. Я. С. Лурье. Л.: Наука (Ленингр. отд-ние), 1970. С. 476–561.

Зак 1903 — Зак Л. С. Чернышевский // Энциклопедический словарь Брокгауза-Эфрона. СПб.: Тип. Акц. Общ. Брокгауз — Эфрон, 1903. Т. XXXVIIIa. С. 672–686.

Ибн Сина 1979–1982 — Ибн Сина Абу Али (Авиценна). Канон врачебной науки: [в 5 кн]. Ташкент: Изд-во «Фан» Узбекской ССР, 1979–1982.

Кавелин 1897–1900 — Кавелин К. Д. Собр. соч.: в 4 т. СПб.: Тип. М. М. Стасюлевича, 1897–1900.

Каганов 1948 — Каганов В. М. Мировоззрение И. М. Сеченова. М.: Госполитиздат, 1948.

Карамзин 1982 — Карамзин Н. М. Избранные статьи и письма. М.: Современник, 1982.

Карамзин 1984 — Карамзин Н. М. Письма русского путешественника / изд. подг. Ю. М. Лотман, Н. А. Марченко, Б. А. Успенский. Л.: Наука (Ленингр. отд-ние), 1984 («Литературные памятники»).

Катаев 1979 — Катаев В. Б. Проза Чехова: проблемы интерпретации. М.: Изд-во МГУ, 1979.

Кафанова 1979 — Кафанова О. Б. Н. М. Карамзин — переводчик Мармонтеля // Проблемы метода и жанра. 1979. Вып. 6. С. 157–176.

Кафанова 1989 — Кафанова О. Б. Библиография переводов Карамзина (1783–1800 гг.) // XVIII век. Сб. 16. Л.: Наука (Ленингр. отд-ние), 1989. С. 319–337.

Китс 2011 — Китс Дж. Письма 1815–1820 / изд. подг. Н. Я. Дьяконова, С. Л. Сухарев. СПб.: Наука, 2011 («Литературные памятники»).

Кочеткова 1994 — Кочеткова Н. Д. Литература русского сентиментализма. СПб.: Наука, 1994.

Коштоянц 1946 — Коштоянц Х. С. Очерки по истории физиологии в России. М.; Л.: Изд-во Акад. наук СССР, 1946.

Краснощекова 1996 — Краснощекова Е. А. «Два характера» («Чувствительный и холодный» Н. М. Карамзина и «Обыкновенная история» И. А. Гончарова) // Карамзинский сборник. Творчество Н. М. Карамзина и историко-литературный процесс: Сб. статей. Ульяновск: Ульяновский гос. ун-т, 1996. С. 66–74.

Краснощекова 1997 — Краснощекова Е. А. Иван Александрович Гончаров: мир творчества. СПб.: Пушкинский фонд, 1997.

Кулешов 1965 — Кулешов В. И. Натуральная школа в русской литературе XIX века. М.: Просвещение, 1965.

Лермонтов 1979–1981 — Лермонтов М. Ю. Собр. соч.: в 4 т. / отв. ред. В. А. Мануйлов, В. Э. Вацуро, Т. П. Голованова и др. Л.: Наука (Ленингр. отд-ние), 1979–1981.

Лотман 1992 — Лотман Ю. М. «Езда в остров любви» Тредиаковского и функция переводной литературы в русской культуре первой половины XVIII века // Избранные статьи: В 3 т. Таллинн: Александра, 1992. Т. 2. С. 22–28.

Майков 1891 — Майков В. Критические опыты. СПб.: Изд. журн. «Пантеон литературы», 1891.

Макогоненко 1949 — Макогоненко Г. П. А. Н. Радищев: очерк жизни и творчества. М.: Гослитиздат, 1949.

Малиа 2010 — Малиа М. Александр Герцен и происхождение русского социализма, 1812–1855 / пер. с англ. А. Павлова и Д. Узланера. М.: Территория будущего, 2010.

Манн 1969 — Манн Ю. В. Философия и поэтика «натуральной школы» // Проблемы типологии русского реализма / под ред. Н. Л. Степанова и У. Р. Фохта. М.: Наука, 1969. С. 241–305.

Манн 1995 — Манн Ю. В. Динамика русского романтизма: пособие для учителей лит-ры, студентов-филологов и преподавателей гуманит. вузов. М.: Аспект Пресс, 1995.

Маркович 1982 — Маркович В. М. О роли диалогического конфликта в романе Герцена «Кто виноват?» // Маркович В. М. И. С. Тургенев и русский реалистический роман XIX века (30–50-е годы). Л.: Изд-во ЛГУ, 1982. С. 66–78.

Мартинсен 2011 — Мартинсен Д. Настигнутые стыдом: [исследование проблемы стыда в романах Ф. М. Достоевского «Идиот», «Бесы», «Братья Карамазовы»]. М.: РГГУ, 2011.

Масанов 1956 — Масанов И. Ф. Словарь псевдонимов русских писателей, ученых и общественных деятелей: в 4 т. / подг. к печати Ю. И. Масанова, ред. Б. П. Козьмин. М.: Изд-во Всесоюз. кн. палаты, 1956–1960.

Матич 2008 — Матич О. Эротическая утопия: новое религиозное сознание и fin de siècle в России / пер. с англ. Е. Островской. М.: Новое литературное обозрение, 2008.

Маяковский 1955–1961 — Маяковский В. В. Полн. собр. соч.: в 13 т. М.: Гос. изд-во худож. лит-ры, 1955–1961.

Меве 1989 — Меве Е. Б. Медицина в творчестве и жизни А. П. Чехова. Киев: Здоровья, 1989.

Меркулов 1981 — Меркулов В. Л. Альбрехт Галлер (1708–1777). Л.: Наука (Ленингр. отд-ние), 1981.

Мирский 1995 — Мирский М. Б. Очерки истории медицины в России, XVI–XVIII вв. Владикавказ: Реклам.-изд. агентство М-ва печати и информ. РСО-А, 1995.

Михайлов 1903 — Михайлов М. Л. Женщины: Их воспитание и значение в семье и обществе; Женщины в университете; Джон Стюарт Милль об эмансипации женщин; Уважение к женщинам. Воспоминания о Михайлове Н. В. и Л. П. Шелгуновых. СПб.: П. А. Картавов, 1903.

Мишле 1997 — Мишле Ж. Ведьма. Женщина / вступ. ст., подгот. текста В. Сапова. М.: Республика, 1997.

Монтень 1979 — Монтень М. Опыты: в 3 кн. / изд. подг. А. С. Бобович. Ф. А. Коган-Бернштейн, Н. Я. Рыкова, А. А. Смирнов. 2-е изд. М.: Наука, 1979 («Литературные памятники»).

Наумова 1978 — Наумова Н. Н. Роман Н. Г. Чернышевского «Что делать?». Л.: Худож. лит-ра (Ленингр. отд-ние), 1978.

Николози 2019 — Николози Р. Вырождение: литература и психиатрия в русской культуре конца XIX века / авториз. пер. с нем. Н. Ставрогиной. М.: Новое литературное обозрение, 2019.

О возвышенном 1966 — О возвышенном / пер., статьи и примеч. Н. А. Чистяковой. М.; Л.: Наука, 1966 («Литературные памятники»).

Овидий 1973 — Публий Овидий Назон. Элегии и малые поэмы / пер. с лат., сост. и предисл. М. Л. Гаспарова; коммент. и ред. переводов М. Л. Гаспарова и С. А. Ошерова. М.: Худож. лит-ра, 1973.

Одоевский 1975 — Одоевский В. Ф. Русские ночи / изд. подг. Б. Ф. Егоров, Е. А. Маймин, М. И. Медовой. Л.: Наука (Ленингр. отд-ние), 1975 («Литературные памятники»).

Отрадин 1994 — Отрадин М. В. Проза И. А. Гончарова в литературном контексте. СПб.: Издание С.-Петербургского ун-та, 1994.

Панченко 1973 — Панченко А. М. Русская стихотворная культура XVII века. Л.: Наука (Ленингр. отд-ние), 1973.

Паперно 1996 — Паперно И. А. Семиотика поведения: Николай Чернышевский — человек эпохи реализма. М.: Новое литературное обозрение, 1996.

Паперно 1999 — Паперно И. А. Самоубийство как культурный институт. М.: Новое литературное обозрение, 1999.

Песков 1989 — Песков А. М. Буало в русской литературе XVIII — первой трети XIX века. М.: Изд-во МГУ, 1989.

Петрарка 1996 — Петрарка Ф. Стихи. Сонеты. Размышления / сост. О. Дорофеев. М.: Рипол Классик, 1996.

Писарев 1981 — Писарев Д. И. Литературная критика: в 3 т. Л.: Худож. лит-ра (Ленингр. отд-ние), 1981.

Письма русских писателей 1980 — Письма русских писателей XVIII века / отв. ред. Г. П. Макогоненко. Л.: Наука (Ленингр. отд-ние), 1980.

Платон 1993–1994 — Платон. Собр. соч.: в 4 т. / общ. ред. А. Ф. Лосева, В. Ф. Асмуса, А. А. Тахо-Годи. М.: Мысль, 1993–1994.

Плутарх 1961–1964 — Плутарх. Сравнительные жизнеописания: в 3 т. / изд. подг. С. П. Маркиш. М.: Наука, 1961–1964.

ППaccording — Приятное и полезное препровождение времени, журнал (1794–1798).

Пресняков 1990 — Пресняков А. Е. Российские самодержцы / сост., автор предисл. и прилож. А. Ф. Смирнов. М.: Книга, 1990.

Путинцев 1953 — А. И. Герцен в русской критике: сб. статей / введ. и прим. В. А. Путинцева. М.: Гос. изд-во худож. лит-ры, 1953.

Пушкин 1977–1979 — Пушкин А. С. Полн. собр. соч.: в 10 т. 4-е изд. Л.: Наука (Ленингр. отд-ние), 1977–1979.

Радищев 1938–1952 — Радищев А. Н. Полн. собр. соч.: [в 3 т.]. М.; Л.: Изд-во Акад. наук СССР, 1938–1952.

Русская повесть XVII века 1954 — Русская повесть XVII века / сост. М. О. Скрипиль, ред. И. П. Еремин. М.: ГИХЛ, 1954.

Русская романтическая повесть 1980 — Русская романтическая повесть / сост., вступ. ст. и прим. В. И. Сахарова. М.: Сов. Россия, 1980.

Русская сентиментальная повесть 1979 — Русская сентиментальная повесть / сост., общ. ред., вступ. ст. и комм. П. А. Орлова. М.: Изд-во Моск. ун-та, 1979.

Русские повести первой трети XVIII века 1965 — Русские повести первой трети XVIII века / исслед. и подг. текстов Г. Н. Моисеевой. М.; Л.: Наука, 1965.

Руссо 1968 — Руссо Ж.-Ж. Юлия, или Новая Элоиза / вступ. ст. И. Верцмана, пер. Н. Немчиновой и А. Худадовой, под ред. В. Дынник и Л. Пинского. М.: Худож. лит-ра, 1968 («Библиотека всемирной литературы»).

Сапченко 1996 — Сапченко Л. А. «Чувствительный и холодный» Н. М. Карамзина и типология «двух характеров» в русской литературе первой половины XIX века // Карамзинский сборник. Творчество Н. М. Карамзина и историко-литературный процесс: Сб. статей. Ульяновск: Ульяновский гос. ун-т, 1996. С. 93–101.

Серман 1973 — Серман И. З. Русский классицизм. Поэзия. Драма. Сатира. Л.: Наука (Ленингр. отд-ние), 1973.

Сеченов 1945 — Сеченов И. М. Автобиографические записки Ивана Михайловича Сеченова. М.: Изд-во Акад. наук СССР, 1945.

Сеченов 1952–1956 — Сеченов И. М. Избр. произведения: [в 2 т.] / ред. и послесл. Х. С. Коштоянца; прим. С. Г. Геллерштейна. Изд-во Акад. наук СССР, 1952–1956.

Сироткина 2009 — Сироткина И. Е. Классики и психиатры: психиатрия в российской культуре конца XIX — начала XX века / пер. с англ. М.: Новое литературное обозрение, 2009.

Словарь Академии Российской 1806–1822 — Словарь Академии Российской по азбучному порядку расположенный. 2-е изд. СПб.: При Императорской Российской Академии, 1806–1822.

Словарь русского языка XI–XVII вв. 1975–2015 — Словарь русского языка XI–XVII вв.: в 30 т. М.: Наука, 1975–2015.

Смайлс 2000 — Смайлс С. Саморазвитие: умственное, нравственное и практическое / пер. с англ. В. Волфсона. Минск: Універсітэцкае, 2000.

Соболь 2020 — Соболь В. Рефлексы любви: теория И. М. Сеченова и любовные нарративы русского реализма // Русский реализм XIX века. Общество, знание, повествование: сб. статей / под ред. М. Вайсман, А. Вдовина, И. Клигера и др. М.: Новое литературное обозрение, 2020. С. 452–475.

Сонтаг 2016 — Сонтаг С. Болезнь как метафора / [пер. М. Дадян, А. Соколинская]. М.: Ад Маргинем Пресс, 2016.

Сорокин 1984–1991 — Словарь русского языка XVIII века: в 6 т. / гл. ред. Ю. С. Сорокин. Л.: Наука (Ленингр. отд-ние), 1984–1991.

СПВВ — Санкт-Петербургские врачебные ведомости, журнал (1792–1794).

Срезневский 1895–1912 — Срезневский И. И. Материалы для словаря древнерусского языка по письменным памятникам: в 3 т. СПб., 1890–1912.

Стайтс 2004 — Стайтс Р. Женское освободительное движение: феминизм, нигилизм и большевизм, 1860–1930 / пер. с англ. И. А. Школьникова, О. В. Шныровой. М.: РОССПЭН, 2004.

Сумароков 1935 — Сумароков А. С. Стихотворения / под ред. А. С. Орлова. Л.: Сов. писатель, 1935 («Библиотека поэта»).

Терехов 1956 — Иван Михайлович Сеченов: Неопубликованные работы, переписка и документы: Сб. / сост. П. Г. Терехов. М.: Изд-во АН СССР, 1956.

Толстая 1928 — Толстая С. А. Дневники Софьи Андреевны Толстой. 1860–1891 / ред. С. Л. Толстого; прим. С. Л. Толстого и Г. А. Волкова; предисл. М. А. Цявловского. М.: Изд. М. и С. Сабашниковых, 1928.

Толстой 1928–1958 — Толстой Л. Н. Полн. собр. соч.: в 90 т. М.: Худож. лит-ра, 1928–1958.

Тредиаковский 1849 — Тредиаковский В. К. Соч.: в 3 т. СПб.: Тип. Военно-Учебных Заведений, 1849.

Тредиаковский 1963 — Тредиаковский В. К. Избранные произведения / вступ. ст. и подг. текста Л. И. Тимофеева, примеч. Я. М. Строчкова. М.; Л.: Советский писатель, 1963 («Библиотека поэта. Большая серия»).

Тургенев 1978–2018 — Тургенев И. С. Полн. собр. соч. и писем: в 30 т. М.: Наука, 1978–2018.

Улицкая 2003 — Улицкая Л. Медея и ее дети. М.: Эксмо, 2003.

Усманов 1985 — Усманов Л. Д. Роман Л. Н. Толстого «Анна Каренина» и научные споры 60–70-х годов XIX века // Русская литература. 1985. № 3. С. 104–117.

Уткина 1971 — Уткина Н. Ф. Естественнонаучный материализм в России XVIII века. М.: Наука, 1971.

Уткина 1975 — Уткина Н. Ф. Позитивизм, антропологический материализм и наука в России (Вторая половина XIX века). М.: Наука, 1975.

Ушаков 1935 — Толковый словарь русского языка: [В 4 т.] / под ред. Д. Н. Ушакова. М.: ОГИЗ, 1935. Т. 1.

Флобер 1994 — Флобер Г. Мадам Бовари. Провинциальные драмы. Нижний Новгород: ДЕКОМ, 1994.

Фрейд 1989 — Фрейд З. Психология бессознательного: Сб. произведений / сост., науч. ред., вступ. ст. М. Г. Ярошевского. М.: Просвещение, 1989.

Фрейд 2005 — Фрейд З. Собр. соч.: в 26 т. СПб.: Восточно-европейский институт психоанализа, 2005.

Фуко 2010 — Фуко М. Рождение клиники / пер. с франц. А. Ш. Тхостова. М.: Академический проект, 2010.

Хестанов 2001 — Хестанов Р. Александр Герцен: импровизация против доктрины. М.: Дом интеллектуальных книг, 2001.

Цейтлин 1965 — Цейтлин А. Г. Становление реализма в русской литературе (русский физиологический очерк). М.: Наука, 1965.

Чернышевская 1953 — Чернышевская Н. М. Летопись жизни и деятельности Н. Г. Чернышевского. М.: Гослитиздат, 1953.

Чернышевский 1939–1953 — Чернышевский Н. Г. Полн. собр. соч.: в 15 т. М.: Худож. лит-ра, 1939–1953.

Чехов 1974–1983 — Чехов А. П. Полн. собр. соч. и писем: в 30 томах. М.: Наука, 1974–1983.

Цитович 1879 — Цитович П. П. Что делали в романе «Что делать?». Одесса: Изд. книгопродавца Распопова, 1879.

Шкловский 1983 — Шкловский В. Б. Искусство как прием // Шкловский В. Б. О теории прозы. М.: Сов. писатель, 1983. С. 7–23.

Щербатов 1896–1898 — Щербатов М. М. Соч.: в 2 т. СПб., 1896–1898.

Эйхенбаум 1960 — Эйхенбаум Б. М. Лев Толстой: семидесятые годы. Л.: Сов. писатель, 1960.

Эльсберг 1956 — Эльсберг Я. Е. Герцен: Жизнь и творчество. М.: Гос. изд-во худож. лит-ры, 1956.

Эмин 1763 — Эмин Ф. А. Приключения Фемистокла и разныя политическия, гражданския, философическия, физическия и военныя его с сыном своим разговоры; постоянная жизнь и жестокость фортуны его гоняще. СПб.: [тип. Сухопут. кадет. корпуса], 1763.

Юркевич 1990 — Юркевич П. Д. Философские произведения / сост. и под. текста А. И. Абрамова и И. В. Борисовой; вступ. ст. и прим. А. И. Абрамова. М.: Правда, 1990.

Abrams 1971 — Abrams M. H. Natural Supernaturalism: Tradition and Revolution in Romantic Literature. New York: Norton, 1971.

Adamson, Clark 1999 — Scenes of Shame: Psychoanalysis, Shame, and Writing / ed. J. Adamson and H. Clark. Albany: State University of New York Press, 1999.

Baasner 1988 — Baasner F. Der Begriff «sensibilité» im 18. Jahrhundert: Aufstieg und Niedergang eines Ideals. Heidelberg: Carl Winter, 1988.

Boileau-Despréaux 1942–1966 — Boileau-Despréaux N. Oeuvres complètes: 7 vols. Paris: Société les Belles Lettres, 1942–1966.

Brachet 1847 — Brachet J.-L. Traité de l'hystérie. Paris, 1847.

Brundage 1993a — Brundage J. A. «Alas! That Evere Love Was Synne»: Sex and Medieval Canon Law // Sex, Law and Marriage in the Middle Ages. Hampshire, U.K.: Variorum, 1993. P. 1–13.

Brundage 1993b — Brundage J. A. Carnal Delight: Canonistic Theories of Sexuality // Sex, Law and Marriage in the Middle Ages. Hampshire, U.K.: Variorum, 1993. P. 361–385.

Burton 2001 — Burton R. The Anatomy of Melancholy / ed. and with an introduct. by H. Jackson; new introduct. by W. H. Gass. New York: New York Review Books, 2001 (Бертон Р. Анатомия меланхолии / пер., ст. и комм. А. Г. Ингера. М.: Прогресс-Традиция, 2005).

Byford 2003 — Byford A. The Politics of Science and Literature in French and Russian Criticism of the 1860s // Symposium: A Quarterly Journal in Modern Literatures. 2003. Vol. 56. Iss. 4. P. 210–230.

Ciavolella 1976 — Ciavolella M. La «Malattia d'Amore» dall'Antichita al Medioevo. Rome: Bulzoni Editore, 1976.

Ciavolella 1979 — Ciavolella M. Mediaeval Medicine and Arcite's Love Sickness // Florilegium: Papers on Late Antiquity and the Middle Ages. 1979. Vol. 1. P. 222–241.

Clarke 1968 — Clarke E. The Doctrine of the Hollow Nerve in the Seventeenth and Eighteenth Centuries // Medicine, Science and Culture: Historical Essays in Honor of Owsei Temkin / ed. L. G. Stevenson and R. P. Multhauf. Baltimore: Johns Hopkins University Press, 1968. P. 123–141.

Dictionnaire de médecine 1824 — Dictionnaire de médecine. Paris: Béchet jeune, 1824

Dronke 1965–1966 — Dronke P. Medieval Latin and the Rise of European Love-Lyric: in 2 vols. London: Oxford University Press, 1965–66.

Drozd 2001 — Drozd A. Chernyshevskii's «What Is to Be Done?». A Reevaluation. Evanston, Ill.: Northwestern University Press, 2001.

Duffin 2000 — Duffin J. History of Medicine: A Scandalously Short Introduction. Toronto: University of Toronto Press, 2000.

Ehre 1973 — Ehre M. Oblomov and His Creator: The Life and Art of Ivan Goncharov. Princeton, N.J.: Princeton University Press, 1973.

Eidelman 1994 — Eidelman D. George Sand and the Nineteenth-Century Russian Love-Triangle Novels. Lewisburg, Pa.: Bucknell University Press, 1994.

Figlio 1975 — Figlio K. M. Theories of Perception and the Physiology of Mind in the Late Eighteenth Century // History of Science. 1975. Vol. 13. Iss. 3. P. 177–212.

Finke 2005 — Finke M. C. Seeing Chekhov: Life and Art. Ithaca, N.Y.: Cornell University Press, 2005.

Flaubert 2001 — Flaubert G. Madame Bovary. Paris: Gallimard, 2001.

French 1969 — French R. K. Robert Whytt, the Soul, and Medicine. London: Wellcome Institute of the History of Medicine, 1969.

French 1990 — French R. K. Sickness and the Soul: Stahl, Hoffmann and Sauvages on Pathology // The Medical Enlightenment of the Eighteenth Century / ed. A. Cunningham and R. French. Cambridge: Cambridge University Press, 1990. P. 88–110.

Gardiner et al. 1937 — Gardiner H. N., Metcalf R. C. and Beebe-Center J. G. Feeling and Emotion: A History of Theories. New York: American Book Co., 1937.

Goncharov 1894 — Goncharov I. A. A Common Story / trans. C. Garnett. New York: P. F. Collier, 1894.

Goncharov 1994 — Goncharov I. A. An Ordinary Story, Including the Stage Adaptation of the Novel by Viktor Rozov / trans. and ed. M. L. Hoover. Ann Arbor, Mich.: Ardis, 1994.

Grenier 1995 — Grenier S. Herzen's Who Is to Blame? The Rhetoric of the New Morality // Slavic and East European Journal. 1995. Vol. 39. Iss. 1. P. 14–28.

Gubler 1971 — Gubler D. V. A Study of Illness and Death in the Lives and Representative Works of Leo Tolstoy and Thomas Mann: Ph.D. diss. Brigham Young University, 1971.

Gutkin 1989 — Gutkin I. The Dichotomy between Flesh and Spirit: Plato's Symposium in Anna Karenina // In the Shadow of the Giant: Essays on Tolstoy / ed. H. McLean. Berkeley: University of California Press, 1989. P. 84–89.

Hall 1969 — Hall T. S. Ideas of Life and Matter: Studies in the History of General Physiology, 600 b.c.–1900 a.d.: in 2 vols. Chicago: University of Chicago Press, 1969.

Hammarberg 1991 — Hammarberg G. From the Idyll to the Novel: Karamzin's Sentimentalist Prose. Cambridge: Cambridge University Press, 1991.

Heffernan 1995 — Heffernan C. F. The Melancholy Muse: Chaucer, Shakespeare and Early Medicine. Pittsburgh, Pa.: Duquesne University Press, 1995.

Heiple 1983 — Heiple D. L. The «Accidens Amoris» in Lyric Poetry // Neophilologus. 1983. Vol. 67. Iss. 1. P. 55–64.

Hippocrates 1939–1995 — Hippocrates: in 8 vols. / trans. W. H. S. Jones and P. Potter. London: William Heinemann Ltd., 1939–1995.

Holquist 1984 — Holquist M. Bazarov and Sechenov: The Role of Scientific Metaphor in Fathers and Sons // Russian Literature. 1984. Vol. 16. Iss. 4. P. 359–374.

Joravsky 1989 — Joravsky D. Russian Psychology: A Critical History. Oxford: Basil Blackwell, 1989.

Jordanova 1986 — Languages of Nature: Critical Essays on Science and Literature / ed. L. J. Jordanova. New Brunswick, N.J.: Rutgers University Press, 1986.

Kaladiouk 2006 — Kaladiouk A. S. On "Sticking to the Fact" and "Understanding Nothing": Dostoevsky and the Scientific Method // Russian Review. 2006. Vol. 65. Iss. 3. P. 417–438.

Katz 1988 — Katz M. R. Dostoevsky and Natural Science // Dostoevsky Studies. 1988. Vol. 9. P. 63–76.

Keele 1957 — Keele K. D. Anatomies of Pain. Springfield, Ill.: Charles C. Thomas Publisher, 1957.

Klenin 1991 — Klenin E. On the Ideological Sources of Čto delat'? Sand, Družinin, Leroux // Zeitschrift für slavische Philologie. 1991. Vol. 51. No. 2. P. 367–405.

Kliger 2005 — Kliger I. Family, History, and Shapes of Time in An Ordinary Story // Paper presented at the Thirty-Seventh National Convention of the American Association for Advancement of Slavic Studies. Utah, Salt Lake City, November 3–6, 2005.

Larousse 1866–1877 — Larousse P. Grand dictionnaire universel du XIXe siècle: en 17 vols. Paris: Administration du grand Dictionnaire universel, 1866–1877.

LeBlanc 1997 — LeBlanc R. Tolstoy's Way of No Flesh: Abstinence, Vegetarianism, and Christian Physiology // Food in Russian History and Culture / ed. M. Glants and J. Toomre. Bloomington: Indiana University Press, 1997. P. 81–102.

Levin 1989 — Levin E. Sex and Society in the World of the Orthodox Slavs, 900–1700. Ithaca, N.Y.: Cornell University Press, 1989.

Levin 1993 — Levin E. Sexual Vocabulary in Medieval Russia // Sexuality and the Body in Russian Culture / ed. J. T. Costlow, S. Sandler, and J. Vowles. Stanford, Calif.: Stanford University Press, 1993. P. 41–52.

Lewis 1971 — Lewis H. B. Shame and Guilt in Neurosis. New York: International Universities Press, 1971.

Lewis 1987 — Lewis H. B. Shame and Narcissistic Personality // The Many Faces of Shame / ed. D. L. Nathanson. New York: Guilford Press, 1987. P. 93–132.

Lewis et al. 2000 — Lewis T., Amini F., and Lannon R. A General Theory of Love. New York: Random House, 2000.

Lowes 1914 — Lowes J. L. The Loveres Maladye of Hereos // Modern Philology. 1914. Vol. 11. Iss. 4. P. 491–546.

Mandelker 1993 — Mandelker A. Framing Anna Karenina: Tolstoy, the Woman Question, and the Victorian Novel. Columbus: Ohio State University Press, 1993.

Martinsen 2001 — Martinsen D. Shame and Punishment // Dostoevsky Studies. 2001. Vol. 5. P. 51–70.

Martinsen 2005 — Martinsen D. Rejection, Reconciliation or Retribution in Anna Karenina // Paper presented at the Thirty-Seventh National Convention of the American Association for Advancement of Slavic Studies. Utah, Salt Lake City, November 3–6, 2005.

Matlock 1994 — Matlock J. Scenes of Seduction: Prostitution, Hysteria, and Reading Difference in Nineteenth-Century France. New York: Columbia University Press, 1994.

Merten 2003 — Merten S. Die Entstehung des Realismus aus der Poetik der Medizin: Die Russische Literatur der 40er bis 60er Jahre des 19. Jahrhundert. Wiesbaden: Harrassowitz Verlag, 2003.

Micale 1995 — Micale M. S. Approaching Hysteria: Disease and Its Interpretations. Princeton, N.J.: Princeton University Press, 1995.

Michelet 1893–1899 — Michelet, J. Oeuvres complètes de J. Michelet: en 40 vols. Paris: Ernest Flammarion, 1893–1899.

Miller 1998 — Miller M. A. Freud and the Bolsheviks: Psychoanalysis in Imperial Russia and the Soviet Union. New Haven, Conn.: Yale University Press, 1998.

Morson 1987 — Morson G. S. Hidden in Plain View: Narrative and Creative Potentials in «War and Peace». Stanford, Calif.: Stanford University Press, 1987.

Mullan 1988 — Mullan J. Sentiment and Sociability: The Language of Feeling in the Eighteenth Century. Oxford: Clarendon Press, 1988.

Murav 1992 — Murav H. Holy Foolishness: Dostoevsky's Novels and the Poetics of Cultural Critique. Stanford, Calif.: Stanford University Press, 1992.

Neuhäuser 1974 — Neuhäuser R. Towards the Romantic Age: Essays on Sentimental and Preromantic Literature in Russia. The Hague: Martinus Nijhoff, 1974.

Ovid 1977 — Ovid. Ars Amatoria. Oxford: Clarendon Press, 1977.

Pohland 1990 — Pohland V. From Positive-Stigma to Negative-Stigma: A Shift of the Literary and Medical Representation of Consumption in German Culture // Disease and Medicine in Modern German Cultures / ed. R. Kaser and V. Pohland. Ithaca, N.Y.: Center for International Studies, Cornell University, 1990. P. 144–168.

Popkin 2000 — Popkin C. Hysterical Episodes: Case Histories and Silent Subjects // Self and Story in Russian History / ed. L. Engelstein and S. Sandler. Ithaca, N.Y.: Cornell University Press, 2000. P. 189–216.

Price Tangney, Dearing 2002 — Price Tangney J., Dearing R. L. Shame and Guilt. New York: Guilford Press, 2002.

Radden 2000 —The Nature of Melancholy: From Aristotle to Kristeva / ed. by J. Radden. Oxford: Oxford University Press, 2000.

Rather 1965 — Rather L. J. Mind and Body in Eighteenth Century Medicine: A Study Based on Jerome Gaub's «De regimine mentis». London: Wellcome Historical Medical Library, 1965.

Richardson 2001 — Richardson A. British Romanticism and the Science of the Mind. Cambridge: Cambridge University Press, 2001.

Rosenwein 2002 — Rosenwein B. H. Worrying about Emotions in History // American Historical Review. 2002. Vol. 107. Iss. 3. P. 821–845.

Rothfield 1992 — Rothfield L. Vital Signs: Medical Realism in Nineteenth-Century Fiction. Princeton, N.J.: Princeton University Press, 1992.

Rougemont 1983 — de Rougemont D. Love in the Western World / trans. M. Belgion. Princeton, N.J.: Princeton University Press, 1983.

Rousseau 1967 — Rousseau J.-J. Julie, ou la Nouvelle Héloïse. Paris: Garnier-Flammarion, 1967.

Rousseau 1976 — Rousseau G. S. Nerves, Spirits, and Fibres: Towards Defining the Origins of Sensibility // Studies in the Eighteenth Century III: Papers Presented at the Third David Nichol Smith Memorial Seminar, Canberra, 1973 / ed. R. F. Brissenden and J. C. Eade. Toronto: University of Toronto Press, 1976. P. 137–157.

Sarbin 1986 — Sarbin T. R. Emotion and Act: Roles and Rhetoric // The Social Construction of Emotions / ed. R. Harré. Oxford: Basil Blackwell, 1986. P. 83–97.

Shepard 1981 — Shepard E. The Society Tale and the Innovative Argument in Russian Prose Fiction of the 1830s // Russian Literature. 1981. Vol. 10. P. 111–161.

Showalter 1985 — Showalter E. The Female Malady: Women, Madness, and English Culture, 1830–1980. New York: Random House, 1985.

Scanlan 1999 — Scanlan J. P. The Case against Rational Egoism in Dostoevsky's Notes from Underground // Journal of the History of Ideas. 1999. Vol. 60. Iss. 3. P. 549–567.

Sémon 1984 — Sémon, M. Les femmes dans l'oeuvre de Léon Tolstoï: Romans et nouvelles. Paris: Institut d'Etudes Slaves, 1984.

Sirotkina 2002 — Sirotkina I. A Family Discussion: The Herzens on the Science of Man // History of the Human Sciences. 2002. Vol. 15. Iss. 4. P. 1–18.

Sobol 2001 — Sobol V. «Šumom bala utomlennyj»: The Physiological Aspect of the Society Ball and the Subversion of Romantic Rhetoric // Russian Literature. 2001. Vol. 49. Iss. 3. P. 293–314.

Sobol 2007 — Sobol V. In Search of an Alternative Love Plot: Tolstoy, Science, and Post-Romantic Love Narratives // Tolstoy Studies Journal. 2007. Vol. 19. P. 54–74.

Stites 1969 — Stites R. M. L. Mikhailov and the Emergence of the Woman Question in Russia // Canadian Slavic Studies. Vol. 3. Iss. 2. P. 178–199.

Tallement 1788 — Tallemant P. Voyages de l'Isle d'Amour: A Licidas // Voyages imaginaires, romanesques, merveilleux, allégoriques, amusans [sic], comiques et critiques: Suivis des songes et visions, et des romans cabalistiques. 1788. Vol. 26.

Veith 1965 — Veith I. Hysteria: The History of a Disease. Chicago: University of Chicago Press, 1965.

Vila 1998 — Vila A. C. Enlightenment and Pathology: Sensibility in the Literature and Medicine of Eighteenth-Century France. Baltimore: Johns Hopkins University Press, 1998.

Vinitsky 2007 — Vinitsky I. A Cheerful Empress and Her Gloomy Critics: Catherine the Great and the Eighteenth-Century Melancholy Controversy // Madness and the Mad in Russian Culture / ed. A. Brintlinger and I. Vinitsky. Toronto: University of Toronto Press, 2007. P. 25–45.

Vucinich 1963–1970 — Vucinich A. Science in Russian Culture: in 2 vol. Stanford, Calif.: Stanford University Press, 1963–1970.

Walzer 1962 — Walzer R. Aristotle, Galen, and Palladius on Love // Walzer R. Greek into Arabic: Essays on Islamic Philosophy. Cambridge, Mass.: Harvard University Press, 1962. P. 48–59.

Ward 2003 — Ward C. «Cruel Disorder»: Female Bodies, Eighteenth-Century Fever Narratives, and the Sentimental Novel // Studies in Eighteenth-Century Culture. 2003. Vol. 32. Iss. 1. P. 93–121.

Предметно-именной указатель

Оглавление

Научное издание

Валерия Соболь

FEBRIS EROTICA
Любовный недуг в русской литературе

Директор издательства *И. В. Немировский*
Ответственный редактор *И. Белецкий*
Куратор серии *К. Тверьянович*
Заведующая редакцией *О. Петрова*

Дизайн *И. Граве*
Редактор *А. Пахомова*
Корректоры *И. Манлыбаева, А. Филимонова*
Верстка *Е. Падалки*

Подписано в печать 19.04.2023.
Формат издания 60 × 90 $^{1}/_{16}$. Усл. печ. л. 23,9.
Тираж 300 экз.

Academic Studies Press
1577 Beacon Street, Brookline, MA 02446 USA
https://www.academicstudiespress.com

ООО «Библиороссика».
190005, Санкт-Петербург, 7-я Красноармейская ул., д. 25а

Эксклюзивные дистрибьюторы:
ООО «Караван»
ООО «КНИЖНЫЙ КЛУБ 36.6»
http://www.club366.ru
Тел./факс: 8(495)9264544
e-mail: club366@club366.ru

Книги издательства можно купить
в интернет-магазине: www.bibliorossicapress.com
e-mail: sales@bibliorossicapress.ru

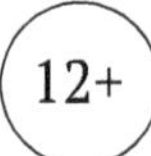

Знак информационной продукции согласно
Федеральному закону от 29.12.2010 № 436-ФЗ

www.ingramcontent.com/pod-product-compliance
Lightning Source LLC
Chambersburg PA
CBHW060631310726
48982CB00003B/737